S. Askol'dov, N. Berdjaev, S. Bulgakov,
A. Izgoev, S. Kotljarevskij, V. Murav'ëv,
P. Novgorodcev, I. Pokrovskij, P. Struve,
V. Ivanov, S. Frank

DAL PROFONDO

1918: LA RIVOLUZIONE VISTA DALLA RUSSIA

Jaca Book

Titolo originale
Iz glubiny

Traduzione di
Pietro Modesto

Prima edizione italiana
1971

Nuova edizione
giugno 2017

Copertina e grafica
Break Point / Jaca Book

Redazione Jaca Book
Impaginazione Elisabetta Gioanola

ISBN 978-88-99-41389-4

Editoriale Jaca Book
via Frua 11, 20146 Milano, tel. 02/48561520, fax 02/48193361
libreria@jacabook.it; www.jacabook.it
Seguici su

INDICE

NOTA INTRODUTTIVA

Svegliata da un sonno secolare, la Russia nel primo ventennio del nostro secolo è una fucina di idee, progetti, esperimenti in tutti i campi della cultura e dell'arte. A passi da gigante vuole raggiungere (e in certi settori supera) l'Europa occidentale di cui ha frequentato la scuola. Con l'impegno ideale ed esistenziale che è una delle loro caratteristiche migliori, i russi si entusiasmano per le idee occidentali correnti, le prendono sul serio, le trasferiscono dalla sfera teorica alla realtà della vita. Ma una tormentata esperienza, un'intelligenza geniale aiutano i migliori a superare di slancio le mode intellettuali secolaristiche e materialistiche cristallizzate in dogmi e noi vediamo come la Russia, un tempo discepola, diventi capace d'insegnare all'Europa occidentale, la sua maestra, e di mostrare all'umanità la via per un futuro migliore.

Nel settore del pensiero filosofico-sociale tre antologie rappresentano tre pietre miliari di questo cammino anticipatore e profetico della Russia: *Problemi dell'idealismo* (1902), *Vechi* (1909) e *Iz glubiny* che qui presentiamo. Berdjaev, Bulgakov, Struve e Frank sono i quattro autori che ritroviamo in tutte e tre le antologie, le colonne di questo movimento filosofico-sociale-religioso russo entrato nella storia con il nome di *vechovstvo* (dall'antologia *Vechi).* Quattordici altri nomi di primo piano fanno loro corona; non costituiscono una scuola filosofica, non sono un partito politico, non li lega una disciplina di gruppo. Ciascuno possiede la sua formazione intellettuale specifica, ha i suoi interessi, si richiama alle sue esperienze personali, ma tutti hanno in comune un'intelligenza acuta, un amore struggente per il loro paese, una vasta conoscenza della problematica della Russia e dell'Europa occidentale, una straordinaria sensibilità filosofica, sociale, religiosa e culturale, il coraggio di spezzare i tabù intellettuali del loro tempo (e anche del nostro) e di cercare vie nuove.

Iz glubiny porta il sottotitolo «1918: la rivoluzione vista dalla Russia»[1]. Gli articoli che la compongono vennero scritti tra l'aprile e il luglio del 1918. Sottotitolo ed epoca della stesura delineano con sufficiente precisione il contenuto dell'antologia e ne spiegano i condizionamenti. Oggi è difficile per noi immedesimarci in quella situazione. La fine di un impero, una guerra disastrosa, una dittatura del proletariato che si dimostrava troppo spesso dittatura dell'arbitrio, la negazione di ogni esperienza culturale in opposizione con l'ideologia del partito. E questo dopo i paradisi che da tre quarti di secolo andava promettendo l'intelligencija rivoluzionaria, dopo l'amara lezione della rivoluzione del 1905, dopo le voci premonitrici, profetiche di Dostoevskij e Vlad. Solov'ëv. Per tanti russi cui la Russia era patria, ideale, speranza, realtà, promessa, concezione del mondo, è in un certo senso la fine del mondo e possiamo comprendere i loro sentimenti apocalittici. D'altra parte oggi è difficile immaginare il carattere negativo e distruttivo della rivoluzione bolscevica agli inizi. In questi cinquanta e più anni al potere, i bolscevichi hanno fatto marcia indietro su tanti punti, quasi dando ragione ai loro critici di *Iz glubiny:* basti accennare all'internazionalismo oggi trasformatosi nel «patriottismo sovietico» di marca imperialistica, alla negazione della cultura russa oggi trasformatasi in una esaltazione che non di rado sconfina nello sciovinismo, alla negazione della morale oggi travestitasi in una morale «confessionale» marxista, ecc.

Ma *Iz glubiny* non è semplicemente un bilancio della situazione d'allora: questo aspetto, anche se in sé interessante per ristabilire la verità mistificata della rivoluzione bolscevica del 1917, è il meno rilevante nella nostra antologia. Utopismo, materialismo, socialismo «scientifico», rivoluzione sociale, sono chimere che continuano ad aggirarsi tra noi. Sembra proprio che la storia sia quella maestra di vita dalla quale nessuno impara.

Gli autori di *Iz glubiny* non sono profeti di sventura, confidano nella capacità di ripresa della Russia e dell'uomo in genere; perciò argomentano, discutono, distinguono, giudicano, dimostrano con passione ed acume, con dolore e speranza, appellandosi alle facoltà migliori dell'uomo, esigendo da se stessi e dagli altri sincerità, umiltà,

1 *Raccolta di saggi sulla rivoluzione russa*, nel testo originale (*ndr*).

onestà, coraggio. Tutte qualità estremamente necessarie per il mondo attuale scosso dalla febbre rivoluzionaria, disorientato, disancorato, tradito in larga parte dall'intelligencija.

Questa antologia ha una sua storia paradigmatica. Già pronta nell'autunno del 1918, non poté essere pubblicata a causa dell'ondata di terrore scatenata in seguito all'attentato contro Lenin. Gli anni che seguirono la resero ancor più attuale (una fortuna che capita raramente a un libro!) e nel 1921 gli operai della tipografia Kušnarev, che avevano stampato il libro e lo conservavano in magazzino, lo misero in commercio di propria iniziativa. In brevissimo tempo il libro, venduto sottobanco, scomparve dalla circolazione senza oltrepassare i confini di Mosca e raggiungere le biblioteche. In Occidente ne esistevano due sole copie fino alla ristampa fatta nel 1967 a Parigi. Per i cittadini sovietici continua ad essere inaccessibile e sembra che nemmeno gli specialisti lo conoscano direttamente. La presente traduzione è fatta sull'originale russo ristampato nel 1967 ed è la prima assoluta.

Qualcosa sugli autori di questa antologia:

N.A. Berdjaev[2], filosofo, pubblicista, animatore di circoli religioso-filosofici, autore molto fecondo, precursore dell'esistenzialismo in Occidente, morto in esilio a Parigi.

S.N. Bulgakov, economista, filosofo e poi sacerdote e teologo ortodosso di primo piano; in Russia professore di economia politica in varie università, membro della Seconda Duma; autore di molti libri prima di economia politica e filosofia e poi di teologia a Parigi. Morto in esilio.

A.S. Izgoev, pubblicista e membro eminente del partito costituzional-democratico, redattore di importanti riviste e di libri.

S.A. Kotljarevskij, scienziato, pubblicista, uomo politico, professore universitario, membro della Prima Duma, specialista di storia e di diritto, autore di articoli e libri in questi due settori.

V.N. Murav'ëv, giurista e pubblicista, redattore di importanti riviste e giornali, autore di varie opere storico-giuridiche. Morì deportato nel 1932.

P.I. Novgorodcev, giurista, filosofo, pubblicista, uomo politico, professore universitario, membro della Prima Duma, autore di varie opere sulla storia e la filosofia del diritto.

[2] Per Berdjaev, Bulgakov, Struve, Frank e Izgoev cfr. l'introduzione a *La Svolta (Vechi). L'intellighenzia russa tra il 1905 e il 1907*, Jaca Book, Milano 1970. Di Berdjaev è stata pubblicata recentemente in italiano l'opera *Il senso della storia: saggio di una filosofia del destino umano,* Jaca Book, Milano 1971.

I.A. Pokrovskij, giurista, professore di diritto romano e civile, autore di libri soprattutto sul diritto romano.

P.B. Struve, economista, filosofo, politico e pubblicista, redattore di importanti riviste, membro del CC del partito costituzional-democratico, membro della Seconda Duma, professore universitario, membro dell'Accademia russa delle scienze, autore di molti articoli e libri. Morto in esilio a Parigi.

V.I. Ivanov, poeta squisito, teorico d'arte e caposcuola, filologo di grido, mecenate di scrittori ed artisti, membro di vari circoli filosofico-religiosi, autore di libri di critica letteraria e di antologie poetiche. Morì in esilio a Roma dopo aver insegnato nelle università italiane ed essersi fatto cattolico.

S.L. Frank, uno dei massimi filosofi russi del secolo XX, professore universitario in Russia, co-redattore di varie importanti riviste in Russia e poi all'estero, autore di un completo sistema filosofico esposto in parecchie opere. Morto in esilio a Londra.

Il semplice elenco degli autori di *Iz glubiny* rivela la carica intellettuale di questo gruppo. Lenin dimostrò a suo modo quale fosse l'importanza della presente antologia proibendone la pubblicazione e poi nel 1922 esiliando parecchi dei suoi autori. Gli attuali successori di Lenin ne continuano la politica culturale oscurantista e dittatoriale. I cittadini dell'URSS, dopo l'esperienza di questi cinquanta e più anni di regime sovietico, si rivolgono sempre più spesso con trepida speranza a questi loro antenati «spiritualisti» cristiani per liberare prima spiritualmente se stessi e poi la loro patria.

Pietro Modesto
Settembre 1971

PREFAZIONE ALL'EDIZIONE RUSSA DEL 1918

L'antologia *Vechi,* pubblicata nel 1909, è stata un appello e un *monito.* Nonostante la reazione e la polemica talvolta molto rabbiosa che essa suscitò, questo monito era in effetti soltanto una *timida* diagnosi dei mali della Russia e un *debole* presentimento della catastrofe morale e politica che s'andava delineando minacciosa già negli anni 1905-1907 per sopravvenire nel '17. Lo storico futuro rileverà come la classe colta russa in gran parte non abbia accolto questo monito perché non si rendeva conto del grande pericolo che incombeva sulla cultura e sullo Stato.

La maggior parte degli autori di *Vechi* si ritrovano ora, assieme ad alcuni collaboratori nuovi, per esprimere il loro pensiero sul disastro ormai avvenuto; tutti assieme nonostante la diversità di convinzioni e di sentimenti, perché uniti in un *unico dolore* e nella confessione di *un'unica fede.* Alcuni di noi rivolgono immediatamente lo sguardo alle questioni ultime dell'essere, del mondo e dell'uomo, questioni religiose e che richiamano direttamente alla Volontà Suprema; altri si soffermano sulle questioni della vita sociale e politica che, pur non essendo questioni di tecnica sociale, si collegano però solo mediatamente ai fondamentis religiosi dell'esistenza. Ma tutti gli autori sono profondamente convinti che i principi *positivi* della vita sociale sono *radicati* nella profondità della coscienza religiosa e che strappare questa radice comune è una disgrazia e un delitto. Per loro proprio questo delitto ha causato l'immane disastro morale-politico che ha colpito il nostro popolo e il nostro Stato.

Pëtr Struve
Luglio 1918

I

IL SIGNIFICATO RELIGIOSO DELLA RIVOLUZIONE RUSSA

Sergej Alekseevič Askol'dov

I. *Le rivoluzioni in genere*

Prima di parlare del significato religioso della rivoluzione russa, impostiamo il problema del significato religioso delle rivoluzioni in genere. Ma il processo che si chiama rivoluzione possiede qualcosa di tipico e comune? Se prendiamo il concetto di rivoluzione nel suo significato più originario e comune, avremo probabilmente qualcosa di troppo indeterminato, che perciò si sottrae a qualsiasi valutazione. In sostanza ogni crisi storica profonda, che porta con sé un certo «capovolgimento» dei rapporti statali interni, è una rivoluzione. In un certo senso anche la guerra è una rivoluzione; lo si vede con particolare chiarezza nella guerra che stiamo attraversando e che costituisce un tutto inscindibile con la rivoluzione russa. Anche le rivolte di palazzo, per esempio l'assassinio di Paolo I, possono rientrare nel concetto di rivoluzione per le conseguenze nella vita dello Stato. L'impossibilità di esprimere un unico giudizio su processi tanto differenti è evidente. Ma se restringiamo il concetto di rivoluzione, otteniamo già una certa determinatezza che non possiamo non sottoporre a un'analisi particolare nell'ambito del problema che ci siamo posti. Per rivoluzione intenderemo il rovesciamento dell'ordinamento statale *da parte del popolo* e qui abbiamo già certi tratti peculiari comuni a tutti i processi del genere. Un tratto caratteristico fondamentale è la caratteristica psicologia delle *masse popolari* che si sentono *artefici* di un loro nuovo destino storico. Nel tipo di rivoluzioni che intendiamo noi, l'ordine nuovo per il popolo non emerge quale cambiamento esterno, in meglio o in peggio, quasi regalato dal destino attraverso queste o quelle persone singole, ma quale impresa ed azione creatrice promossa *da tutti e da ciascuno.* Questo particolare momento psicologico, una specie di «autocrazia popolare» (di cui sono portatori le migliaia e i milioni) è qualcosa di estremamente importante e fatidico nella vita dei popoli. Naturalmente si può dire che questa specie di autocrazia polverizzata è non solamente la rivoluzione quale processo radicale di rivolgimento, ma anche ogni forma stabile di democrazia, per esempio ogni repubblica democratica; eppure dobbiamo riconoscere che questo momento risulta particolarmente marcato nella rivoluzione giacché in questa viene vissuto in forma maggiormente decisa. Il potere popolare *in statu nascendi*, cioè nella rivoluzione, e nelle forme ormai affermatesi, presenta psicologie completamente diverse non solo nell'intensità ma addirittura nell'essenza perché quando le forme sono ormai stabilite incominciano a guidare gli eventi proprio quelle forme che vengono percepite da ciascuno come qualcosa di esterno e di insuperabile; invece nei momenti di rottura e di crisi il potere popolare è ancora *informe* e grazie a questo gli istinti dell'*arbitrio* godono di una certa libertà di movimento impossibile nell'ambito di qualunque forma consolidata. Appunto durante la rivoluzione il miraggio fallace di un'autonomia personale nell'organizzare la società è molto più forte e seduttore che in qualsiasi altro tempo per tutti e per ciascuno. Questa seduzione dell'arbitrio durante i disordini rivoluzionari si estende con velocità e con forza contagiosa a milioni di anime che fino allora non avevano mai pensato ad un loro diritto e non possedevano la coscienza di costituire una forza reale. Che dire di questo momento dal punto di vista religioso? È evidente che proprio in esso abbiamo l'infrazione più chiara e recisa di quel principio religioso superiore dell'esistenza che costituisce la base della vita religiosa sia individuale che sociale, cioè della sua *unità organica.* La rivoluzione è soprattutto potere della moltitudine sull'unità statale, qualunque sia il modo in cui si esprime. Perché proprio nella rivoluzione si disgregano le saldature che univano la molteplicità degli elementi nelle forme solide della statalità e questo non per l'intervento di una qualche forma plasmante esteriore, come avviene nelle guerre, ma sotto la pressione delle *forze molecolari* interne del tutto sociale. Proprio in questi momenti la *molteplicità* domina sull'intero sostituendosi alla sua unità formale e reale. Questo dominio sull'intero da parte della molteplicità delle sue parti costitutive crea sempre nella molteplicità stessa una certa *abitudine*, in seguito invincibile, all'autopotere. Non c'è dubbio: questo liberarsi della moltitudine da una forma di unità che in un dato momento l'opprime, da una forma talvolta deformata e per una ragione o l'altra anormale, può produrre una fioritura temporanea dell'attività vitale dell'intero; ma assieme a questa fioritura abbiamo la natura dell'organismo sociale intaccata da una tendenza ormai inguaribile a nuove sopraffazioni sull'intero da parte della molteplicità. La rivoluzione è un processo che rende inevitabili *le recidive*, e ognuna di queste avvicina fatalmente all'ultima e irreparabile disintegrazione dell'intero nelle sue parti, cioè alla morte dell'intero. Sottolineo che questo dinamismo specifico del principio democratico trova prevalentemente espressione e sviluppo nel processo rivoluzionario e molto più raramente nelle forme consolidate di democrazia statale. Queste forme consolidate rappresentano sempre in maggior o minor misura un miraggio fallace di principio democratico. Una forma statale cristallizzata frappone sempre determinati ostacoli alla volontà popolare quale molteplicità di volontà, e insensibilmente per la coscienza popolare soggioga il popolo stesso al principio dell'intero e della sua unità vitale. A sua volta anche questa unità non deve esprimersi necessariamente in pratica nella persona di un monarca o di un dittatore; può realizzarsi nel parlamento, nelle camere, in questo o quel partito dominante, insomma in una qualche struttura statale cristallizzata. La dinamica del potere popolare, in quanto vero dominio dell'intero statale e della sua vita da parte della moltitudine che lo costituisce, è lo stadio specifico di una certa fluidità di tutte le strutture, stadio che caratterizza appunto i periodi rivoluzionari nella vita dei popoli. Noi affermiamo che a causa della sua contraddizione fondamentale con il principio religioso supremo della vita questa dinamica porta in sé sempre il germe della morte dell'intero sociale. Nelle epoche di rivoluzione sempre incombe sul paese l'ombra della morte, come avviene nel corso di ogni grave malattia. La rivoluzione è la più pericolosa delle malattie dell'intero statale e sociale. Per essere più precisi, non è una malattia, ma un certo stadio nel corso di molte malattie sociali, lo stadio in cui la vita è soggetta alle disintegrazioni e distruzioni delle funzioni fisiologiche che fanno presagire la morte. Tuttavia le gravi malattie talvolta vengono superate e addirittura rinnovano in qualche maniera l'organismo malato, e così anche i processi rivoluzionari possono dar luogo a una rinascita della vita. Per sé ogni malattia porta un rinnovamento spirituale, almeno nella forma più primitiva di insegnare questa o quella dieta e di intimorire il senso comune dell'uomo. Ma al tempo stesso le rivoluzioni, come le malattie gravi, portano con sé conseguenze incancellabili e l'organismo sociale nelle rivoluzioni compie sempre, anche se forse in modo esteriormente impercettibile, un passo senza ritorno verso la sua estrema rovina. In sostanza la storia lo conferma pienamente: tra gli esempi più istruttivi sono le decadenze e rovine degli antichi organismi sociali della Grecia e di Roma. Lo si vede con particolare chiarezza nella democrazia ateniese, mentre nella storia di Roma è dissimulato da molte altre circostanze e processi concomitanti.

Ravvisando nel potere popolare una dinamica che include un principio di dissoluzione dell'intero nelle sue parti costitutive, noi per ciò stesso attribuiamo a questo processo un significato religioso decisamente negativo. Nel nostro caso la vita stessa conferma pienamente le considerazioni teoriche. La mentalità religiosa e rivoluzionaria costituiscono due entità psicologiche di molto difficile compatibilità reciproca; una cresce sempre a scapito dell'altra. Di solito le rivoluzioni maturano ed esplodono in seguito all'indebolirsi della coscienza religiosa, un fatto caratteristico sia per le epoche storiche antiche che per quelle nuove. La religione è sempre stata una forza connettiva dello Stato rispetto alla sua unità organica, qualunque fosse la forma del medesimo. Perciò ogni moto rivoluzionario è preparato da un qualche processo di indebolimento della religione, talvolta da una specie di «secolo dei lumi»; lo registriamo ad Atene nel sec. V, a Roma nei secoli II e I avanti Cristo e analogamente in Francia nel sec. XVIII.

Questa contrapposizione tra religione e rivoluzione vale in varia misura per tutte le religioni, ma è particolarmente accentuata per quanto riguarda il cristianesimo. Nella rivoluzione noi vediamo non soltanto invertita la dipendenza gerarchica dei principi metafisici della vita (unità e molteplicità) ma anche una psicologia molto pronunciata di *avidità* politica che si riferisce non solo ai diritti formali del potere ma anche agli oggetti reali della realtà materiale. E questa psicologia a sua volta si estende alle masse, passa dai mille ai milioni. In tali epoche si può ancora prestare ascolto alle parole di Cristo sulla *rinuncia di sé*? La «politica cristiana» in generale, come impegno ha dei suoi limiti naturali nella cosa pubblica, oltre ai quali incomincia inevitabilmente l'inclinazione antireligiosa della volontà. Una specie di arbitrato costituisce questo limite. La politica cristiana può tendere unicamente a realizzare diritti politici e sociali estranei e non propri. Ogni genere di avidità è già di per sé incompatibile con il cristianesimo. Naturalmente anche la rivoluzione tende a fini superindividuali oggettivi, ma si tratta in tal caso di una psicologia superpersonale che generalmente possiedono pochi soltanto, mentre le masse sono sollecitate e infiammate proprio nei loro istinti egoistici. Perciò meglio si confà al cristianesimo un processo *evolutivo* di perfezionamento delle forme statali, perché le metamorfosi di queste forme avvengono attraverso gli organi centrali della struttura statale senza eccitare direttamente le masse popolari al cupido acquisto dei beni materiali. D'altra parte anche una politica evolutiva può essere profondamente anticristiana, però queste o quelle forme statali assicurano una certa difesa alle masse popolari. In queste forme può nascondersi e svilupparsi qualche malattia dell'organismo sociale, ma è una malattia che non s'è ancora impossessata di tutto il corpo. Invece la rivoluzione è come un irrompere di questa malattia in tutte le parti dell'organismo, è una specie di febbre accompagnata dalla perdita della coscienza e da altri fenomeni che minacciano la vita. Se paragoniamo *ceteris paribus* l'evoluzione e la rivoluzione, possiamo dire che il cristianesimo esige uno sviluppo organico e perciò evolutivo delle forme vitali. Parlare del cristianesimo come di una «rivoluzione», si può solo a condizione di significare con questo termine semplicemente la trasformazione radicale e la *novità* della creatività religiosa in un ambiente religioso sclerotizzato e morto. La «rivoluzione» di Cristo e della Chiesa primitiva consistette tra l'altro nel negare radicalmente ogni avidità *meccanico-giuridica* per i beni materiali e nel chiamare a una trasformazione interiore organica del mondo. Evidentemente, anche in questa trasformazione della struttura interiore dell'anima ci possono essere mutamenti aspri ed improvvisi, ma tra un rinnovamento religioso di questo tipo e le rivoluzioni statali esiste la stessa differenza radicale che c'è tra lo sbocciare improvviso di una fresca gemma attraverso la crosta della terra per l'influsso dei raggi del sole ed il taglio meccanico con una cesoia d'acciaio di un ramo vivo anche se contorto e in qualche modo malato.

A questa sostanziale valutazione religiosa della rivoluzione dobbiamo naturalmente aggiungere degli elementi delimitanti molto essenziali. Non si può non ammettere che un'evoluzione normale dal punto di vista religioso è impossibile nelle condizioni empiriche della nostra esistenza terrena. Sulla terra sono inevitabili ogni sorta di cesure e catastrofi meccaniche ed è indubbio che anche *attraverso* queste avvengono creazioni e maturazioni religiose. In questo senso una negazione religiosa della rivoluzione è altrettanto sterile della negazione religiosa della guerra. Ma pur ammessa tutta la forza e la particolare verità di questo argomento che vuol dimostrare l'inevitabilità empirica, noi affermiamo che la rivoluzione in quanto guerra intestina è profondamente diversa dalle guerre tra i singoli Stati. La guerra esterna, nonostante tutte le sue conseguenze sulla vita interna del paese, non è necessariamente collegata a lacerazioni interiori dell'organismo popolare-statale, non è mai un processo che disorganizza il tutto sociale come la rivoluzione. Nelle guerre gli organismi statali subiscono una determinata pressione esterna senza però che venga distrutto il principio organico fondamentale dell'unità. Il popolo russo non fu mai tanto unito organicamente quanto durante la guerra del 1812[1], benché il nemico si fosse insediato nel cuore dello Stato. Non parliamo poi della profonda differenza psicologica tra la guerra intestina ed esterna. Le guerre esterne, basate in genere ed in complesso sul *servizio* militare, contengono nella loro psicologia molto meno sentimenti di inimicizia e di odio delle guerre civili intestine. Il soldato che compie il suo servizio militare, lanciando proiettili distruttori contro il fronte nemico è perfettamente capace allo stesso tempo di sentire i suoi nemici come compagni di sventura e addirittura di provarne compassione. Questa psicologia della compassione spesso si manifesta in un trattamento umano e cordiale dei prigionieri. Tutto questo non ha luogo nelle guerre tipicamente civili. L'inimicizia di classe e la lotta dei partiti combacia con i sentimenti d'inimicizia e d'odio personali molto più di ogni scontro tra gli Stati, dove l'interesse personale e statale comune sono separati da una quantità di rapporti intermedi complessi.

Certamente non si può fare a meno di accogliere in una certa maniera religiosa e di giustificare in un certo senso non soltanto la guerra ma addirittura la rivoluzione. I processi disorganizzanti nella storia umana già inguaribilmente avvelenata dall'elemento del male sono necessari quanto le operazioni chirurgiche e in genere gli interventi esterni sull'organismo umano colpito da questa o quella malattia. Tuttavia questa accettazione e giustificazione dell'inevitabile non deve ingannarci sul significato degli eventi e sulle loro ulteriori conseguenze. Bisogna accettare religiosamente anche la morte, eppure tutti comprendiamo che proprio la morte è il risultato ultimo e più fatale del peccato. La rivoluzione è essenzialmente un'anticipazione della morte sociale solo complicata da una rinascita e un rinnovamento successivi. La possibilità di questa simbiosi di vita e di morte in un unico processo diventa comprensione se ci rendiamo conto che la rivoluzione è tuttavia nell'intenzione uno sforzo di affermare la vita, cioè il tentativo di compiere una certa *metamorfosi* vitale anche se a dispetto della legge dello sviluppo organico. Si tratta di una specie di surrogato areligioso di quella che sul piano religioso è la trasfigurazione. Proprio perché tenta di rinnovare le forme della società non dall'interno

[1] La guerra contro Napoleone che aveva invaso la Russia (*ndt*).

attraverso l'unità, ma dall'esterno attraverso la molteplicità, la rivoluzione subisce un processo più o meno spinto e definitivo di *disintegrazione* dell'intero nelle sue parti ed elementi costitutivi. Ma, grazie all'istinto vitale insito nel corpo sociale questa disintegrazione provoca una reazione di *raccolta* della molteplicità in un certo intero organico per sfuggire alla rovina. Così alla rivoluzione, in quanto processo di metamorfosi politica, si associano due momenti derivati e apparentemente contrapposti: la disintegrazione o anarchia e la raccolta o concentrazione. Ma siccome tutto questo processo si svolge a dispetto della legge della vita organica, anche il secondo momento conduce unicamente a forme false di rinascita e di rinnovamento. Questa riunione nell'intero avviene ormai non già secondo un piano tracciato in precedenza, ma fino a un certo grado avviene a caso, allo scopo di mantenere la vita; come tutto nella rivoluzione avviene non per libertà interiore ma per *costrizione* esterna. Questa concentrazione forzata, che è come la seconda metà del processo rivoluzionario, creò varie forme di *dispotismo* statale. Il *rivoluzionarismo,* l'*anarchismo* e il *dispotismo* sono tre ascessi nella vita degli organismi sociali, esteriormente differenti ma interiormente collegati e generantisi a vicenda. La rivoluzione è uno slancio di creatività dell'intero, uno slancio positivo nella sua intenzione creatrice, ma che ha una provenienza errata: dalla molteplicità periferica e non dal centro, e che evoca le forze del caos. Per la sua origine questo slancio nasce propriamente non dalla molteplicità, ma da certi settori intermedi talvolta vicini all'unità centrale. È, per così dire, un eccitamento di elementi secondari dell'intero contro l'unità primaria, un eccitamento comprensibile che avviene in nome dello stesso intero ma è erroneo nel metodo e nei mezzi. Sul piano dell'ontologia religiosa a questo eccitamento corrisponde la ribellione di Lucifero contro il piano divino dell'universo, il suo desiderio di dirigerlo a modo suo attribuendosi il significato di unità centrale. Naturalmente una differenza essenziale è data dal fatto che nelle condizioni empiriche terrene questo disegno trova la sua giustificazione nel male che compenetra tutte le forme terrene di Stato. Il luciferismo terrestre ha tutte le ragioni di desiderare qualcosa di meglio, mentre non aveva nessuna ragione l'Angelo dell'universo primevo, così vicino a Dio. Tuttavia è una giustificazione soltanto relativa in quanto il male di questo mondo viene superato secondo la legge di Cristo, non con la resistenza esteriore, non con i mezzi meccanici della violenza, ma soltanto con il sostituirvi in modo interiore ed organico la forza del bene. Però resta indubbio che l'ideologia rivoluzionaria presa in se stessa è ancora permeata dalla coscienza dell'intero e in nome di quest'ultimo innalza la sua bandiera. Tuttavia per raggiungere i suoi scopi essa ricorre a forze nelle quali la coscienza dell'intero è troppo debole. Essa lancia il suo appello ribelle in un ambiente tenebroso non volendo tener conto del fatto che questo ambiente poi si solleverà contro di essa. In questo ambiente la sua energia luminosa può soltanto esaurirsi in effimere vampate di luce rossastra. Questo colore rosso d'Aurora non è una sua bandiera casuale ma il simbolo che la luce è superata dalla tenebra. Una luce distaccata dalla sua fonte originaria e gettata in un ambiente tenebroso che la inghiotte, si estingue inevitabilmente. La tenebra l'abbraccerà e insorgerà contro tutti e contro tutto. Questa tenebra è il colore nero dell'*anarchia*, di quell'eruzione di molteplicità che non vuole saperne di nessun intero, di nessuna legge edificatrice della vita organica ed esprime soltanto l'aseità egoistica di ciascun elemento staccato. Se è vera l'interpretazione dei principi demoniaci del male nel cristianesimo e nell'antico persismo proposta da Vjačeslav Ivanov nel suo profondo articolo «Liki i ličiny Rossii» (cfr. l'antologia *Rodnoe i Vselenskoe*, p. 125), il demonio che vivifica questo singolare regno della tenebra si chiama Arimane. Dal punto di vista del principio della vita, questo regno è già un'agonia anche se può durare lungo tempo. Essa provoca inevitabilmente un riflesso vitale contrario che si sforza di conservare la vita e di costruire e costituire di nuovo l'intero che si dissolve. Però non è più possibile ricostruirlo con l'unico mezzo religioso giusto, cioè con l'accettare dall'unità centrale le forze organizzanti e plastiche; la psicologia areligiosa ed antireligiosa ha già atrofizzato negli elementi dell'intero sociale gli sforzi religiosi che soli potrebbero essere fattori efficaci di ripristino dell'unità organica. La psicologia luciferina e arimanica, invece di educare nelle masse l'amore, l'umiltà, l'inclinazione a sminuire la propria importanza nel complesso dell'intero e la rinuncia di se stessi, hanno inoculato nelle masse i sentimenti dell'odio classista, della sicurezza di sé, dell'esagerazione della propria importanza, in genere la psicologia dell'affermazione di se stessi in tutti i sensi. Su questo terreno l'unità organica che sorge dall'attrazione interiore di ciascun elemento per gli altri e per l'intero, è impossibile. Al posto dell'unità organica subentra la fredda costruzione razionalistica di un piano dell'intero che bisogna realizzare *a dispetto* delle masse con i loro istinti e le inclinazioni sviluppati e consolidati, che bisogna realizzare *con la violenza* seminando il terrore e impiegando vari mezzi di costrizione. In questo caso il principio stesso della forma organica acquista un falso carattere contraddittorio, in quanto questa forma cerca di saldare in un unico intero ciò che irresistibilmente si disperde nelle varie direzioni. Questa concentrazione dell'organismo sociale nell'intero, penosa per tutti e ciascuno e tuttavia da tutti riconosciuta inevitabile per la vita, è forzata e puramente meccanica, e si realizza per mezzo di una forma o l'altra di *dispotismo*. Nel dispotismo ormai vien meno la creatività rivoluzionaria, il dispotismo ormai non cerca di costruire un mondo migliore secondo forme ideali ma cristallizza le forme che gli sono semplicemente necessarie per sopravvivere. Questa organizzazione meccanica della vita, che costituisce un tentativo di arrestare la funerea morte imminente, non è né il colore *bianco* vivificante della coscienza religioso-sociale, né il colore *rosso* ribelle della rivoluzione, né il colore *nero* dell'anarchia caotica: è una specie di *pallida* impotenza incolore che possiede solo una parvenza esteriore di vita, è il «cavallo pallido» di cui parla l'Apocalisse.

A.N. Šmidt, nelle sue rivelazioni religiose, troppo importanti per lamentare la disattenzione che hanno temporaneamente incontrato, nei tre cavalli vede significate le tre brevi epoche apocalittiche della ribellione (rossastro), dell'eresia (nero) e dell'incredulità (pallido)[2]. In questa interpretazione c'è una razionalizzazione che non combacia interamente con la nostra comprensione razionalistica di detti simboli, ma non si tratta di una contraddizione perché in ambedue i casi vengono presi in considerazione soltanto aspetti diversi di avvenimenti identici molto complessi. Nelle interpretazioni di A.N. Šmidt, oscillanti nei dettagli, per noi la cosa più significativa non è questa o quella razionalizzazione che può essere errata o unilaterale, ma il fatto che esse hanno afferrato il significato mistico interiore di queste immagini quali ultimi spasimi del male universale che si trasfondono in forme di socialità umana. Noi vediamo così come i colori dei cavalli dell'Apocalisse non abbiano un significato semplicemente simbolico: la storia li ha già confermati. La realtà stessa ha fornito una sorprendente conferma alla lungimiranza di A.N. Šmidt. Ai tempi di Šmidt era facile dire che nell'Apocalisse il cavallo è chiamato rossastro «per la bandiera rossa che già adesso hanno scelto coloro che la preparano», ma era impossibile sapere che, dodici anni dopo la sua morte, doveva comparire nelle vie delle città russe anche la bandiera nera dell'anarchia, questa eresia veramente singolare che essendo un prodotto del cavallo rosso rivolgerà le sue armi contro di esso. Evidentemente il movimento anarchico, quale principio di politica sociale in Russia, è solo

2 *Iz rukopisej A.N. Šmidt* (dai manoscritti di A.N. Šmidt), pp. 178-179.

un debole precursore del regno apocalittico del cavaliere del cavallo nero; tuttavia proprio la rivoluzione russa per la prima volta e quasi sensibilmente ha dato conferma a questo simbolo del futuro procurando al movimento anarchico un'influenza mai vista nella storia e dispiegando anche il suo simbolo sensibile che è la bandiera nera. Dopo la rivoluzione russa ormai non si può dubitare che l'anarchismo come dottrina sociale abbia un futuro, che possegga una sua attrattiva e una sua inevitabilità non ancora maturate completamente durante la rivoluzione russa. Questa attrattiva dipende dal fatto che l'anarchismo è la dottrina che scimmiotta di più il cristianesimo e che nelle sue deformazioni umanistiche ricorda più da vicino la calda e sicura intimità dell'ideale cristiano della società. L'anarchismo propone esattamente di vivere come gli uccelli del cielo senza preoccuparsi del domani e senza distinguere tra il «mio» e il «tuo». Ma nella storia ci furono anticipazioni del cavallo pallido e del suo cavaliere che si chiama Morte? Dobbiamo pensare che ci furono, in quanto la morte più d'una volta s'è librata se non sull'umanità almeno su singoli Stati. Tuttavia qui abbiamo a che fare con qualcosa di nascosto da veli ancora più scuri. L'essenza della morte consiste nell'irrigidimento della vita e dei suoi movimenti interni; se la rivoluzione e l'anarchia sono uno stato di malattia grave, un periodo di febbre e di movimento caotico interno di elementi disorganizzati del corpo, l'appressarsi della morte comporta una certa quiete dell'eccitazione caotica delle forze elementari. Alla soglia della morte queste forze sono come esaurite e vinte da una specie di convulsione preletale della vita. Ma questo ripristino effimero di un certo ordine organico è allo stesso tempo il pallido volto della morte, è una certa pace prima dell'ultimo sospiro. Il regno del cavaliere dal cavallo pallido sarà proprio questa tranquillità agghiacciante. Possiamo pensare che anche nella storia del passato siano esistite alcune forme preparatorie e in ogni caso indicative di quest'ultimo periodo apocalittico il quale essenzialmente si fonde con il regno dell'Anticristo. Dobbiamo cercare queste forme soprattutto nei periodi di reazione politica seguiti ai moti rivoluzionari. In queste reazioni sono caratteristiche appunto la stanchezza e l'incredulità generale che permettono di accettare tutto e di acconsentire a tutto. In esse la vita spirituale si spegne e resta solo la parvenza materiale esteriore della vita. Naturalmente nella storia questa natura della reazione è complicata da nuove rinascite, visto che la storia dell'umanità non ha ancora conosciuto la morte totale e ogni sua crisi s'è risolta positivamente con l'afflusso di forze fresche vivificanti. Il regno del cavaliere dal cavallo bianco rivelerà tutta la sua pienezza e il suo carattere solo quando non ci saranno più queste forze vivificanti; tuttavia abbiamo un certo diritto di vederne anticipazioni storiche nella storia antica di Atene e di Roma, nella breve tirannide dei Trenta, all'epoca della morte di Socrate, nel dispotismo dei favoriti dell'esercito romano nel primo secolo dopo Cristo. Però forse l'espressione più caratteristica di questo stato dell'avvicinarsi della morte la troviamo nell'ultimo periodo della rivoluzione francese, nell'epoca del direttorio, del consolato e addirittura di Napoleone. Napoleone stesso ebbe senza dubbio qualcosa di apocalittico e dell'Anticristo, forse soprattutto nella sua cinica *utilizzazione* del cristianesimo come strumento del suo potere politico personale, ferma restando la sua miscredenza e perfino la sua opposizione interiore al cristianesimo. In sostanza la separazione della Chiesa dallo Stato, introdotta dalla rivoluzione, fu per il cristianesimo una misura meno pericolosa del concordato napoleonico, secondo il quale il primo console, e poi l'imperatore, aveva il diritto di designare gli arcivescovi e i vescovi e uno speciale catechismo insegnava agli scolari che «venerare l'imperatore e servirlo equivale a venerare e servire Dio stesso»[3]. Ormai approdato a Sant'Elena, Napoleone palesò i suoi piani che lo volevano effettivo direttore e signore nell'ambito della vita ecclesiastica. «Io – scriveva Napoleone – avrei innalzato il papa oltre ogni misura, circondandolo di pompa e onori. Io avrei fatto in modo che non avesse ragione di lamentarsi per la perdita del potere civile, ne avrei fatto un idolo e lui mi sarebbe rimasto accanto; Parigi sarebbe diventata la capitale del mondo cristiano e io avrei guidato il mondo religioso come quello politico»[4]. Tutti questi tratti della politica religiosa di Napoleone sono estremamente eloquenti, se si considera che Napoleone in sostanza pensava a una monarchia universale e che ne aveva realizzato il sogno già per metà sottomettendo quasi tutta l'Europa. In genere se Vladimir Solov'ëv «indovinò» l'Anticristo, Napoleone gli fu molto più simile di un qualunque Robespierre o di qualsiasi altra «belva» della rivoluzione che perseguitò apertamente la Chiesa. L'inimicizia aperta dello Stato verso la Chiesa può servire piuttosto alla rinascita di questa attraverso il martirio, mentre un protezionismo traditore può installare «l'abominazione della desolazione» nel luogo santo. Napoleone non vi riuscì perché lo spirito dell'Anticristo non era ancora maturo. Il regime napoleonico racchiudeva in sé i postumi interni della malattia mortale attraversata dalla Francia, la miscreden-

[3] Kareev, *Istorija Zapadnoj Evropy* (Storia dell'Europa Occidentale), vol. IV, p. 123.
[4] *Ibid.*, p. 124.

za e una certa vita statale meccanica, cioè assieme allo spettro pallido della morte rivelava anche chiari afflussi di fresche forze vivificanti. Ne risulta che anche nel regime napoleonico la storia ci offre soltanto un'immagine approssimativa di quello che attende l'umanità alla fine. L'umanità in complesso non è morta e in sostanza non si può nemmeno parlare di morte di singoli Stati, visto che questi non avevano mai posseduto quella definitività e specificità degli organismi che permetta di parlare della loro nascita o morte. Essendo certamente formazioni organiche, gli Stati nonostante tutto mantennero sempre un certo legame indissolubile e anche organico tra loro e tutta l'umanità, e questo legame è stato sempre salvifico nei momenti più pericolosi della vita statale; pur morendo nell'una o nell'altra delle loro parti costitutive, gli Stati continuamente rinascevano per gli afflussi di forze fresche provenienti dall'esterno. A questo riguardo li si può paragonare non a organismi singoli ma a singoli organi costituenti un unico organismo il cui nome è l'umanità e forse la Terra. In genere, insistendo sulla legittimità e addirittura necessità di una comprensione organica della vita sociale, noi non dimentichiamo mai l'approssimazione e la complessità delle analogie possibili sulla base di questa concezione. Però detta approssimazione dipende non dall'inapplicabilità del nostro punto di vista ai fenomeni qui analizzati, ma esclusivamente dal fatto che il principio dell'organicità è molto più complesso e diversificato nelle sue manifestazioni di quanto si possa vedere nel piccolo frammento di vita organica accessibile all'esperienza umana. Proprio nella storia dell'umanità noi trascendiamo i limiti delle forme e delle leggi della vita organica inferiore a noi abituali e siamo costretti a concepire una forma superiore di vita della quale noi stessi entriamo a far parte come elementi costitutivi.

Considerando la rivoluzione come una malattia, non intendiamo affatto scaricare su di essa tutta la responsabilità del fatto che proprio nelle rivoluzioni la storia umana si muove verso la sua fine. Se ogni malattia grave dell'organismo umano anticipa in parte la morte e ce la rende familiare, le rivoluzioni, che sono le malattie più pericolose nella vita dello Stato, racchiudono in sé in diversa misura tutti i sintomi fondamentali della morte e questa naturalmente costituisce, dal punto di vista religioso, la manifestazione più piena del male universale. Ma questa suprema manifestazione delle forze malvage disorganizzatrici della società nei momenti delle rivoluzioni ha naturalmente le sue cause generanti in epoche precedenti che talvolta all'esterno appaiono perfettamente tranquille. Come un uomo esteriormente sano e che si sente tale può già portare in sé una malattia inguaribile che può anche non manifestarsi presto, così le rivoluzioni germinano sempre nell'apparente calma e prosperità delle epoche precedenti, e forse proprio su quelle ricade la maggiore responsabilità religioso-morale per il male conseguente che in esse ha le proprie radici. Torneremo su questo problema quando analizzeremo in particolare la rivoluzione russa che proprio a questo riguardo è particolarmente significativa, perché germinata molto prima di manifestarsi all'esterno. Prima dobbiamo però sottolineare ancora un momento, religiosamente, forse il più positivo di ogni rivoluzione. Essendo massimamente feconda nel settore del male e manifestando quest'ultimo in forme chiare e per così dire mature, la rivoluzione serve per ciò stesso al bene. Proprio in essa i frutti del male si staccano per così dire dall'organismo che li ha generati e, ciò che è la cosa principale, manifestano chiaramente la loro natura. Siccome rappresentano malattie pericolose ma non la morte definitiva, siccome finora hanno sempre ritrovato la salute, le rivoluzioni possiedono un duplice carattere: da una parte manifestano nella maniera più piena e chiara il male, dall'altra costituiscono la liberazione più radicale dal medesimo. Però questa duplicità si muove per così dire su piani diversi: il male e il bene vi hanno centri focali e gravitazionali diversi. Proprio la rivoluzione contribuisce a *dividere* il bene e il male, manifestando l'uno e l'altro nella forma più chiara. Trattandosi di processi di purificazione del bene dal male manifesto, essi, anche dal punto di vista religioso, possiedono un certo carattere di nobiltà e, in sostanza, realizzano al massimo il senso religioso della storia che consiste appunto nel separare il bene dal male nelle loro forme mature. Il cristianesimo non ha ragione di temere la morte sia individuale che universale, perché nella morte perisce soltanto ciò che deve perire, cioè i principi malvagi dell'esistenza. Invece la parte dell'umanità fedele a Cristo si purifica e sublima nelle rivoluzioni come nella bufera. Come l'avvento dell'Anticristo in potenza segna anche il prossimo trionfo di Cristo, così tutte le esplosioni delle forze malvage durante la rivoluzione preannunciano nuovi apogei religiosi e forse addirittura nuove trasfigurazioni.

II. *L'anima del popolo russo*

Molto prima della rivoluzione russa chi scrive queste righe discusse una volta sulla possibilità della rivoluzione in Russia con un amico cui era profondamente inviso il vecchio regime. L'amico insisteva sul fatto che la rivoluzione in Russia era possibile e necessaria e che nel suo corso non avrebbe avuto nulla di terribile. «Perfino i turchi l'hanno condotta così facilmente – diceva – e perché noi non dobbiamo scrollarci dalle spalle tutta questa banda di delinquenti che costituisce il governo russo?». Io affermavo il contrario, cioè che la rivoluzione in Russia era molto improbabile, e preavvertivo il mio amico ottimista che se poi fosse scoppiata avrebbe assunto dimensioni e forme simili a quelle della rivoluzione francese superandola probabilmente in quanto a terrore rivoluzionario. Per fondare la mia ultima supposizione facevo rilevare al mio interlocutore la complessità troppo grande e contraddittoria del popolo russo nei riguardi dell'ideologia e degli istinti vitali e soprattutto la tipica ampiezza oscillatoria della sua volontà. Il mio amico ha avuto ragione sul primo punto, io sul secondo: la rivoluzione russa è scoppiata a dispetto delle mie supposizioni, ma si compie in forme e dimensioni che già adesso sotto molti aspetti superano di molto la grande rivoluzione francese.

L'anima russa è tridimensionale come ogni anima e si distingue soltanto per una sua specifica combinazione delle tre parti fondamentali. In ogni anima abbiamo l'elemento *santo*, l'elemento specificamente *umano* e l'elemento *belluino*. A nostro avviso la particolarità più notevole dell'anima russa sta nel fatto che il suo elemento medio specificamente umano risulta incomparabilmente debole se paragonato alla psicologia nazionale degli altri popoli. Nell'uomo russo tipico prevalgono i principi *santo* e *belluino*. Questa particolare simbiosi psichica può sembrare strana, eppure a nostro avviso proprio questa combinazione è la più naturale. La natura angelica, astraendo dalla sua cognizione del bene e del male e dalla sua innocenza primordiale, in molte cose è molto più vicina e affine alla natura della fiera che alla natura dell'uomo. È vero che la santità si differenzia dalla natura angelica, ma anch'essa è vicina alla natura belluina e nasce quando si supera una cultura spirituale specificamente umana. Evidentemente questo accostamento è valido se nella natura ferina al di là dell'iracondia e della ferocia vediamo i principi della mitezza, della gentilezza e della bonarietà. In questo senso l'anima russa racchiude in sé tutte le ricchezze di tale natura. Ferocia e affabilità, mitezza e amorevolezza, in una parola tutto ciò che intravediamo distinto e frammentario nel lupo e nella lepre, nella volpe e nell'orso, sono congiunti nell'anima russa in combinazioni complesse e talora inattese. Questa specie di giardino zoologico dell'anima russa venne descritto con sufficiente chiarezza e verità artistica dai nostri scrittori di costume Gogol, Ostrovskij, Leskov e perciò non occorre confermarlo e illustrarlo con vari esempi. Forse che Sobakevič non è un orso, Korobočka una pecora, Petuch un verro bonario, tutti stranamente umanizzati pur conservando sotto le spoglie umane una buona metà della loro natura ferina sia corporea che spirituale? E dove fuori della Russia sono possibili e tanto significativi nomi di persona come Kit Kityč?[5] Anche la parte superiore dell'anima russa risulta descritta con eguale chiarezza; la storia e la letteratura russe ci forniscono un campionario altrettanto vario di santità sia nell'ambito specifico della vita ecclesiastica sia in esempi di elevatezza e purezza spirituali nella vita comune. Ma quanto è pallida l'immagine dell'uomo come tale nella storia e letteratura russe! Sono in tutto tre, quattro tipi e addirittura non tipi ma personaggi in certa misura artificiosamente costruiti come Cačkij e Rudin[6]. E questo non perché noi siamo in ritardo nella cultura e perché il tipo dell'umanista (nel quale s'esprime per eccellenza il principio dell'umanità) rappresenta già il tipo dell'uomo colto. Noi affermiamo esattamente il contrario: non è vero che da noi l'umanesimo è in ritardo perché è in ritardo la cultura, ma ci manca e c'è mancata la cultura perché il principio umanistico da noi è debole. L'umanesimo è scienza, etica, arte, socialità e tecnica, indipendenti dalla religione. Questo è ciò che distingue l'uomo dalla fiera, ma l'uomo russo che unisce in sé specialmente la fiera e il santo non ha mai avuto successo in questo settore medio, e in tutti i gradi del suo sviluppo è stato umanisticamente incolto. Non si può ignorare un altro tratto specifico dell'anima russa: la rivoluzione nel suo stimolo originario è il frutto di un certo pathos etico, ma non si può non riconoscere che questo pathos nell'anima russa in genere e in complesso non c'è mai stato. In generale il livello etico dell'anima russa non è alto. Non a caso un poeta slavofilo, dal quale si doveva piuttosto attendere un'idealizzazione del popolo russo, espresse sulla Russia giudizi molto severi che si riassumono nel riconoscere che essa «è piena di ogni bruttura»[7]. Come nell'anima russa è singolare la combinazione del santo con il belluino, altrettanto singolare è la simbiosi con il peccaminoso, con un certo inestirpabile male del guscio psichico-materiale. Questa singolare combinazione del santo con il peccaminoso si spiega con il fatto che tra il bene e il male possono esistere nessi non soltanto esterni e meccanici, quando per esempio il principio malvagio si serve di un involucro buono come d'una maschera, ma anche singolari legami organici. Talvolta nella struttura psichica a certe forme di bene corrispondono addirittura determinate

[5] In russo significa 'balena, figlio di balena' (*ndt*).
[6] Il primo è un personaggio di Griboedov, il secondo di Turgenev (*ndt*).
[7] Un celebre emistichio di Chomjakov (*ndt*).

forme di male. Il profumo di certi fiori è legato al fatto che sono avvelenati, la bellezza di certe erbe al fatto che non sono nutrimento adatto agli animali, e viceversa l'utilità è legata all'aspetto insignificante. Così nel mondo spirituale – nell'anima umana – esiste un particolare profumo delle anime corrotte, un volgare avvilimento della virtù e altre simili simbiosi strane. Non si tratta di semplici associazioni casuali: proprio su determinate specie di male e di dissoluzione psichica si sviluppano con maggior successo e fioriscono riccamente, come su terreno concimato, valori feraci e rari. Se cerchiamo il tipicamente russo in questo ambito non possiamo non riconoscerlo nello speciale nesso tra talenti religiosi e inclinazioni antiumanistiche. È un fenomeno caratteristico per i valori medi ed è senza dubbio organico nel senso che l'umanesimo distoglie l'interesse dell'uomo dal cielo. L'umanesimo colora troppo positivamente la terra e anche nelle situazioni più disperate sostiene la fede *nell'uomo*, lo slancio esclusivo verso la terra e verso ideali realizzabili solo attraverso l'uomo. Invece sulla piattaforma della sfiducia nell'uomo, di una certa misantropia, perfino di una certa freddezza e immoralità verso l'uomo e quindi di egoismo, spesso brucia la fiamma della fede e dell'amore per il superno, anche se più spesso nelle forme sensibili e concrete del culto. Così l'attaccamento russo alla chiesa fu sempre unito ad abitudini violente e in genere a costumi, al giudizio umanistico, selvaggi. Questa simbiosi del peccato con la devozione è stata descritta molto bene da Blok nelle eloquenti strofe:

«Peccare svergognata senza sosta,
il conto perdere dei giorni e delle notti,
e con la testa nei fumi dell'alcool
entrare di soppiatto nel tempio del Signore.

Tre volte gettarsi lunga distesa
e sette farsi il segno della croce,
con la fronte ardente di nascosto
battere il pavimento pien di sputi.

Gettato nel piattello un soldo
tre volte e poi sette di continuo
baciar la *riza*[8] antica e povera,
dai baci lisa e consumata.

[8] La copertura in metallo (dal più umile al più prezioso) delle icone (*ndt*).

Tornando poi a casa
truffar qualcuno d'un soldo
e prendere ruttando a pedate
un cane affamato sulla soglia.

Sotto la lampada accanto all'icona
bere il thè contando i soldi
e la panciuta cassapanca aprire,
coprir di baci le obbligazioni,

e poi gettandosi sul piumino
immergersi nel sonno più profondo...
Sì, anche così, o Russia mia, mi sei più cara
d'ogni contrada del mondo intero».

Perché anche una Russia di questo genere è per il poeta più cara di tutti i paesi del mondo? Probabilmente perché egli ha capito intuitivamente che a questo ruttare ubriaco si uniscono inscindibilmente – anche se non nello stesso individuo ma forse in altri a lui vicini – certi valori e bellezze spirituali che non esistono da nessun'altra parte. Il polo opposto a tale combinazione è costituito da persone che talora sono umanisti profondi, veramente sensibili e pronti al sacrificio ma che allo stesso tempo in queste loro proprietà sono volgari fino alla nausea nel percepire e valutare la vita, sordi alle sue bellezze spirituali, eternamente fissati alla superficie dei beni della *cultura* in quanto scienza, tecnica e agiatezza sociale. Questo fiorire di determinati valori sul terreno di altrettanto determinati difetti e viceversa è addirittura caratteristico per i valori medi, ma non sembra che si possa dire la stessa cosa per quanto riguarda i grandi modelli di bene e di male. Anzitutto i *santi* rivelano in se stessi un'unità e un fascio di conquiste religiose e morali. Per lo meno nella sfera dei rapporti personali individuali la santità tipica è superiore a ogni sospetto, ma dal punto di vista sociale anche i santi possono appartenere al «partito» umanisticamente sbagliato. Anche qui il medesimo nesso organico tra il bene e il male si manifesta soltanto in un'altra sfera di rapporti – nei rapporti transpersonali.

III. *La disgregazione dell'anima russa*

La singolare struttura dell'anima russa, che abbiamo tentato di caratterizzare brevemente, ci spiega perché in Russia per tanto tempo non siano avvenute rivoluzioni. Infatti la rivoluzione è frutto dello strato umanistico medio della natura umana. La fiera non è capace di creare nuove forme di socialità, il santo se ne interessa poco ed è altrettanto poco adatto anche se per altre ragioni. Desideroso e capace di creare una società migliore è proprio l'uomo come tale, cui piace l'agiatezza empirica dell'esistenza, che si dispone sulla terra non come in un bivacco temporaneo, come fa il santo, ma con l'intenzione di coltivare questa terra e se stesso per tempi indeterminatamente lunghi se non illimitati.

Fino al secolo XIX in Russia nessuno pensava neppure alla rivoluzione nel senso occidentale del termine. Durante il sec. XIX in Russia ci furono soltanto deboli tentativi di provocare la rivoluzione, deboli proprio perché fino allora i sentimenti rivoluzionari erano estranei alla coscienza popolare e trovavano l'*humus* adatto soltanto al vertice dell'intelligencija russa. Il popolo russo è sempre stato incline e atto alla rivolta e alla sollevazione, cioè a moti che con la rivoluzione possiedono una somiglianza soltanto esteriore. Nell'anima popolare la rivolta e la sollevazione sono la stessa cosa che l'ira o la collera nell'anima del singolo o addirittura della fiera. Invece la rivoluzione è un movimento molto più complesso che ha per base una determinata ideologia; nella psicologia individuale le corrisponde l'azione pianificata e premeditata dell'uomo che agisce per convinzione. La rivoluzione è condizionata sempre da una certa elaborazione culturale dell'intelletto e della volontà e perciò ha carattere specificatamente umanistico. Tuttavia le iniezioni di fermento rivoluzionario in Russia divennero troppo frequenti e troppo intense ed anche il movimento rivoluzionario incominciò a rafforzarsi ed a penetrare sempre più profondamente negli strati della coscienza popolare, la quale sia dal punto di vista ideologico che volitivo incominciò a subire cambiamenti e metamorfosi molto essenziali e fatali. Una di queste metamorfosi fu il mutarsi del rapporto tra i due principi dell'anima popolare russa, il santo ed il belluino. Prima che l'influenza umanistica si insinuasse nella coscienza del popolo russo, questi due principi, in certo qual modo affini ma tuttavia fondamentalmente contrapposti, si compensavano a vicenda e portavano ad un certo equilibrio per lo meno organico anche se non armonico. Un'autorità che stava molto in alto e un costume russo completamente compenetrato dei principi religioso-ecclesiastici, cui in genere e in complesso erano sottomessi gli elementi belluini del popolo russo, assicuravano questo equilibrio nella psicologia sociale; ma era un equilibrio realizzato anche nelle anime dei singoli individui e questa è una circostanza insolita per gli altri popoli. Quali cambiamenti produssero in questa strana strutturazione dell'anima russa i tentativi provenienti dall'Occidente di inoculare i principi umanistici? Come abbiamo già detto, questi principi trovarono un *humus* propizio soltanto nello strato, relativamente esiguo per numero, dell'intelligencija russa. Ciononostante la presa sul popolo fu, anche se lenta, non priva di successo, ma il suo effetto non corrispose alle intenzioni. La cultura e l'umanesimo non riuscirono ad innestarsi nel popolo russo come energie positive e invece vi trovarono accesso e terreno per allargarsi e rafforzarsi come energie negative, cioè atee militanti e in ogni caso antireligiose. In altre parole, nell'anima russa il principio santo poco a poco s'indebolì e fu minato, mentre il principio umanistico si allargò e quello belluino non venne affatto domato; anzi predicando al popolo la lotta di classe si eccitarono i suoi peggiori istinti. Questa la situazione dell'anima russa all'inizio del secolo XX. Su questo terreno spuntò il moto rivoluzionario del 1905, che tuttavia non ebbe successo anche se ebbe dei risultati. Pure questo insuccesso è molto significativo, perché rivelò che la coscienza del popolo russo, anche se scossa nei suoi fondamenti, non è atta ad un'azione che scaturisce dal principio specificatamente umanistico dell'anima umana. Era lecito dubitare della possibilità in genere di una rivoluzione in Russia, ma essa scoppiò come qualcosa di assolutamente inaspettato ed in genere come un avvenimento non dipendente dalla volontà e dai calcoli umani.

Oltre ai principi dell'umanesimo sono due i fattori che resero possibile la rivoluzione russa. Il primo è la grande guerra europea che rese instabili tutti i costumi e le forme abituali della coscienza russa e dello Stato russo: fu la guerra ad allontanare il popolo dalle sue dimore abituali e a renderlo più accessibile agli influssi rivoluzionari, ma soprattutto a cambiare lo spirito e l'umore tradizionali dell'esercito. Tuttavia a nostro parere un'influenza ancor più fatale esercitò il cambiamento avvenuto gradatamente nello strato superiore dell'anima russa – nella sua coscienza religiosa. Nessuna galleria scavata sotto il sacrario del popolo russo poteva produrre il risultato che provocarono l'indebolimento *interiore* ed il tradimento in seno al principio religioso. La Chiesa russa, nella sua organizzazione empirica terrestre, fu appunto il centro focale ed il fondamento della vita religiosa dal quale si diffuse l'indebolimento e la decadenza dello spirito religioso. La Chiesa provava un mistico terrore per la rivoluzione e difendeva i fondamenti religiosi del potere costituito in conformità allo spirito del cristianesimo, ma senza dubbio oltrepassò i limiti del lecito nella sua politica difensiva. Essa non vide che legando il suo destino e la sua autorità al destino dell'autocrazia russa era obbligata a mantenere anche una certa dignità interna di questa forma e se non s'immischiava nella sfera politica doveva almeno essere la voce della coscienza religiosa nei riguardi di tutto ciò che nella vita statale si appellava a questa coscienza. Ma dai tempi di Pietro I la Chiesa ortodossa russa rimase completamente inattiva proprio in questo suo ruolo di *coscienza* dell'organismo sociale della Russia. L'alta gerarchia della Chiesa non seppe trovare la giusta via di mezzo tra due tattiche egualmente illecite: da una parte un politicismo piccino e in sostanza areligioso e dall'altra una tattica di piena alienazione da tutti i problemi della vita politica, un'indifferenza che assume sempre l'aspetto di tacito assenso a tutti gli atti del potere autocratico. Nei rappresentanti della Chiesa russa noi vediamo due tipici orientamenti politici: uno è quello conservatore che possiede la profondità e l'autenticità dell'esperienza religiosa, ma si asservisce al potere civile, ne copre i difetti con la sua benedizione e in ogni caso non lo contraddice. È l'orientamento di quasi tutta l'alta gerarchia della Chiesa ortodossa con il Sinodo in testa. L'altro orientamento è il movimento religioso innovatore degli ultimi due decenni; il suo difetto principale è la debolezza delle forze e dell'organizzazione. Si tratta di un ruscello di acqua più fresca, che però non può rinfrescare l'immane lago stagnante del borghesismo religioso russo. Ma anche questo ruscello possedeva l'acqua veramente viva della creatività religiosa e della libertà religiosa soltanto in poche sue correnti, mentre in parte notevole questo movimento si trasformò in forme fruste, e in sostanza religiosamente sterili, di politicismo liberaleggiante e di criticismo. Soltanto alcune persone riuscirono forse a tenere la linea media che riunisce tutta la profondità e ricchezza dell'esperienza e della mistica ecclesiastiche con lo spirito nuovo della socialità nelle sue potenzialità costruttive. Ma queste singole persone furono poche e naturalmente non poterono creare quel rinnovamento religioso di cui un tempo tanto si parlò e che si attese invano. La Chiesa russa paralizzata non s'alzò dal giaciglio, perché non ci fu nessuno che le dicesse «alzati e cammina». In essa incominciò una specie di processo di putrefazione interiore che avvelenò gli uni e tentò gli altri alla bestemmia e all'apostasia dalla Chiesa e dal cristianesimo. Un'espressione viva di questo processo fu l'influsso reale, quasi una specie di potere sulla Chiesa, esercitato dal noto *starec*[9] Rasputin. Nel destino di questo *starec* venuto dai bassifondi c'è qualcosa di mistico-fatale e di simbolico per tutto il passato della Russia, e non si può tacerne quando si cerca di comprendere la rivoluzione russa. Grigorij Rasputin è il primo e più grosso attore della rivoluzione russa, perché proprio lui fu il principale responsabile del baratro in cui cadde la Chiesa russa visibile, del fatto che la sua piaga dolorosa toccò il limite della «morta scorza della materia» oltre il quale incomincia il mistero della Chiesa invisibile. Fu questo a provocare nelle profondità mistiche corrispondenti il grido «Basta!», e questo «Basta!» fu la rivoluzione russa che significò anche una crisi inaudita nella vita della Chiesa ortodossa. Per molti secoli la Chiesa russa era stata sotto la protezione dell'autocrazia, ma trasformò questo status in un servizio politico. Allora nella coscienza del popolo russo quello che doveva essere il portatore del santo principio dell'anima invisibile della Russia, «della Santa Russia», diventò un involucro esterno e infangato che offendeva la dignità di detto principio; e quella protezione, trasformatasi da utile in dannosa, venne ritirata. Naturalmente non solo la Chiesa ma tutti, a tutti i livelli, hanno gravemente peccato contro la «Santa Russia» esiliata nelle profondità inconsce dell'anima popolare. In verità questa parte santa dell'anima sembra oggi vivere soltanto dei ricordi del passato, perché il presente le è stato tolto. Essa potrebbe solo affermare con le parole del poeta:

> «L'anima mia è d'ombre un eliso!
> Ombre silenti, luminose e belle,
> sorde alle cure,
> al duol, alle gioie del tempo incostante».

Il peccato specifico del corpo empirico della Chiesa – della sua organizzazione statale – fu che il talento specifico dell'ortodossia e la sua specifica ascetica vennero troppo deformati e asserviti al principio malvagio. Il talento di cui parliamo consisteva nel prevalere del *sentimento* religioso sulla volontà religiosa, in una particolare intimità e immediatezza nel sentire il Cristo. Proprio questo specifico modo di interazione con il Cristo attraverso il sentimento, e non attraverso la volontà come avviene soprattutto nella coscienza religiosa occidentale, conferiva all'ortodossia una maggiore libertà interiore. Nell'ortodossia i sacrifici della volontà venivano completati dal fuoco della fede

[9] In russo significa un padre spirituale di vita santa e di lunga esperienza (*ndt*).

e dalla sopportazione religiosa, dalla *concrocifissione* con il Cristo nelle sue sofferenze. Questo mistero dello spostarsi dell'energia di un elemento religioso nella sfera di un altro elemento costituiva la grazia particolare del popolo russo. Questo dono giustificava anche un certo disprezzo della legge morale, spiegava la possibilità di essere «una sentina di abominazione» e allo stesso tempo d'essere illuminati dalla luce di Dio. Questa sostituzione e completamento dei difetti di un campo con le dignità di un altro campo avveniva non soltanto nelle coscienze dei singoli, ma anche nella totalità conciliare dell'anima russa. In Russia è sempre esistito l'eroismo della sostituzione del peccato di uno con la pazienza e l'umiltà di un altro. La possibilità di questo eroismo sostitutivo è confermata dai padri nelle seguenti parole, notevoli per la loro epoca, di san Teodoro Studita, un asceta dell'epoca iconoclasta: «Ciascuno ha il suo dono come sta scritto: uno questo, l'altro quello. Ma voi, fratelli uniti dal legame dell'amore, in forza del vostro amore fate proprie a vicenda le fatiche e le virtù di ciascuno. Tu, per esempio, sopporti con serenità il disonore, un altro si distingue per l'amore al lavoro, un terzo sovrabbonda nel silenzio, un quarto nell'obbedienza, e grazie alla comunicazione ognuno di voi possiede oltre a ciò che gli è proprio anche l'altrui: il vostro bene passa a vicenda dall'uno ai tutti e viceversa» (*Dobrotoljubie*, vol. IV, p. 232). Proprio in virtù di questo dono la configurazione statale russa, che mai espresse forme perfette di convivenza sociale, poté allo stesso tempo essere il corpo del principio superiore della «Santa Russia» che in essa viveva. Fino alla soppressione della servitù della gleba, e in parte anche dopo, la Russia fu un paese di schiavi e di padroni di schiavi e ciò non le impedì di essere la «Santa Russia» in quanto la croce degli uni veniva portata con l'anima luminosa e in genere con il perdono per quelli che la imponevano, in quanto i primi e i secondi accedevano con fede all'unico Calice. Così la giustizia di decine di milioni nell'unità della coscienza popolare purificava e illuminava il peccato delle poche migliaia di padroni, del resto un peccato spesso non avvertito chiaramente come tale né dagli uni né dagli altri. Fu proprio questo eroismo dell'anima russa che diede a Tjut/ev il diritto di apostrofare la Russia con le parole «paese della lunga pazienza». E lo stesso poeta comprese che questa pazienza non era semplicemente uno sforzo di volontà, perfettamente accessibile anche alla coscienza umanistica, ma appunto una croce portata in nome di Cristo e che misticamente si fonde con la Sua croce, perché solo così possiamo capire le parole:

«Gravato dal peso della Croce
il Re celeste fattosi servo
tutto ti ha percorso, caro paese,
con gesto benedicente».

Per i russi dei tempi passati l'epiteto «serva» attribuito alla Russia non rappresentava una vergogna in quanto s'identificava in certa maniera con «l'aspetto di servo» del Cristo. E la coscienza popolare, se non comprendeva, sentiva certamente questo mistero di fusione; in Russia non c'era allora spazio per una coscienza umanistica che avanzasse i propri diritti e spiegasse a suo modo questa situazione anormale, eppure religiosamente giustificata e tanto caratteristica per la composizione belluino-santa dell'anima russa, perché il fatto stesso acquistava un significato religioso diverso. Ciò che ai tempi dell'ingenua illibatezza dell'anima russa era perdonabile, divenne poi un peccato imperdonabile e l'eroismo della pazienza assunse il cattivo significato di «infrazione degli elementari diritti dell'uomo e del cittadino». Alessandro II ebbe profondamente ragione e agì in modo religiosamente saggio quando abolì questo scandalo per luna e l'altra parte, ma non altrettanto saggio fu il governo successivo. Esso non comprese che l'ignoranza e l'incomprensione scusano molte cose, che la Russia soltanto allo stadio di belva-santo poteva «da giusta» peccare ed essere affetta da mali sociali, ma che questi stessi peccati dovevano essere imputati come delitti a una consapevolezza e coscienza ormai adulte del popolo russo. Anche la letteratura teologica russa offriva elementi già sufficienti per capirlo.

Già alla fine del secolo scorso la Russia ebbe tra i figli fedeli della Chiesa ortodossa un uomo dotato di chiaroveggenza profetica e del grande talento della parola e di tanti altri talenti e virtù spirituali troppo eminenti per non meritargli uno dei primi posti nella guida spirituale della coscienza sociale. Quest'uomo fu Vladimir Solov'ëv il cui tema fondamentale fu appunto quello di illustrare la *divino-umanità* del processo religioso. Solov'ëv meglio d'ogni altro seppe indicare e spiegare quella via di mezzo che avrebbe dovuto imboccare la società religiosa russa, ma in Russia tutti i gruppi sociali influenti, compresi il governo e la Chiesa ortodossa, *ignorarono* questo grande figlio della terra russa degnandosi di notarlo solo in quanto letterato e filosofo di talento. Un uomo nato per essere la guida spirituale del suo popolo attirò l'attenzione di pochi unicamente come conservatore intelligente, pubblicista interessante e originale alquanto misterioso. E la Chiesa che non accolse questo vero profeta accolse in sua vece il falso profeta Rasputin per la logica fatale degli errori commessi. La personalità di Rasputin è profondamente simbolica come espressione della deformazione di quello speciale talento religioso dell'anima russa di cui già abbiamo detto, deformazione di cui sono responsabili soprattutto i portatori della coscienza religiosa. Rasputin fu senza dubbio un uomo religioso che comprese il talento peculiare della coscienza religiosa russa: una vita interiore retta nell'involucro del peccato. Ma egli non capì che questo talento si mantiene soltanto in un incessante eroismo di sofferenza, di pazienza e di consapevolezza della propria peccaminosità. Naturalmente la colpa di quest'uomo di fronte alla Russia non fu nei suoi peccati personali, di cui non conosciamo la natura e la gravità, ma nel fatto che il suo cinico trasgredire i limiti del lecito religioso, morale e sociale acquistò portata statale ed ecclesiastica generale e diventò centro focale di tutta la politica interna. Smascherata dall'esterno e dall'interno, questa politica non poté più contare sulla tolleranza religiosa e la rivoluzione russa ne fu come l'inatteso giudizio di Dio. Noi siamo fermamente convinti che la rivoluzione russa, anche se preparata dagli sforzi umani, non fu opera della mano dell'uomo. Essa fu inattesa e casuale proprio come la grande guerra europea scoppiata in seguito al colpo di pistola di un terrorista serbo. I politici parlano invano dell'ineluttabilità di quello che in realtà è soltanto *preparazione*: la guerra e la rivoluzione russa furono certamente preparati da tutto il complesso delle situazioni precedenti, ma tutto avrebbe potuto limitarsi allo stadio preparatorio; si può avere un materiale combustibile pronto e per così dire a portata di mano, pericolosamente pronto ad accendersi alla prima scintilla nata per caso. Ma proprio la casualità non può essere calcolata e non sempre è creata dalla mano dell'uomo specialmente quando è necessaria una sorta di complesso organizzato di queste casualità; proprio quanto avvenne all'origine della rivoluzione russa.

La rivoluzione russa risultò una condanna non solo della politica e dei politici del vecchio regime, ma anche di quella parte della società russa istruita che condannava questa politica e la combatteva. Se gli umanisti russi, nello sforzo di superare il principio belluino dell'anima russa, si fossero alleati ai santi, il tono delle loro condanne e il modo delle loro azioni sarebbero stati completamente diversi; le loro parole sarebbero state ascoltate e le loro azioni costruttive ed organiche. Questa impostazione avrebbe avuto tutti gli elementi per vincere e sanare, non solo esteriormente ma interiormente, i mali inveterati della società russa. Ma il principio umanistico si fece avanti nella sua pura aseità e addirittura assorbì certe energie luciferine direttamente ostili al cristianesimo. Il movimento russo liberale e rivoluzionario fu, in complesso, areligioso e addirittura ostile al cristianesimo, certo non per sua colpa soltanto. Nella coscienza russa il santo, per la sua fusione organica con il belluino e l'antiumanistico fu sempre di scandalo, dando motivo di pensare che l'uno è inscindibile dall'altro. Però questo «dare motivo» scuserebbe ogni movimento ma non quello umanistico che si presentò forte di tutte le armi della ragione umana e in parte in nome di questa ragione. Presentatosi come energia intellettuale, il principio umanistico, proprio dal punto di vista di questa ragione, non fu all'altezza del suo compito perché non seppe abbracciare con coscienza e fino in fondo i fenomeni che criticava e intendeva trasformare; esso non fu neanche all'altezza di istituire un esame filosofico dei problemi. Il movimento umanistico russo era profondamente permeato di uno spirito materialistico primitivo che non gli permise nemmeno di riflettere sulla religione e quindi sul principio santo della società russa. Per questo stesso motivo anche la filosofia russa, benché discretamente evoluta e conscia delle sue risorse autonome, rimase perfettamente inattiva nei riguardi della vita sociale. Anche in questo settore della società russa Vladimir Solov'ëv fu appena notato. Non solo l'opinione pubblica russa areligiosa non si aprì all'influsso dei principi religiosi, ma si ebbe perfino il fenomeno opposto: molte persone socialmente impegnate, che avevano una certa istruzione religiosa e allo stesso tempo nutrivano idee sociali progressiste, si lasciarono ingannare dal nesso tra il santo e l'antiumanistico, proprio dell'anima russa, e invece di lavorare a discernere e liberare l'uno dall'altro rinnegarono la Chiesa ortodossa storica. Ora, proprio questa Chiesa, nonostante tutte le sue cadute, rimaneva l'unico luogo di riunione *sobornaja*[10] e mistico-organica con Dio. Fu proclamata una specie di onnipresenza mistica del Cristo ovunque vi fossero problemi sociali e umanistici, benché vi fosse per il Suo Nome una totale indifferenza. Così tra le persone di convinzioni religiose si venne preparando il terreno per accogliere l'Anticristo in veste di politico umanista. Naturalmente anche qui Vladimir Solov'ëv venne rigettato e non riconosciuto. Lo dimenticarono perfino quando diluirono nella pubblicistica le condanne della politica ecclesiastica da lui formulate in forma stringata e allo stesso tempo non chiassosa. Ma su che cosa si fondava questo carattere umanistico dell'opinione pubblica russa, che aveva tradito il principio religioso e si era addirittura messa contro di esso, innalzando la

[10] Vedi nota 2, p. 76 (*ndt*).

bandiera della protesta e della ribellione? Di quali energie costruttive disponeva per elevare un nuovo edificio dopo aver abbattuto quello vecchio? Assolutamente nulla. Tale principio staccato dagli altri due dell'anima russa, dalla componente santo-belluina, e minando la componente prima superiore, liberò solo le energie della seconda ma non ebbe né i mezzi né il modo di incanalarle nella direzione voluta. Il popolo russo rimase in sostanza estraneo all'umanesimo germinato e presente unicamente nell'intelligencija russa, e quando per l'influsso delle seduzioni da destra e da sinistra in esso morì il santo, la belva non si piegò al principio umano e rimase priva di ogni principio illuminato e sublimante. Evidentemente la belva risultò più forte dell'uomo. L'errore più grande e fatale del movimento liberaleggiante russo fu quello di non possedere una chiara coscienza delle sue reali forze.

Questi attivisti sociali russi che volevano trasformare la Russia non si preoccuparono mai di capire la Russia come paese di grandi disegni e potenzialità sia nel bene che nel male, e misurarono anche l'anima della patria col metro delle loro animucce accuratamente indottrinate nelle università estere. Essi partivano sempre dal presupposto più o meno chiaro che una volta scomparsi i vecchi padroni loro ne avrebbero preso il posto facendo, naturalmente, ordine. Ora, non soltanto l'esperienza delle rivoluzioni dell'Europa occidentale ma perfino del mito rivoluzionario russo del 1905 ci ha insegnato proprio il contrario: e cioè che gli esponenti sociali russi che combattevano il vecchio regime in caso di successo si sarebbero ridotti ad un gruppetto insignificante privo di ogni influsso reale sul popolo; ci ha insegnato che con la caduta del vecchio sorgono forze nuove, forze che spazzano via le persone esperte che hanno onestamente combattuto per la libertà russa. L'espressione più tipica di questa ristrettezza del principio umanistico fu il secondo eroe della rivoluzione russa: Kerenskij. Se in Rasputin si concentrò tutto il veleno del peccato religioso-statale dell'anima russa e divenne manifesta la decadenza interiore di quel settore che doveva esprimere il principio della santità, in Kerenskij, personaggio centrale agli inizi della rivoluzione russa, si espresse tutta la povertà e lo sradicamento spirituale di quella parte della società che era la portatrice del principio umanistico. Questo eroe che aveva affascinato la società russa ed il popolo durante i primi tre mesi della rivoluzione con la sua vuota fraseologia rivoluzionaria dovette presto constatare che l'influsso dell'ideologia umanistica sulla coscienza popolare era soltanto negativo, cioè liberante ma non edificante. L'ipnosi delle belle parole passò presto e i teorici sociali «provati ed emeriti» caddero prigionieri di quel popolo che loro stessi avevano liberato con molti anni di sforzi e che ormai non pensava più né al passato né al futuro ma soltanto all'attimo fugace del presente. Allora la storia pronunciò la condanna del secondo strato del popolo russo, che esprimeva in sé il principio umanistico, e avvenne la rivoluzione d'ottobre che terminò con la piena dittatura del proletariato. Quest'ultima rivoluzione, compiutasi all'insegna dell'odio di classe, suscitò solamente gli istinti dell'inimicizia, della rapacità, della vendetta e vide ergersi in tutta la sua statura non solo la bestia ma la bestia selvaggia che vive nell'anima popolare. Se la rivoluzione politica di febbraio si compì in nome dei principi di libertà, eguaglianza e fraternità, il rivolgimento sociale d'ottobre avvenne esclusivamente in nome dei beni materiali e dell'internazionalismo, e al momento dato si ridusse sostanzialmente a sbarazzarsi del peso della guerra. All'insegna della rivoluzione sociale, per la prima volta nel popolo russo, il principio belluino prevalse su tutto il resto. Questa mia valutazione non tocca tuttavia il socialismo come tale; il socialismo è un prodotto dell'umanesimo, anzi contiene qualcosa che formalmente combacia con il cristianesimo ma nello stesso tempo ne contiene la diretta contrapposizione. Per orientarsi in questi rapporti complicati bisogna sapere che le medesime norme dei rapporti sociali possono avere contenuti spirituali diversi.

IV. *Il «santo», l'«utile», il «diabolico»*

Esistono senza dubbio norme di rapporti vitali le quali esprimono la natura delle cose (nel caso specifico la natura umana). Ogni uomo, ogni società e tutta l'umanità devono soddisfare a queste norme per vivere ed evolversi. In particolare queste norme esprimono il principio della giustizia quale legge ontologica delle correlazioni armoniche delle parti nell'unità dell'intero. Anche ogni religione esige inevitabilmente queste norme, perché la religione più di ogni altra realtà tien conto dell'essenza delle cose. Però, cercando di realizzare le norme dell'essere, la religione vuole dare loro una base salda e profonda, vuole fondarle sulla conoscenza dei fondamenti religiosi della vita, sull'obbedienza a Dio, sulla rinuncia ad ogni autoaffermazione. Questa rinuncia viene considerata un atto supremo di eroismo, anche se l'istinto dell'autoconservazione ha un suo posto nella norma della giustizia, un posto però instabile e insicuro nel nostro mondo corrotto. Per non scivolare nell'autoaffermazione ingiusta, nel mondo è necessario tendere costantemente alla rinuncia di sé. In tal modo le norme naturali dell'esistenza sono esigite anche dal cristianesimo e qui sfocia l'insegnamento morale del medesimo. Questa è la vita *santa*, in quanto il fine naturale viene inteso non per il suo risultato empirico utile, ma per i principi di un ideale religioso ultramondano. «Consegna anche il tuo mantello a chi ti chiede la camicia»: questo principio di distribuzione dei beni materiali tra tutti gli indigenti non solo è santo, ma anche *utile* per la vita sociale, perché una disuguaglianza grave è un male sociale. A questo riguardo il compito del socialismo, che cerca di distribuire equamente i beni materiali, coincide con le intenzioni del cristianesimo. Ma se la coscienza religiosa è debole e ciò che è empiricamente utile non viene realizzato in maniera religiosa e santa, anche il buon senso comune incomincia ad esigere la *medesima* cosa. Ciò che per la vita è necessario, incomincia a venir realizzato dalle inclinazioni naturali dell'uomo dirette al processo empirico della vita come al loro fine ultimo. Allora questo necessario, queste norme, diventano ormai «utili». L'utilità è un principio biologico e nel campo dei rapporti umani è un principio umanistico. Nell'ambito della santità chi possiede il superfluo *dona lui stesso* all'altro ciò che ha in più; a livello dell'umanesimo e dell'utilità, tra l'abbiente e il nullatenente compare un *terzo* che *costringe* l'abbiente a dare a chi non ha in forza di una norma giuridica. Così agisce o dovrebbe agire la legislazione statale, perché lo Stato è il Leviathan dell'utilità umana. Ma anche questo Leviathan è spesso inerte o impotente e l'utile rimane irrealizzato. Allora il diavolo stesso si accinge all'opera e con i suoi mezzi realizza il necessario e l'utile alla vita. Questi mezzi, anche se spesso intendono *il medesimo risultato pratico*, cioè la norma dell'utilità, sono direttamente opposti a quelli cristiani per la loro ispirazione interiore. Il conguaglio avviene non attraverso il dare, ma attraverso l'espropriazione violenta: chi viene invitato a conguagliare non è l'abbiente, ma il nullatenente. Nell'ambito della santità si invitava a dare spontaneamente, nell'ambito umanistico era la legge che conguagliava come una specie di istanza neutrale, il sistema diabolico proclama «prendi» e «togli». Apparentemente il risultato è lo stesso e il nullatenente è conguagliato a chi possiede il superfluo, ma tutto il contenuto interiore della nuova situazione delle cose è diametralmente opposto. Quando il conguaglio avviene secondo le massime della santità l'ordine nuovo è saldamente difeso dalla psicologia che deriva dal dare spontaneo e dall'accettazione riconoscente. Il bene trascende i limiti e le norme dell'utilità come equilibrio e trasforma le forme sociali della vita in una forma superiore diversa di esistenza, libera dalle leggi della rigida materia e dell'egoismo altrettanto rigido. Nel sistema diabolico avviene il contrario: siccome il conguaglio avviene sulla base di un'autoaffermazione eccitata ed infiammata, il processo non si ferma al conguaglio; chi era prima nullatenente oltrepassa i limiti della giustizia, si prende più di quanto gli spetta e si vendica ingiustamente. Tutto è basato sulla psicologia dell'autoaffermazione e in ultima analisi non si realizza neanche l'utilità come norma di vita, il male trabocca e si crea il caos delle volontà autoaffermantesi, cioè l'*inferno*. Ma l'inferno non può essere lo scopo nemmeno del diavolo; la vita è il fine di tutti gli esseri e l'inferno come dissoluzione della vita è unicamente l'inevitabile conseguenza fatale dell'abbandonare il piano universale supremo di Dio, una conseguenza egualmente tormentosa per l'umanità che per le forze a Dio nemiche. In ogni caso nelle condizioni empiriche dell'esistenza terrena perfino queste forze cercano di installare la norma dell'utilità per prolungare il più possibile il processo storico. Quindi l'*utilità* è qualcosa di medio tra il regno dei cieli e l'inferno, egualmente necessaria ai fini di Dio e del diavolo durante la vita dell'uomo. La storia dell'umanità in quanto processo neutrale si svolge appunto secondo il principio dell'utilità; l'utilitarismo è la teoria umanistica più naturale della moralità. Per il cristianesimo è molto importante che l'utilità venga realizzata dalle forze religiose: se ciò non avviene, se all'utile si associano forze diaboliche, il cristianesimo deve abdicare a questa forma insicura di bene esteriore, deve combatterlo interiormente nonostante la coincidenza tra le norme religiose e utili. Il regno dell'Anticristo è esattamente l'organizzazione dei rapporti sociali più perfetti, dal punto di vista dell'utile, sulla base di principi antiteistici. Coloro che son rimasti fedeli a Cristo devono rigettare questo regno allettante dell'utilità nel momento in cui al vero capo, Cristo subentra chiaramente il candidato del diavolo, cioè l'Anticristo, nel corpo di Cristo che è la Chiesa.

V. *Il trionfo della bestia*

Sullo sfondo della realtà russa la rivoluzione sociale non ha superato la prova nemmeno dal punto di vista dell'utilità. In sostanza il popolo russo non aveva nessun interesse per il socialismo e per le teorie in genere: voleva solo la terra, il potere e i beni materiali collegati alla conquista di questo potere, soprattutto la liberazione dai gravami della guerra. Anche i capi della rivoluzione sociale russa hanno in sostanza rinunciato a queste teorie; anche le loro azioni furono dirette solamente dalla sete del potere e dal desiderio di realizzare subito e a qualunque costo i loro piani senza preoccuparsi affatto della loro solidità per il futuro. Solo per questa ragione poté accadere che molti capi e rappresentanti eminenti del socialismo come sistema teorico, e appunto umanistico, si trovarono emarginati come se difendessero l'ordinamento borghese. In genere il colpo di Stato dell'ottobre 1917 ebbe in sé molto poco di «sociale», fu innaturale sotto tutti gli aspetti, perché distruggendo tutte le condizioni fondamentali della vita sociale – la proprietà, le funzioni amministrative, gli impegni internazionali, la giustizia, tutti i diritti fondamentali della libertà – ed eliminando le classi e gli strati della società invisi ai demagoghi estremisti e malignamente accusati di borghesismo, arrestò le funzioni vitali dello Stato. Solo l'ignoranza mentale e l'accecamento derivanti dalla brama del guadagno e della vendetta poterono impedire al popolo, a favore del quale si sarebbero fatti tutti questi esperimenti assurdi, di vedere come, insieme alla borghesia, furono coinvolte nella catastrofe anche tutte le organizzazioni sociali indispensabili in ogni ordinamento e come si stessero preparando per il prossimo futuro disastri inevitabili anche per il proletariato che dalla situazione nuova ebbe un utile solo temporaneo. In sostanza all'insegna del socialismo avvenne un lento processo di disintegrazione anarchica, solo in parte frenato dagli sforzi dell'autorità sovietica, sforzi a dire il vero abbastanza energici e coraggiosi, ma incapaci di dominare la passioni scatenate. Non occorre soffermarsi a lungo sulla natura disorganizzatrice di questo processo, perché la vita stessa e la stampa lo hanno spiegato a sufficienza, ma a nostro avviso il male religioso principale del processo stesso non sta affatto nella cattiveria psicologica e nella disorganizzazione. Forse che tutto questo non s'è più volte ripetuto nella storia perfino in forma molto più aspra? E in genere si può esigere dalle crisi sociali l'osservanza di certe norme? Il processo storico è per sua natura *crudele* e i destini dell'umanità non vengono forgiati con i guanti bianchi dell'innocenza morale. Molto male si compie per una specie di necessità fatale che condiziona sia la politica delle rivoluzioni come la politica del vecchio regime. Insomma il male principale della sollevazione cosiddetta «bolscevica» non sta negli istinti belluini scatenatisi, ma nella menzogna, nell'inganno, nel torrente di falsi slogan con cui hanno sommerso la coscienza del popolo. Nell'articolo «Sul nesso tra il bene e il male» (*Christianskaja Mysl'*, 1914) abbiamo già scritto che le azioni illecite hanno nel male un peso specifico molto minore della menzogna pervicace e dell'inganno. Ogni *azione*, in quanto azione, può soltanto mutilare e deformare il lato somatico esteriore dell'organismo sociale e individuale, mentre la menzogna e l'inganno praticati consciamente e consciamente accettati mutilano e deformano l'anima, imprimono un'inclinazione fatale alle radici stesse della vita psichica ed essendo stati più profondi del male, diventano ormai fattori permanenti di future ingiustizie. *In ultima analisi le parole legano e imprigionano più delle opere.* Lo stesso si deve dire del male che portano con sé i dolorosi processi delle rivoluzioni. Dal momento che essi sono accompagnati da ogni sorta di violenze e infrazioni illegali sotto l'influsso delle passioni, magari le più basse, si tratta di qualcosa di più superficiale e facilmente riparabile; ma molto più fatale per tutta l'esistenza successiva del popolo è il contagio interiore del male che penetra nell'anima popolare sotto forma di menzogna ed inganno diffusi allo scopo di giustificare il male compiuto. Da questo punto di vista i milioni di volantini, di giornali e di proclami lanciati dai demagoghi del proletariato durante un anno di rivoluzione non trovano riscontro nella storia per intensità e quantità di veleno spirituale inoculato. È veramente orribile il cinismo svergognato con cui i demagoghi della rivoluzione ieri accusavano i loro nemici di temporeggiare con l'Assemblea Costituente e oggi dopo aver conquistato il potere si preparano a disperderla con le baionette. In genere l'autocrazia dei demagoghi del proletariato oggi, con il detto sprezzante «così bisogna», ha incominciato a praticare in proporzioni spaventose tutto quello di cui prima della rivoluzione veniva accusato il vecchio regime: infrazione di ogni diritto, perquisizioni, arresti, condanne a morte, assassinii.

In fin dei conti il rivolgimento sociale non ha portato all'insediamento della giustizia, ma unicamente a uno spostamento accelerato del pendolo dei rapporti sociali in senso contrario. Infatti proprio la giustizia avrebbe voluto un graduale livellamento organico nei beni materiali, in quanto ogni abitudine crea il bisogno e il bisogno è il fattore fondamentale col quale si commisura la giustizia. Ma nello sforzo di tutto livellare non si tenne conto né delle esigenze derivanti dalle abitudini né delle situazioni specifiche delle varie forme dell'attività sociale vennero infrante. Molte norme necessarie, e giustificabili da tutti i punti di vista, norme di non-uniformità e di corrispondenza tra le condizioni materiali del vivere e i vari strati e classi dell'intero sociale, diversi tra loro per la qualità del lavoro che svolgono e le professioni. Forse potremmo consolarci col pensiero che le oscillazioni in direzione delle varie ingiustizie diminuiranno d'ampiezza nel corso di questo processo febbrile di correzione e compensazione delle offese del passato e che in fin dei conti verrà raggiunto il desiderato equilibrio di una distribuzione giusta conforme alla dignità e al bisogno di tutti e di ciascuno. Nelle forme esteriori ci avvicineremo a questo equilibrio. Ma la natura di tutti questi processi non è completamente analoga alle oscillazioni del pendolo, perché in essi c'è un lato spirituale loro proprio. In questi moti interiori dell'anima si può ravvisare qualcosa di direttamente contrario al risultato dell'inerzia e dell'attrito nell'oscillazione del pendolo. L'anima è soggetta non alla legge della costanza, ma alla legge della crescita delle energie e dei desideri. In virtù di questa legge dobbiamo attenderci non un indebolimento delle forze vive dell'autoaffermazione e dell'egoismo in ciascuna oscillazione ma, invece, un loro aumento, quali che siano le forme esterne d'ingiustizia in cui si concretano. L'esercizio delle forze vive dell'egoismo che nasce dai principi del socialismo militante, inteso come lotta di classe, porta appunto non alla loro estinzione, ma al loro accumulo, e questo risultato delle rivoluzioni sociali costituisce già un'indubbia conquista del principio dell'Anticristo. È questo il principio che in forma tanto manifesta alza per la prima volta la testa in Russia proprio a partire dalla rivoluzione sociale. Nel passato storico della Russia ci sono grandi peccati e ingiustizie di cui forse le più gravi sono le persecuzioni religiose contro i vecchio-credenti, ma fino al 1918 non ci fu nessuna persecuzione globale contro il cristianesimo. Ora proprio simile persecuzione è collegata non a caso con la rivoluzione sociale e il pathos interiore della persecuzione e della rivoluzione è sostanzialmente unico. Non è possibile dimostrare che la rivoluzione sociale è stata fatta solamente per il bene del popolo, che fu soltanto un movimento umanistico espressosi in forme deformi, perché tale affermazione è contraddetta da una moltitudine di fatti. No, in essa c'è un pathos particolare, niente affatto utilitario, etico e nemmeno egoistico ma *religioso*, solamente di segno negativo nei riguardi del cristianesimo. Il cristianesimo è la religione del regno dei cieli mentre il socialismo è la religione del regno terrestre e in ultima analisi tutto il significato più profondo di questo singolare ideale religioso non sta affatto nel rendere felici, liberi e pasciuti gli uomini in questo regno terreno; sono tutte esche e stimoli motori che in verità gravitano verso un unico fine: l'ateismo militante.

In Russia il movimento dell'Anticristo ha tuttavia assunto la maschera ancora relativamente innocua della bestia malvagia, e questa maschera ha la sua personificazione specifica nel terzo eroe della rivoluzione russa: Lenin. Però non occorre essere profeti per predire anche la sua rovina. È troppo evidente che l'umanità non è ancora pervenuta all'ultimo limite e che la Russia gravemente ammalata guarirà, anche se con la sua malattia porterà se stessa e tutta l'umanità alle soglie della morte. Le norme infrante dell'esistenza verranno ripristinate, i principi buoni si rinforzeranno di nuovo ma con loro anche il male, il quale imparando dalle sue sconfitte si sforzerà in altra maniera d'impadronirsi della coscienza di tutta l'umanità. Di nuovo non occorre essere profeti per capire che la tentazione del movimento dell'Anticristo si presenterà all'umanità non nelle sembianze di un lupo malvagio, ma nella veste di un uomo ispirato dagli ideali più nobili e capace di incarnarli nella vita in forme allettanti ed eticamente incensurabili. Però la sua essenza sarà sempre la stessa: creare forme sociali basate sulla sottomissione all'uomo come Dio. Naturalmente oggetto dell'adorazione non sarà tanto un uomo individuale quanto l'*umanità come stirpe*. La personalità individuale dell'Anticristo semplicemente incarna e personifica tutte le brame dell'umanità che ha dimenticato e rigettato Dio e che in certo senso ha consegnato all'Anticristo tutti i suoi poteri e la forma dell'autorità.

Finora abbiamo considerato il significato religioso della rivoluzione russa dal lato negativo; riassumendone i risultati, possiamo dire che esso consiste anzitutto nel manifestare e, per ciò stesso, denunciare di fronte alla coscienza umana universale i tre aspetti del male che infrangono il funzionamento normale, reciprocamente collegato, dei tre principi fondamentali dell'anima russa. Così il primo male, anche se celato nelle forme del vecchio regime prerivoluzionario e rappresentante tuttavia il *primum movens* della rivoluzione, fu l'isolarsi del principio santo dal principio umano, l'abusare del suo talento speciale della libertà dalle esigenze dell'etica e della socialità umanistiche. Così il principio religioso s'intrecciò mostruosamente con il peccaminoso e l'indegno e attraverso il prisma dei bassifondi della coscienza umana ci diede un personaggio enigmatico (Rasputin), uno *starec* abbastanza giovanile, quasi santo e allo stesso tempo troppo debole nella carne, un sempliciotto allo stesso tempo furbacchione e malizioso. Il secondo male fu il pronunciamento isolato del principio umanistico in qualità di istanza autosufficiente con i mezzi inadatti dell'eloquenza forense (Kerenskij) che portò alla vittoria della fiera sul santo e sull'umano. Il terzo male è la cattiveria della bestia naturale aizzata contro il santo e contro l'umano in nome del regno venturo della bestia apocalittica.

Di tutte queste tre cadute sono colpevoli tutte le classi e gli strati della società russa, gli esponenti di tutte le sue aspirazioni e correnti, in quanto tutti in una misura o nell'altra sono partecipi, magari soltanto spiritualmente, del male e dell'ingiustizia compiuti nel campo dei tre principi fondamentali della natura spirituale del popolo russo. «Ciascuno è colpevole per tutti e di tutto» – ecco la formula che ciascuno deve applicare anzitutto a se stesso e sentire profondamente di fronte allo spettacolo di quanto è avvenuto nei giorni fatali della vergogna della nostra patria all'interno ed all'estero.

Tuttavia la rivoluzione russa ha anche un significato positivo collegato con quello negativo e quasi in esso incluso. Nessun giudizio della storia rimane senza tracce nelle sue conseguenze. Nelle calamità e nel male della rivoluzione russa è compreso già un certo bene nuovo, esiste un certo moto fatidico in avanti verso il compimento del processo storico. Questo moto è di per sé qualcosa di positivo. Per realizzare il significato religioso della storia bisogna districare il complicato tessuto del bene e del male con sforzi interiori efficienti, bisogna renderli liberi l'uno dall'altro perché sia possibile abdicare in maniera radicale e definitiva al male. La rivoluzione russa c'insegna questo districare e abdicare.

Non intendiamo decidere se il socialismo porterà effettivamente a un miglioramento o a un peggioramento del benessere materiale comune; vogliamo soltanto affermare che il socialismo, inteso come giustizia sociale, ha pieno diritto a una certa benedizione da parte della storia dal punto di vista e umanistico e religioso. Si tratta di un fenomeno progressista destinato a un certo comprensibile trionfo: *qualcosa* dei suoi piani deve incarnarsi nella vita, perché altrimenti l'evoluzione della natura umana sarebbe incompleta ed incompiuta. Ma per il significato religioso della storia è estremamente importante che tutto quanto riguarda le forme dell'essere umano sia compiuto fino in fondo e sia detta fino in fondo *ogni* verità. La forma puramente biologica della natura umana nelle sue manifestazioni individuali e sociali deve essere portata a compimento perché possano maturare sia il bene che il male; la rivoluzione russa ci porta a questo e lo anticipa più di qualsiasi altro processo storico passato dell'umanità.

Ma la rivoluzione russa acquista il massimo significato religioso nelle calamità e negli orrori che comporta. Essi riportano gli uni alla religione dopo molti anni di apostasia, confermano nella religione gli altri e insegnano l'eroismo religioso. Molte sono nella Russia le persone che sopportano religiosamente le raffiche del vento malvagio e non sanno da dove e perché soffino gli stormi della malvagità che distruggono la vita loro e dei loro cari. Molti sono anche coloro che coscientemente non accettano nella propria anima la bestia i cui tratti già si vanno rivelando. Molti protestano e condannano. Infine la Russia conta già un numero non esiguo di veri martiri religiosi per Cristo e per la Chiesa, uccisi dalla rabbia dell'incredulità, vittime della vendetta per qualche peccato altrui del passato. In tutte queste sofferenze, nel non accettare il male nell'intimo della propria anima, nel resistergli secondo le proprie forze, non maturano forse nell'anima popolare, insieme alle abitudini del male eppure distanziandosi in qualche modo da esse, altre *abitudini sante* per quella lotta che dovrà svolgersi nei giorni estremi in cui partecipare a uno Stato dell'Anticristo sarà ormai peccato imperdonabile e passaggio definitivo alle bandiere dell'avversario del Cristo? Così a fianco della zizzania soffocante maturano le buone spighe, s'ingrossa il numero dei giusti, si rafforzano le qualità spirituali necessarie all'edificazione del nuovo organismo del Regno di Dio. È un processo di maturazione invisibile, impercepibile all'udito, che non compie opere rumorose, ma è solidamente costruttivo per l'invisibile città di Dio che si sta edificando. Così la città in costruzione del principe di questo mondo, per la legge dell'antagonismo delle forze, con necessità fatale mette in luce e specifica un'altra città, la città di Dio. E la Russia oggi è appunto l'arena principale di questa antagonistica edificazione.

Non c'è dubbio che i germogli del male saranno più vistosi e che in ogni caso avranno il loro trionfo empirico esteriore. Verso la fine della storia il predominio del male nel mondo, definito dalle parole «tutto il mondo giace nel male», non s'indebolirà, ma si rafforzerà e il progresso del bene sta non nella quantità, ma nel maturarsi di nuove qualità. Questa maturità dei valori religiosi può dare un certo frutto anche nell'appassire generale e nella rassegnazione a morire. Forse all'umanità è dato vivere un breve autunno felice, un autunno che forse mostrerà da qualche parte, e in forma breve anche se manifesta, quella incarnazione integrale dell'ideale cristiano della società che hanno presentito molti mistici del cristianesimo e che, inteso come nuova rivelazione religiosa superante il cristianesimo, costituisce per alcuni la tentazione del «terzo testamento». Se dai germi del bene prodotti dalle calamità, dai martiri e dalle altre prove e lezioni della rivoluzione russa deriverà questo, avremo certamente il suo risultato positivo più importante e religiosamente più significativo.

29 aprile 1918

II

GLI SPIRITI DELLA RIVOLUZIONE RUSSA

Nikolaj Aleksandrovič Berdjaev

«Ci siam smarriti. Che dobbiamo fare?
Il diavolo ci mena, a quanto sembra,
facendoci errare all'impazzata».

Puškin

Introduzione

La Russia ha subito un'orribile catastrofe, è precipitata in un abisso tenebroso e molti incominciano a credere che la Russia unita e grande del passato fosse soltanto un miraggio privo di effettiva realtà. Non è facile cogliere il nesso tra il nostro passato e il nostro presente: troppo è cambiata l'espressione dei volti della gente russa e in pochi mesi è diventata irriconoscibile. A uno sguardo superficiale sembra che in Russia sia avvenuto un rivolgimento radicale mai visto, ma un esame più profondo e penetrante rivela nella Russia attuale il volto rivoluzionario della vecchia Russia, quegli spiriti da tempo messi in luce nell'opera dei nostri grandi scrittori, i demoni che da tempo si sono impossessati degli uomini russi. Un lungo cammino storico prepara le rivoluzioni e in queste si svelano le peculiarità nazionali perfino quando inferiscono un grave colpo alla potenza e alla dignità della nazione. Ciascun popolo ha un suo stile rivoluzionario, come ha un suo stile conservatore. Nazionale fu la rivoluzione inglese e altrettanto nazionale quella francese; in esse si ravvisa il passato dell'Inghilterra e della Francia. Ciascun popolo fa la rivoluzione con il bagaglio accumulato nel passato, porta nella rivoluzione i suoi peccati e vizi ma anche la sua attitudine all'entusiasmo e al sacrificio. La rivoluzione russa, antinazionale per sua natura, ha trasformato la Russia in un corpo morto, ma anche in questo suo carattere antinazionale si riflettono le proprietà nazionali specifiche del popolo russo e lo stile della nostra disgraziata ed esiziale rivoluzione è uno stile russo. I nostri vecchi mali e peccati nazionali hanno portato alla rivoluzione e ne hanno determinato il carattere. Gli spiriti della rivoluzione russa sono spiriti russi, anche se il nostro nemico li sfrutta per la nostra rovina, e il suo carattere spettrale è un'ossessione tipicamente russa. Le rivoluzioni, che avvengono alla superficie dell'esistenza, non rivelano mai nulla di essenziale, portano in luce soltanto le malattie che si celano all'interno della vita del popolo, ricompongono in modo diverso sempre gli stessi elementi e ripresentano i vecchi personaggi in nuove vesti. La rivoluzione è sempre, in misura notevole, una mascherata e se si strappano le maschere si possono rivedere i volti noti da sempre. Le anime nuove nascono più tardi, dopo una trasformazione e un ripensamento sostanziali dell'esperienza rivoluzionaria. Nella rivoluzione russa tutto appare nuovo alla superficie, nuove sono le espressioni dei volti, nuovi i gesti, i vestiti, le formule imperanti. Chi stava in basso viene innalzato alle vette, chi stava sulle vette è precipitato in basso; chi era perseguitato comanda ed è perseguitato chi un tempo comandava; gli schiavi godono di una libertà senza confini e i liberi di spirito vengono oppressi. Ma provate a superare i paludamenti superficiali della Russia rivoluzionaria per andare nel profondo: vi ritroverete la vecchia Russia e i vecchi volti di un tempo. Nella Russia rivoluzionaria s'incontrano ad ogni passo gli immortali personaggi di Chlestjakov, di Petr Verchovenskij e di Smerdjakov, personaggi che vi svolgono un ruolo non indifferente e che si sono arrampicati fino alle supreme vette del potere. La dialettica metafisica di Dostoevskij e la riflessione morale di Tolstoj definiscono il corso interiore della rivoluzione. Se si penetra nel profondo della Russia non è difficile scoprire, al di là delle schermaglie e della fraseologia rivoluzionaria, gli animaleschi musi e ceffi gogoliani. Ogni popolo in ciascun momento della sua esistenza vive in più d'un epoca e di un secolo, ma non c'è popolo come quello russo in cui si congiungono epoche tanto diverse, nel quale coesistano il secolo XX con il secolo XIV. Questa compresenza di epoche diverse è fonte di malessere e ostacola l'integralità della nostra vita nazionale.

I grandi scrittori hanno sempre intuito i tipi della vita nazionale che hanno un significato essenziale ed eterno. La Russia descritta dai suoi grandi scrittori, la Russia di Gogol' e di Dostoevskij, si può ritrovare anche nella rivoluzione russa e in essa incontrerete molte fondamentali valutazioni già presenti in L. Tolstoj. Nei personaggi di Gogol' e Dostoevskij, nelle valutazioni morali di Tolstoj, si può cercare la soluzione dell'enigma delle calamità e disgrazie apportate alla nostra patria dalla rivoluzione, si possono capire gli spiriti che dominano la rivoluzione. Gogol' e Dostoevskij ebbero nei riguardi della Russia e degli uomini russi intuizioni artistiche trascendenti il loro tempo. Essi rivelarono la Russia in modi differenti, i loro metodi artistici furono opposti, ma ambedue possedettero qualcosa di profetico per la Russia, qualcosa che penetrò l'essenza stessa, le pieghe più segrete della natura dell'uomo russo. Tolstoj come artista non interessa al nostro scopo, la Russia descritta dalla sua grande arte si dissolve e muore nella rivoluzione russa; egli fu l'artista della statica del costume russo, della nobiltà e del mondo contadino, mentre l'eterno, a lui artista, si rivelò soltanto nelle forze elementari della natura. Tolstoj è più cosmico che antropologico, ma nella rivoluzione russa si manifestò e a modo suo trionfò l'altro Tolstoj, il Tolstoj delle valutazioni morali, e venne alla luce il tolstoismo come comprensione e contemplazione del mondo tipicamente russe. Molti sono i demoni scoperti dagli scrittori russi e molti gli scrittori posseduti dai demoni: il demone della menzogna e del tradimento, il demone dell'uguaglianza, il demone del disonore, il demone della negazione, il demone della non-resistenza al male e molti molti altri. Sono tutti demoni nichilisti che ormai da lungo tempo tormentano la Russia. A parer mio, il posto centrale spetta alle intuizioni di Dostoevskij che rivelò profeticamente tutti i fondamenti spirituali e le energie motrici della rivoluzione russa, ma incomincerò da Gogol' la cui importanza al riguardo è meno chiara.

I. *Gogol' nella rivoluzione russa*

Gogol' è uno degli scrittori russi più enigmatici e finora s'è fatto poco per comprenderlo. Egli è più enigmatico di Dostoevskij, il quale ha fatto molto per mettere in luce tutte le contraddizioni e gli abissi del suo spirito; nella sua anima e nella sua opera si può vedere come il diavolo lotti con Dio. Invece Gogol' si nascondeva e portò con sé nella tomba un segreto indecifrato. In lui c'è veramente qualcosa di sinistro. Gogol' fu l'unico scrittore russo ad avere il senso del magico e a riflettere nell'arte l'azione delle oscure forze magiche del male; questo gli venne probabilmente dall'Occidente, dalla Polonia cattolica. Il racconto Una terribile vendetta è pregno di questo elemento magico che però si ritrova in forme più velate anche ne *Le anime morte* e ne *L'ispettore generale*. Gogol' ebbe un senso straordinariamente forte del male e non ebbe neppure il conforto che Dostoevskij trovò nel personaggio di Zosima e nel contatto con la madre-terra. Egli non dispone di tutte queste 'foglioline viscose' e non ha scampo dai ceffi demoniaci che lo circondano. La vecchia scuola dei critici russi non avvertì il carattere (sinistro) dell'arte gogoliana, e come avrebbe potuto avvertirlo? L'educazione razionalistica impediva a questi critici di percepire e comprendere questi fenomeni sinistri. La nostra critica era troppo 'progressista' per questo, non credeva nel diavolo, voleva sfruttare Gogol', come del resto faceva sempre con l'opera dei grandi scrittori, unicamente per i propri fini utilitaristico-sociali. V.V. Rozanov, scrittore di scuola, origine e spirito diversi, avvertì per primo il carattere sinistro di Gogol'. Egli non ama Gogol' e scrive di lui con cattiveria, ma ha compreso che Gogol' fu l'artista del male. Anzitutto è necessario stabilire che Gogol' è una manifestazione artistica del male quale principio metafisico e interiore e non del male sociale ed esteriore legato al sottosviluppo e all'ignoranza politiche. A Gogol' non fu dato vedere immagini di bene e comunicarle artisticamente; in ciò fu la tragedia. Egli stesso era spaventato per questa sua esclusiva sensibilità per il male e il mostruoso; questa mutilazione spirituale generò la sua capacità di penetrare artisticamente il male. Fu solamente la corrente filosofico-religiosa ed artistica che da noi s'andò delineando al principio del sec. XX a porsi il problema di Gogol'. Di solito Gogol' veniva ritenuto il fondatore della corrente realista nella letteratura russa; le stranezze della sua opera venivano spiegate con la semplice affermazione che egli era uno scrittore satirico e descriveva l'ingiustizia della vecchia Russia della servitù della gleba. Il carattere insolito delle sue forme artistiche veniva totalmente ignorato, non presentava nulla di problematico perché per i critici russi non vi era in genere nulla di problematico. Per loro tutto era chiaro e facilmente esplicabile, tutto semplificato alla luce degli elementari scopi utilitari. Si può affermare con sicurezza che la scuola critica di Belinskij, Černvševskij, Dobroljubov ed epigoni non s'accorse del significato profondo della grande letteratura russa e non fu in grado di apprezzarne le grandi rivelazioni artistiche. Per riscoprire l'opera dei grandi scrittori russi doveva sopravvenire una crisi spirituale che scuotesse tutti i fondamenti della tradizionale concezione del mondo dell'intelligencija e solo così diventò possibile l'approccio a Gogol'. La vecchia concezione di un Gogol' realista e satirico esige una decisa revisione. Dopo tutti i processi che hanno complicato la nostra psiche e il nostro pensiero è ora del tutto chiaro che l'idea che ebbero di Gogol' i nostri letterati vecchio-credenti[1] non è all'altezza della problematica gogoliana. Ora ci

[1] I vecchio-credenti (*starovery*) si erano staccati dalla Chiesa Ortodossa ufficiale russa perché non ammettevano nessuna riforma delle tradizioni liturgiche antiche (*ndt*).

sembra mostruoso che abbiano potuto ravvisare del realismo ne *Le anime morte*, opera incredibile e inverosimile. Non si può incasellare l'opera originale ed enigmatica di Gogol' nella satira sociale che denunciava vizi e peccati temporanei e passeggeri della società russa prima della riforma. Le anime morte non hanno nesso obbligato ed inscindibile con la servitù della gleba e l'ispettore generale con la burocrazia ante-riforma; anche oggi, dopo tutte le riforme e rivoluzioni, la Russia è piena di anime morte e di ispettori generali e i personaggi gogoliani non sono morti e passati come quelli di Turgenev o Gončarov. Le tecniche artistiche di Gogol' sono meno di tutto realistiche e costituiscono un singolare esperimento di smembramento e scomposizione di una realtà organico-integrale, mettono in luce qualcosa di molto essenziale per la Russia e l'uomo russo, certe malattie spirituali che nessuna riforma sociale e rivoluzione esteriore possono guarire. La Russia gogoliana non è soltanto il nostro costume ante-riforma, ma appartiene al carattere metafisico del popolo russo e si manifesta nella rivoluzione russa. La bassezza disumana vista da Gogol' non è frutto del vecchio regime, non dipende da cause sociali e politiche, ma ha generato tutto il male del vecchio regime e dato l'impronta alle forme politiche e sociali.

Gogol' come artista anticipò le più moderne correnti analitiche sorte in seguito alla crisi dell'arte. Egli anticipa l'arte di A. Belyj e di Picasso, possiede l'appercezione della realtà che portò al cubismo. Nella sua arte c'è già lo smembramento cubista dell'essere vivente. Gogol' già intravvide i mostri che in seguito ha visto artisticamente Picasso, ma ha ingannato tutti mascherando con la beffa la sua visione demoniaca. Tra i nuovi artisti russi segue Gogol' il più geniale di tutti, Andrej Belyj, per il quale la figura umana è definitivamente morta e inghiottita nei vortici del cosmo. A. Belyj non vede una bellezza organica come non la vide Gogol', segue Gogol' in molte tecniche artistiche, ma fa delle conquiste completamente nuove nel campo della forma. Già Gogol' aveva sottoposto l'immagine organica dell'uomo a uno smembramento analitico, non ha personaggi umani ma unicamente musi e ceffi, mostri simili a quelli componibili del cubismo. Nella sua opera l'uomo viene ucciso e Rozanov lo accusa direttamente di omicidio. Gogol' non fu in grado di fornirci personaggi umani positivi e ne soffrì profondamente, cercò tormentosamente l'immagine dell'uomo e non la trovò, fu assediato da ogni parte da mostri deformi e disumani. In questo fu la sua tragedia. Egli credeva nell'uomo, ne cercava la bellezza e non la trovò in Russia. In questo ci fu qualcosa di indicibilmente straziante che poteva portare alla pazzia. Gogol' stesso soffrì nel suo spirito una specie di distorsione e portò con sé un mistero non risolto. Ma non si può accusarlo perché in Russia invece dell'immagine dell'uomo vide Čičikov, Nozdrev, Sobakevič, Chlestakov, Skvoznik-Dmuchanovskij[2] e simili. Alla sua arte grande ed inverosimile fu dato scoprire i lati negativi del popolo russo, i suoi spiriti tenebrosi, tutto ciò che in esso era di disumano e deformante l'immagine e la somiglianza di Dio. Gogol' fu terrorizzato e ferito da questo mancato dispiegarsi della persona umana in Russia, da questa massa di spiriti elementari della natura invece che di uomini. Gogol' è un artista infernale, i suoi personaggi sono frammenti e smorfie di uomini, non uomini. Non è colpa sua se in Russia c'erano così poche figure umane, persone autentiche e tanta menzogna, pseudopersonaggi, surrogati, brutture e apersonalità. Egli ne provò un dolore insopportabile; il suo dono di veggente degli spiriti della meschinità era un dono infausto ed egli cadde vittima di questo dono. Egli scoprì l'insopportabile male della meschinità e questo lo opprimeva. Anche in A. Belyj non c'è l'immagine dell'uomo, ma siamo in un'altra epoca, quando la fede nell'uomo è scossa, mentre Gogol' ancora la possedeva.

I russi, che volevano la rivoluzione e in essa riponevano grandi speranze, erano convinti che i mostruosi personaggi della Russia gogoliana sarebbero scomparsi quando la tempesta rivoluzionaria ci avesse purificato da ogni bruttura. In Chlestakov, Skvoznik-Dmuchanovskij, Čičikov e Nozdrev vedevano esclusivamente personaggi della vecchia Russia cresciuta dall'autocrazia e dalla servitù della gleba; fu un errore della coscienza rivoluzionaria incapace di penetrare nel profondo della vita. Nella rivoluzione emerse la vecchia Russia gogoliana di sempre, la Russia inumana e semibelluina dei ceffi e dei musi. Nell'insopportabile meschinità rivoluzionaria c'è l'eterno gogoliano. Le speranze che la rivoluzione avrebbe portato alla luce l'immagine dell'uomo in Russia, che la persona umana si sarebbe elevata in tutta la sua statura dopo la caduta dell'autocrazia, si rivelarono vane. Da noi è troppo diffusa l'abitudine di addossare all'autocrazia la colpa del male e dell'ignoranza che caratterizzano la nostra vita; con ciò i russi non fanno altro che disfarsi del peso della responsabilità e abituarsi all'irresponsabilità. L'autocrazia non c'è più ma l'ignoranza e il male russi sono rimasti. L'ignoranza e il male hanno radici più profonde, non nell'involucro sociale ma nel nucleo spirituale del popolo. L'autocrazia non c'è più, ma l'arbitrio continua a regnare in Russia, come prima

2 Personaggi de *Le anime morte* (*ndt*).

regna il disprezzo dell'uomo, della dignità umana, dei diritti umani. L'autocrazia non c'è più, non c'è più la vecchia burocrazia e la vecchia polizia, ma la bustarella rappresenta come prima la struttura portante della società russa, la sua Costituzione di base. La concussione fiorisce come non mai, sulla rivoluzione si fanno guadagni enormi, e ad ogni piè sospinto assistiamo nella Russia rivoluzionaria a scene gogoliane. L'autocrazia non c'è più, ma il burocrate Chlestakov continua a spadroneggiare e, come prima, tutti tremano davanti a lui. L'autocrazia non c'è più, ma la Russia è piena come prima di anime morte e come prima ne continua il mercato. Nella rivoluzione russa la baldanza di Chlestakov si dà a vedere a ogni passo, ma adesso Chlestakov ha raggiunto le vette del potere e ha motivo più di prima di dire: «il ministro degli affari esteri, gli ambasciatori d'Inghilterra e della Germania e io»; oppure: «è interessante dare un'occhiata nella mia anticamera quando ancora dormo; conti e principi vi si affollano e ronzano come vespe». I Chlestakov rivoluzionari possono con molta verosimiglianza dire: «Chi prenderà quel posto? Molti generali lo vorrebbero, tentano ma non ce la fanno proprio... Non resta altro che ricorrere a me, e allora sulla via corrieri a non finire... solo di corrieri, pensate, trentacinquemila...». Un qualunque Ivan Aleksandrovič rivoluzionario si accinge a dirigere un ministero e quando passa lui «è semplicemente un terremoto, tutto trema e rabbrividisce come foglia al vento». L'Ivan Aleksandrovič rivoluzionario si scalda e grida: «Non mi piace scherzare, darò a tutti una lezione... Son fatto così! Io non guardo in faccia a nessuno... Io sono dappertutto, dappertutto». Ogni giorno e ad ogni passo noi udiamo questi discorsi alla Chlestakov. Tutti tremano e rabbrividiscono, ma conoscendo la storia del vecchio immortale Chlestakov aspettano nel profondo dell'anima che arrivi il gendarme e dica: «Il funzionario imperiale straordinario venuto da Pietroburgo vuole vederLa immediatamente». La paura della controrivoluzione avvelena la rivoluzione russa e conferisce agli slanci rivoluzionari un carattere chlestakoviano. Questa continua attesa del gendarme smaschera il carattere illusorio e la menzogna delle pretese conquiste rivoluzionarie. Non lasciamoci ingannare dalle apparenze: il Chlestakov rivoluzionario ha cambiato nome e vestito ma resta nella sostanza il medesimo, i trentacinquemila corrieri possono essere i rappresentanti «del soviet dei deputati, degli operai e dei soldati» ma questo non cambia le cose e alla base resta la vecchia menzogna russa e l'inganno, da tempo intravvisti da Gogol'. Il distacco dal profondo rende troppo facili tutti i movimenti, nelle forze oggi dominanti e regnanti c'è tanto poco di ontologico, di genuinamente reale quanto nel Chlestakov gogoliano.

Nozdrev diceva: «Questo è il confine! Tutto ciò che vedi da questa parte è mio e anche da quella parte, tutto il bosco azzurrino e tutto ciò che è oltre il bosco tutto è mio». Nella maggior parte delle appropriazioni della rivoluzione c'è qualcosa di Nozdrev. La persona è sostituita dalla maschera, dappertutto maschere e sosia, smorfie e stracci d'uomo. La menzogna dell'essere guida la rivoluzione. Tutto è fantasma: i partiti, i governi, gli eroi della rivoluzione, da nessuna parte è dato toccare un essere consistente, vedere un volto chiaramente umano. Questa spettralità, questa non-ontologicità è il frutto della menzogna, e Gogol' l'ha scoperto nella natura elementare russa.

Čičikov percorre come prima la terra russa e fa commercio di anime morte, però non viaggia lentamente in calesse ma si lancia a rompicollo con i treni rapidi e dissemina dappertutto telegrammi: è la medesima natura che agisce col ritmo dei tempi nuovi. I Čičikov rivoluzionari incettano e rivendono ricchezze inesistenti, operano con finzioni e non con realtà, trasformando in finzione tutta la vita economico-amministrativa della Russia. Molti decreti del governo rivoluzionario sono perfettamente gogoliani per la loro natura e nella gran massa dei borghesucci provocano una reazione gogoliana. Nel caos rivoluzionario si manifestano, malattie dell'anima russa, la truffa colossale e la disonestà. Tutta la nostra rivoluzione rappresenta un mercato spudorato dell'anima e degli averi del popolo, tutta la riforma agraria rivoluzionaria, dei social-rivoluzionari e dei bolscevichi, è un'impresa da Čičikov, opera con anime morte, vuole edificare la ricchezza popolare su fondamenta illusorie, irreali, possiede la baldanza di Čičikov. Nel nostro eroe estivo della rivoluzione agraria[3] c'era veramente qualcosa di gogoliano. Nel primo periodo della rivoluzione e nel governo provvisorio rivoluzionario non pochi furono anche i tratti alla Manilov. Ma *Le anime morte* hanno anche un profondo significato simbolico. Tutti i ceffi e musi dell'epoca gogoliana sono nati dall'*humus* delle anime russe morenti. Il morire delle anime rende possibili le avventure e gli incontri alla Čičikov. Questo prolungato e annoso processo del morire delle anime si avverte anche nella rivoluzione russa e per questo in essa è possibile il commercio spudorato, l'inganno vergognoso. La rivoluzione di per sé non ha creato questa situazione, è soltanto il grande catalizzatore che ha reso manifesto ciò che si celava nel profondo della Russia. Le forme del vecchio regime non permettevano a molte proprietà russe di manifestarsi e le contenevano entro certi limi-

[3] Allusione a Kerenskij che resse le sorti della Russia nell'estate del 1917 (*ndt*).

ti forzati. Il crollo di queste forme insenilite permise all'uomo russo di sfogarsi senza ritegno e di mostrarsi nella sua nudità. Gli spiriti malvagi visti da Gogol' nella loro staticità, si sono liberati dai ceppi e celebrano orge; le loro smorfie contorcono il corpo della disgraziata Russia. Adesso i Čičikov e i Chlestakov hanno un campo d'azione ancor più vasto che ai tempi dell'autocrazia. Presupposto per disfarsi di loro è una rinascita spirituale del popolo, un suo rivolgimento interiore. La rivoluzione non è questo rivolgimento. In Russia una vera rivoluzione spirituale comporterebbe la liberazione dalla menzogna, che Gogol' scorge negli uomini russi, e la vittoria sull'umbratilità e la falsificazione che nascono dalla menzogna. Nella menzogna c'è la leggerezza dell'irresponsabilità, essa non è legata a nulla di realmente esistente e sulla menzogna si possono costruire le rivoluzioni più baldanzose. Gogol' ha visto nella disonestà una proprietà russa di sempre, una caratteristica legata al mancato sviluppo della personalità umana in Russia e alla conculcazione dell'immagine dell'uomo. Da questo deriva anche l'immensa meschinità che in Gogol' ci opprime e che ha oppresso lui stesso. Gogol' vide la Russia in modo più profondo degli slavofili, ebbe un forte senso del male che mancava agli slavofili. Nell'eterna Russia gogoliana s'intrecciano e confondono il tragico e il comico, il comico risulta dalla confusione e dalla falsificazione. Questa mescolanza e intreccio del tragico e del comico esistono anche nella rivoluzione russa, la quale si basa sulla confusione e la falsificazione e perciò possiede in larga misura la natura della commedia. La rivoluzione russa è una tragicommedia, il finale dell'epoca gogoliana, e forse la cosa più triste e disperata nella rivoluzione russa è questa qualità gogoliana. In ciò che la rivoluzione contiene di Dostoevskij ci sono più speranze. La Russia deve assolutamente liberarsi dal potere dei fantasmi gogoliani.

II. *Dostoevskij nella rivoluzione russa*

Se Gogol' non si vede subito nella rivoluzione russa e già l'impostare questo tema può sollevare qualche dubbio, in Dostoevskij non si può non vedere il profeta della rivoluzione russa. La rivoluzione russa è permeata dei principi intuiti e definiti con geniale acutezza da Dostoevskij. Egli ebbe il dono di portare alla luce la dialettica del pensiero rivoluzionario russo e di trarne le estreme conseguenze; non si arrestò alla superficie delle idee e dei sistemi rivoluzionari, penetrò nel profondo e mise a nudo la metafisica del rivoluzionarismo russo. Dostoevskij scoprì che il rivoluzionarismo russo è un fenomeno metafisico e religioso, non politico e sociale. Così egli riuscì a comprendere religiosamente la natura del socialismo russo. Quest'ultimo è impegnato nella questione se Dio esista o non esista e Dostoevskij previde quanto sarebbero stati amari i suoi frutti. Egli svelò l'energia caotica del nichilismo e dell'ateismo russi, del tutto peculiari e dissimili da quelli dell'Occidente. Dostoevskij ebbe il dono geniale di scoprire le profondità e di rivelare i limiti estremi, non si ferma mai a metà strada, non si arresta agli stadi intermedi, trascina sempre all'ultimo e al definitivo. Il suo atto artistico creativo è apocalittico e in questo egli è veramente il genio nazionale russo. Il metodo di Dostoevskij è diverso da quello di Gogol'; Gogol' è artista più perfetto, Dostoevskij è anzitutto grande psicologo e metafisico, scopre il male e gli spiriti malvagi dall'interno della vita psichica dell'uomo e del suo pensiero dialettico. Tutta l'opera di Dostoevskij è una rivelazione antropologica, una rivelazione delle profondità non solo psichiche ma anche spirituali dell'uomo, egli è in grado di scoprire le passioni e i pensieri umani che costituiscono non solo una psicologia ma un'ontologia della natura umana. In Dostoevskij, a differenza di Gogol', si conserva sempre l'immagine dell'uomo e il suo destino si rivela dall'intimo; il male non distrugge definitivamente l'immagine dell'uomo. Dostoevskij crede che per mezzo di una catastrofe interiore il male può trasformarsi in bene e perciò la sua opera è meno sinistra di quella di Gogol', che non lascia quasi nessuna speranza.

In Dostoevskij, massimo genio russo, si può studiare la natura del pensiero russo, i suoi poli positivi e negativi. Il francese è dogmatico oppure scettico, dogmatico al polo positivo delle sue idee e scettico al polo negativo. Il tedesco è mistico oppure critico, mistico al polo positivo e critico al polo negativo. *Invece il russo è apocalittico oppure nichilista, apocalittico al polo positivo e nichilista al polo negativo.* Il caso russo è il più estremo e difficile. Il francese e il tedesco possono creare una cultura perché lo si può fare dogmaticamente e scetticamente, misticamente e criticamente; ma è difficile, molto difficile creare una cultura apocalitticamente o nichilisticamente. Una cultura può possedere profondità dogmatica e mistica ma presuppone che alla via di mezzo del processo della vita si riconosca un qualche valore e che abbiano un senso non soltanto l'assoluto ma anche il relativo. Il sentire apocalittico e nichilista rigetta tutta la medietà del processo della vita, non vuol saperne di alcun valore della cultura, si protende al fine, al limite. Questi contrapposti si trasformano facilmente l'uno nell'altro: l'apocalitticità si trasforma facilmente in nichilismo, può risultare nichilistica nei riguardi dei massimi valori della vita storica terrena e di tutta la cultura; il nichilismo può assumere impercettibilmente una tinta apocalittica, può risultare esigenza della fine. Nell'uomo russo l'apocalittico ed il nichilista sono tanto mescolati e confusi che è difficile distinguere questi principi polarmente contrapposti. Non è facile decidere perché il russo neghi lo Stato, la cultura, la patria, la morale normativa, la scienza e l'arte, perché esiga l'impoverimento assoluto; è la sua apocalitticità o il suo nichilismo? Il russo può inscenare sia un *pogrom* nichilista che uno apocalittico, si può denudare, strappar di dosso tutte le vesti e comparire nudo sia perché è nichilista e nega tutto, sia perché è pieno di presentimenti apocalittici e aspetta la fine del mondo. Nei membri delle sette religiose russe l'apocalisse s'intreccia e mescola con il nichilismo, e lo stesso avviene nell'intelligencija russa. La ricerca russa della giustizia-verità della vita assume sempre un carattere apocalittico oppure nichilista. È un tratto profondamente nazionale che crea il terreno propizio alle confusioni, alle falsificazioni, alle pseudoreligioni. Nello stesso ateismo russo c'è qualcosa dello spirito apocalittico, che non troviamo nell'ateismo occidentale; nel nichilismo russo ci sono tratti pseudoreligiosi, una specie di religione alla rovescia. Questo fatto seduce molti e li induce nell'errore. Dostoevskij ha scoperto fino in fondo l'apocalisse e il nichilismo dell'anima russa e perciò ha anche indovinato il carattere che avrebbe assunto la rivoluzione russa. Egli comprese che da noi la rivoluzione non ha per nulla il significato che possiede in Occidente e che perciò sarebbe stata più terribile ed estremista delle rivoluzioni occidentali. La rivoluzione russa è un fenomeno d'ordine religioso, risolve il problema di Dio; e ciò bisogna comprenderlo in un senso più profondo di quanto non sia del carattere antireligioso della rivoluzione francese o del carattere religioso della rivoluzione inglese.

Per Dostoevskij il problema della rivoluzione russa, del nichilismo e del socialismo russo, che è sostanzialmente religioso, è il problema di Dio e dell'immortalità. «Il socialismo non è soltanto la questione operaia o del cosiddetto quarto stato; il socialismo è soprattutto un problema ateistico, la questione di un'incarnazione attuale dell'ateismo, la questione della torre di Babele che viene appunto costruita senza Dio non per raggiungere il cielo dalla terra ma per tirar giù sulla terra il cielo» (*I fratelli Karamazov*). Si potrebbe addirittura affermare che il problema del socialismo e nichilismo russi è un problema apocalittico rivolto alla fine che tutto risolve. Il socialismo rivoluzionario russo non si è mai configurato come stadio transitorio, come forma temporanea e relativa di organizzazione della società, ma sempre come assetto definitivo, regno di Dio sulla terra, soluzione del problema dei destini dell'umanità. Non è una questione economica né politica ma anzitutto una questione dello spirito, una questione religiosa. «Perché, i giovanotti russi, fino ad oggi, di che cosa si sono occupati? Guarda, per esempio, questa puzzolente osteria; si incontrano e siedono in un angolo... Di che cosa parlano? Immancabilmente di problemi universali: se esiste Dio, se esiste l'immortalità. E quelli che non credono in Dio si dilungano a parlare di socialismo e di anarchismo, della trasformazione di tutta l'umanità secondo un ordine nuovo; lo sa il diavolo! Siamo sempre daccapo, sempre le stesse questioni, soltanto prese dal capo opposto». Questi giovanotti russi non furono mai atti alla politica, a edificare e ordinare la vita sociale; nelle loro teste tutto era sottosopra e, negato Dio, fecero del socialismo e dell'anarchismo un Dio, vollero trasformare tutta l'umanità secondo un ordine nuovo e in questo vedevano un compito non relativo ma assoluto. I giovanotti russi erano nichilisti apocalittici. Incominciarono col discorrere senza fine in osterie puzzolenti. Era difficile credere che questi discorsi sulla necessità di sostituire a Dio il socialismo e l'anarchismo e sulla trasformazione di tutta l'umanità secondo un ordine nuovo sarebbero potuti diventare una forza determinante nella storia russa e distruggere la Grande Russia. I giovanotti russi proclamarono da tempo che tutto è lecito se non c'è Dio e l'immortalità. Come scopo rimase la beatitudine sulla terra. Ed è su questo terreno che è cresciuto il nichilismo russo che a molte persone ingenue e benevole sembrò un fenomeno innocente e gentile. Molti vi videro addirittura una verità morale anche se deformata dall'errore intellettuale. Perfino Vladimir Solov'ëv non comprese il pericolo del nichilismo russo quando scherzosamente formulò come segue il *credo* di questi giovanotti russi: «l'uomo deriva dalla scimmia e perciò amiamoci l'un l'altro». Dostoevskij penetrò più a fondo i segreti del nichilismo russo e ne avvertì il pericolo, mise in luce la dialettica del nichilismo russo, la sua metafisica segreta.

Ivan Karamazov è il filosofo del nichilismo e ateismo russi; egli proclama la ribellione contro Dio e contro il Divino per motivi molto elevati, perché non può accettare la più piccola lacrima di un bambino innocente tormentato. Ivan con molta asprezza e radicalità pone ad Alëša il quesito: «Dimmi francamente, ti supplico, rispondimi. Immagina d'innalzare tu stesso l'edificio del destino umano allo scopo di rendere felici gli uomini alla fine, di dar loro pace e tranquillità, ma che per questo sia necessario e indispensabile tormentare sia pur un'unica insignificante creatura, per esempio proprio quel bambino che si batteva il petto col piccolo pugno, e di fondare l'edificio sulle sue lacrimucce non vendicate. Consentiresti tu ad esserne l'architetto a queste condizioni?». Qui Ivan pone l'eterno problema del prezzo della storia, se sia ammissibile che la fondazione degli Stati e delle culture sia pagata con vittime e sofferenze. È un quesito russo per eccellenza, una questione maledetta che i giovanotti russi hanno posto alla storia universale. È una questione che racchiude tutto il pathos morale russo, distaccato dalle sorgenti religiose. Su tale quesito trova il suo fondamento morale la ribellione rivoluzionario-nichilista russa proclamata da Ivan. «In definitiva io non accetto questo mondo di Dio e anche se so che esiste non posso affatto tollerarlo. Non è Dio che non accetto; è il mondo da lui creato, il mondo di Dio, che non accetto e non posso rassegnarmi ad accettare». «Perché accettare il bene e il male, che il diavolo li porti, se costa tanto? Perché tutto il mondo della conoscenza non vale la lacrimuccia di un bambino che implora il Signore». «Rifiuto assolutamente l'armonia suprema che non vale neppure le lacrime di quel solo bambino martoriato che nel suo bugigattolo fetido si percuoteva il petto con il piccolo pugno pregando il buon Dio con lacrime irredente... Io non voglio che la gente soffra più, e se le sofferenze dei bambini devono completare la somma di sofferenze necessarie per comperare la verità, io dichiaro in precedenza che tutta la verità non vale questo prezzo... Non voglio l'armonia, non la voglio per amore dell'umanità... E poi hanno attribuito troppo valore a quest'armonia e il prezzo del biglietto d'ingresso non è per le nostre tasche. Perciò mi affretto a restituire il mio biglietto d'ingresso... Non che io non accetti Dio; solo, Gli restituisco il biglietto con tutto rispetto». Il problema posto da Ivan Karamazov è complicato e vi s'intrecciano più motivi; per sua bocca Dostoevskij pronuncia la condanna delle teorie positiviste del progresso e delle utopie di un'armonia futura edificata sulle sofferenze e le lacrime delle generazioni precedenti. Tutto il progresso dell'umanità e tutta la perfezione futura della sua organizzazione non hanno alcun valore di fronte al destino infelice del singolo, anche dell'ultimo dei mortali. In questo c'è una verità cristiana. Ma l'urgenza del problema impostato da Ivan non sta qui; egli lo pone non come cristiano che crede nel senso divino della vita ma come ateo e nichilista che viceversa lo nega, che vede soltanto dal limitato punto di vista umano l'incongruenza e l'ingiustizia. Si tratta di una ribellione contro l'ordine divino del mondo, di una non-accettazione del destino umano determinato dalla provvidenza Divina, di una contesa dell'uomo con Dio, di un rifiuto ad accettare la sofferenza e i sacrifici e a intendere il senso della nostra vita come redenzione.

L'irrompere dei pensieri ribelli di Ivan Karamazov è una manifestazione di razionalismo estremo, è la negazione del mistero del destino umano incomprensibile nell'ambito e nei limiti di questo nostro scampolo di vita terrena empirica. È impossibile capire razionalmente, entro i confini della vita terrena, il perché delle sofferenze di un bambino innocente. L'impostazione stessa del problema in questi termini è atea e miscredente. La fede in Dio e nell'Ordine divino del mondo è la fede nel significato profondo e nascosto di tutte le sofferenze e prove che toccano in sorte a ogni essere durante la sua esistenza terrena. Asciugare la lacrimuccia di un bambino e alleviarne le sofferenze è opera d'amore, ma il pathos di Ivan è ribellione, non amore. Egli possiede una falsa sensibilità non l'amore, si ribella perché non crede nell'immortalità, perché per lui tutto si esaurisce nell'assurda vita empirica presente, piena di sofferenze e dispiaceri. Da tipico giovanotto russo, egli ha preso per assiomi le ipotesi negative occidentali e si è convertito all'ateismo.

Ivan Karamazov è pensatore, metafisico e psicologo e fornisce un'approfondita giustificazione filosofica ai sentimenti confusi di una moltitudine innumerevole di giovanotti russi, di nichilisti e ateisti, di socialisti ed anarchici della Russia. Alla base del quesito di Ivan c'è una certa sensibilità e sentimentalità russa sbagliata, una falsa compassione per l'uomo portata fino all'odio per Dio e il significato divino della vita universale. I russi sono in genere nichilisti ribelli per falso moralismo, il russo fa storie a Dio per la lacrimuccia di un bambino, gli restituisce il biglietto, nega tutti i valori e le cose più sacre, non tollera le sofferenze, non vuole sacrifici; ma non fa nulla di concreto perché ci siano meno lacrime, aumenta anzi la quantità delle lacrime, fa la rivoluzione che è fondata su lacrime e sofferenze infinite. Nel moralismo nichilista del russo non c'è la tempra morale del carattere, la severità morale di fronte agli orrori della vita, la prontezza al sacrificio e la rinuncia all'arbitrio. Il nichilista-moralista russo crede di amare l'uomo, di aver compassione per lui più di Dio, di poter correggere il piano di Dio circa l'uomo e il mondo. Caratteristica di questa psicologia è un'incredibile presunzione. Dalle storie che i giovanotti russi fecero a Dio a causa della lacrimuccia d'un bambino, dalle elevate conversazioni nelle osterie, è nata l'ideologia della rivoluzione russa e alla sua base stanno l'ateismo e la negazione dell'immortalità. Il non credere nell'immortalità genera una falsa sensibilità e compassione. Le innumerevoli dichiarazioni sulle sofferenze del popolo, sul male dello Stato e della cultura che si basava su queste sofferenze, provennero da questa sorgente atea militante. Il desiderio di alleviare le sofferenze del popolo era in se stesso giusto e probabilmente ispirato all'amore cristiano. Ciò indusse in errore molti i quali non scorsero la confusione e la falsificazione che stanno alla base della morale rivoluzionaria russa e le seduzioni dell'Anticristo di questa morale rivoluzionaria dell'intelligencija russa. Dostoevskij lo vide, mise a nudo le radici spirituali sotterranee del nichilismo preoccupato del bene del popolo e predisse dove avrebbe condotto il trionfo di tale spirito. Egli comprese che il grande problema del destino individuale di ogni uomo si risolve non nella tenebra della coscienza rivoluzionaria che pretende di essere pseudoreligiosa, ma alla luce della coscienza religiosa.

Dostoevskij mostrò che la natura dell'uomo russo è un terreno fertile per le seduzioni dell'Anticristo, un'autentica scoperta che fece di lui il veggente e il profeta della rivoluzione russa. A lui fu dato vedere e penetrare l'essenza spirituale della rivoluzione russa e dei rivoluzionari russi. I rivoluzionari russi, apocalittici e nichilisti per natura, si lasciarono sedurre dall'Anticristo che vuole far felici gli uomini e dovevano condurre il popolo da loro sedotto a quella rivoluzione che ferì terribilmente la Russia e trasformò la vita russa in un inferno. I rivoluzionari russi volevano un cataclisma universale nel quale bruciasse tutto il vecchio mondo con il suo male, la sua ignoranza e con i suoi valori più sacri, per poter erigere sulle sue ceneri un'esistenza beata per tutto il popolo e tutti i popoli. Il rivoluzionario russo vuole nientemeno che la felicità universale, la sua coscienza è apocalittica, egli vuole la fine, vuole il compimento della storia e l'inizio di un processo metastorico in cui si realizzi il regno dell'eguaglianza, della libertà e della beatitudine sulla Terra. Egli non ammette nulla di transitorio e relativo, nessuna gradualità nella coscienza; il massimalismo rivoluzionario russo è una singolare apocalitticità deformata. Il rovescio di quest'ultima è sempre il nichilismo. Il desiderio nichilista di distruggere tutto il molteplice e il relativo del mondo storico si estende inevitabilmente anche ai fondamenti spirituali assoluti della storia. Il nichilismo russo non ammette la fonte stessa del processo storico, la quale è posta nella realtà divina; si ribella all'ordine divino dell'universo nel quale la storia deve svolgere il suo compito con i suoi gradi e la sua necessaria gerarchicità. Dostoevskij stesso provò la seduzione del massimalismo russo e del populismo religioso russo, ma possedette anche un'energia religiosa positiva, un'energia profetica che lo aiutò a scoprire le tentazioni russe e a denunciarle. *La leggenda del Grande Inquisitore* raccontata dall'ateo russo Ivan Karamazov e paragonabile per forza e profondità soltanto alle sacre scritture, dischiude la dialettica interiore delle seduzioni dell'Anticristo. Dostoevskij diede una veste cattolica alle seduzioni dell'Anticristo, ma ciò non è essenziale e deve essere ascritto alle insufficienze e debolezze dello scrittore: lo spirito del Grande Inquisitore può comparire ed agire in vesti e forme diverse, possiede al massimo grado la facoltà di reincarnarsi. E Dostoevskij comprese benissimo che nel socialismo rivoluzionario agisce lo spirito del Grande Inquisitore; il socialismo rivoluzionario non è una dottrina economica e politica, non è un sistema di riforme sociali ma pretende d'essere una religione, è una fede che si oppone alla fede cristiana.

Seguendo il Grande Inquisitore, la religione del socialismo accoglie tutte e tre le tentazioni respinte da Cristo nel deserto in nome della libertà dello spirito umano: la tentazione di trasformare le pietre in pane, la tentazione del miracolo sociale, la tentazione del regno di questo mondo. La religione del socialismo non è la religione dei liberi figli di Dio, rinuncia alla primogenitura dell'uomo, è la religione degli schiavi della necessità, dei figli della polvere. Essa dice con le parole del Grande Inquisitore: «Tutti saranno felici, tutti i milioni di uomini». «Noi li costringeremo a lavorare, ma nelle ore libere dal lavoro organizzeremo la loro vita come un gioco di bambini con canti, cori e danze innocenti. Noi permetteremo loro anche di peccare, perché sono deboli e impotenti». «Noi daremo loro la felicità degli esseri deboli, quali del resto sono stati creati». La religione del socialismo dice alla religione di Cristo: «Tu meni vanto dei tuoi eletti, ma hai soltanto eletti mentre noi accontenteremo tutti... Con noi saranno felici... Noi li convinceremo che diventeranno liberi solo quando rinunceranno alla loro libertà». Come il Grande Inquisitore, la religione del socialismo rimprovera alla religione di Cristo di non amare sufficientemente gli uomini. In nome dell'amore per gli uomini e della compassione per gli uomini e in nome della felicità e della beatitudine degli uomini sulla terra, questa religione rinnega la libera natura dell'uomo simile a Dio. La religione del pane celeste è una religione aristocratica, di eletti, dei «diecimila grandi e forti», invece la religione «dei rimanenti milioni innumerevoli come l'arena del mare, dei deboli» è la religione del pane terreno. Questa religione ha scritto sulla sua bandiera: «Nutrili e poi esigi da loro la virtù». Dostoevskij ha genialmente intuito i fondamenti spirituali del formicaio socialista, ha compreso religiosamente che il collettivismo socialista è una pseudo-*sobornost'*, una pseudochiesa che comporta la morte della personalità umana, dell'immagine e somiglianza di Dio nell'uomo e la fine della libertà dello spirito umano. Le parole più forti e infuocate contro la religione del socialismo le pronunciò Dostoevskij ed è stato lui a percepire che per i russi il socialismo è religione e non politica, non riforma e organizzazione sociale.

Che la dialettica del Grande Inquisitore si possa applicare alla religione del socialismo e che Dostoevskij l'abbia effettivamente applicata si vede dal fatto che molti suoi personaggi rivoluzionari ripetono l'iter dei pensieri del Grande Inquisitore. Le stesse cose le afferma Petr Verchovenskij e sulla stessa base è costruito il sistema di Šigalëv[4]. Questi pensieri si ritrovano già nell'eroe delle *Memorie del sottosuolo* quando parla del «gentiluomo dalla fisionomia ridicola e retrograda», il quale respingerà ogni benessere sociale futuro e tutto il formicaio ben organizzato del futuro. L'eroe delle *Memorie* contrappone a questo formicaio socialista la libertà dello spirito umano. Dostoevskij è l'avversario religioso del socialismo, denuncia la menzogna areligiosa e il pericolo religioso del socialismo. Egli fu uno dei primi ad avvertire nel socialismo lo spirito dell'Anticristo, comprese che nel socialismo lo spirito dell'Anticristo alletta l'uomo con l'immagine del bene e della filantropia, e comprese anche che l'uomo russo soccomberà più facilmente di quello occidentale a questa tentazione, sarà sedotto dall'immagine ambigua dell'Anticristo a causa della struttura apocalittica della sua natura. L'avversione di Dostoevskij per il socialismo non significa assolutamente che egli patrocinasse o difendesse un qualsiasi ordinamento «borghese»; egli professava anzi un singolare socialismo ortodosso. Ma lo spirito di questo socialismo ortodosso non ha nulla in comune con lo spirito del socialismo rivoluzionario e anzi gli si oppone su tutta la linea. Dostoevskij, perché 'terragno'[5] e slavofilo, vedeva nel popolo russo l'antidoto contro le tentazioni del socialismo rivoluzionario ateo. Egli professava un populismo religioso. Secondo me tutta questa sua ideologia religioso-populista-terragno-slavofila non fu il suo lato forte e contraddice alle sue grandi intuizioni di artista e di metafisico. Oggi possiamo addirittura affermare che Dostoevskij ha sbagliato, che il popolo russo dimostrò di non possedere l'antidoto contro le seduzioni di quella religione del socialismo che gli aveva instillato l'intelligencija. La rivoluzione russa fece crollare definitivamente le illusioni del populismo religioso come di ogni populismo, ma le illusioni populiste non impedirono a Dostoevskij di scoprire la natura spirituale della religione russa del socialismo e di predire le conseguenze cui avrebbe portato. Ne *I fratelli Karamazov* è esposta la dialettica interiore e la metafisica della rivoluzio-

4 Personaggi del romanzo *I demoni* (*ndt*).

5 «Terragni» (*počvenniki*) erano detti i pensatori che si sentivano particolarmente legati alla terra russa (*ndt*).

ne russa, ne *I demoni* abbiamo rappresentata la sua realizzazione concreta.

Dostoevskij mise in luce l'ossessione demoniaca dei rivoluzionari russi, avvertì che nel vortice della rivoluzione l'uomo non è l'attore ma il posseduto da spiriti non umani. A rileggere *I demoni* nei giorni in cui si sta svolgendo la rivoluzione, rabbrividisci; è quasi incredibile come sia stato possibile prevedere e predire tutto questo. In una piccola città, in proporzioni esteriormente ridotte, già da tempo s'è svolta la rivoluzione russa, sono stati messi in luce i suoi fondamenti e i suoi archetipi spirituali. Il caso Nečaev[6] fu lo spunto della trama de *I demoni*; allora i circoli di sinistra videro nel romanzo una caricatura, quasi una pasquinata, del movimento rivoluzionario e dei rivoluzionari, e l'opinione pubblica 'progressista' lo mise all''indice' dei libri proibiti. Solo alla luce di un'altra coscienza, della coscienza religiosa, sarebbe stato allora possibile comprendere tutta la profondità e verità de *I demoni*, profondità e verità che sfuggono alla coscienza positivista. Se si guarda a questo romanzo come a un'opera realistica, molto vi risulta inverosimile e non corrispondente alla realtà di quel tempo; ma tutti i romanzi di Dostoevskij sono inverosimili, tutti trattano di una profondità impossibile a vedersi alla superficie della realtà, tutti furono profezia. La profezia fu presa per una pasquinata. Adesso dopo l'esperienza della rivoluzione russa perfino i nemici di Dostoevskij devono ammettere che *I demoni* sono un libro profetico. Con l'occhio dello spirito Dostoevskij vide che la rivoluzione russa sarebbe stata così e non diversamente, previde l'inevitabilità della demonicità della rivoluzione. Il nichilismo russo che agisce nella natura chlystica[7] russa non può non essere demoniaco, un vortice tumultuoso e frenetico e *I demoni* descrivono questo vortice. Nel romanzo questo accade in una piccola cittadina, adesso in tutta la sconfinata terra russa. E prende inizio dal medesimo spirito e dai medesimi principi di allora. Oggi i capi della rivoluzione russa hanno proclamato davanti al mondo il messianismo rivoluzionario russo e portano ai popoli dell'Occidente, immersi nella 'tenebra borghese', la luce dell'Oriente. Dostoevskij comprese e svelò questo messianismo rivoluzionario russo come il negativo di un certo positivo, come un'apocalisse deformata, come il ro-

[6] Nečaev, capo di un gruppo cospirativo rivoluzionario, aveva fatto uccidere un membro (uno studente) che voleva ritirarsi dal gruppo stesso (*ndt*).

[7] I *chlysty*, setta fanatica russa sorta nel XVII sec., di ispirazione insieme razionalistica e mistica, predicano una severa ascetica (che giunge talora all'evirazione volontaria), ma le loro preghiere estatiche si trasformano talvolta in orge (*ndt*).

vescio del messianismo positivo russo che non è rivoluzionario ma religioso. Tutti i personaggi de *I demoni* in una forma o nell'altra predicano il messianismo russo rivoluzionario, tutti sono posseduti da questa idea. In Šatov, esitante e interiormente diviso, la coscienza slavofila si mescola a quella rivoluzionaria. La rivoluzione russa è piena di questi Šatov e tutti, come quello di Dostoevskij, sono pronti a gridare fino al delirio che il popolo rivoluzionario russo è il popolo *teoforo*, ma non credono in Dio. Alcuni di loro vorrebbero credere in Dio e non possono, mentre la maggioranza si accontenta di credere nel popolo rivoluzionario teoforo. Nel populista tipico Šatov gli elementi rivoluzionari si mescolano a quelli reazionari da 'centurie nere'[8] e anche questo è tipico. Šatov può essere di estrema sinistra o di estrema destra, ma in ambedue i casi rimane un amante del popolo, un 'democratico', uno che crede anzitutto nel popolo. La rivoluzione russa è piena di questi Šatov e in tutti non riesci a distinguere dove finisca l'estremismo di sinistra e il rivoluzionarismo e dove incominci l'estremismo di destra e la reazionarietà. Essi sono sempre nemici della cultura, del diritto, e sempre distruggono la libertà della persona; sono loro ad affermare che la Russia è superiore alla civilizzazione e che per lei non vale nessuna legge. È gente disposta a distruggere la Russia in nome del messianismo russo. Dostoevskij ebbe un debole per Šatov e provò in se stesso le seduzioni di Šatov, ma in forza della sua intuizione artistica ne rese ripugnante il personaggio.

Al centro della demonicità rivoluzionaria è la figura di Petr Verchovenskij: è lui il demone principale della rivoluzione russa. Nel personaggio di Verchovenskij Dostoevskij mise a nudo lo strato più profondo della demonicità rivoluzionaria, che nella realtà rimane nascosto e invisibile. Petr Verchovenskij può assumere aspetti anche più decorosi, ma Dostoevskij ne ha strappato la maschera e messo a nudo l'anima. Così l'immagine della demonicità rivoluzionaria appare in tutta la sua laidezza. Verchovenskij si dibatte in preda all'ossessione diabolica e tutti trascina in un vortice delirante e forsennato. Dappertutto egli è al centro, dietro a tutti e per tutti; è il demonio che s'insedia in tutti e tutti possiede, ma è a sua volta un posseduto. Petr Verchovenskij è anzitutto un uomo completamente svuotato che non ha nessun contenuto. I demoni si sono definitivamente impossessati di lui e ne hanno fatto un loro docile strumento. Egli ha cessato di essere immagine e somiglianza di Dio e ha ormai perso le sembianze uma-

8 In russo *černosoty*, un'organizzazione terroristica di destra (*ndt*).

ne. L'ossessione di una falsa idea ha fatto di Petr Verchovenskij un idiota morale; ossessionato dall'idea di cambiare il mondo, dall'idea della rivoluzione universale, egli divenne succube di una menzogna seducente, consentì ai demoni di impossessarsi della sua anima e perse il senso elementare della differenza tra il bene e il male, smarrì il baricentro spirituale. Nel personaggio di Petr Verchovenskij abbiamo una personalità ormai disintegrata, nella quale non si può trovare più nulla di ontologico; egli è tutto menzogna ed inganno e tutti induce in errore, sottomette al regno della menzogna. Il male è falsificazione dell'essere, pseudo-essere, non-essere. Dostoevskij ha mostrato come un'idea falsa, che s'impadronisce totalmente di un uomo fino alla demonicità, porti al non-essere, alla dissoluzione della personalità. Dostoevskij seppe scoprire magistralmente le conseguenze ontologiche delle false idee quando esse si impadroniscono completamente dell'uomo. Quale fu l'idea che s'impadronì di Petr Verchovenskij, portò la sua personalità alla dissoluzione e lo convertì in un bugiardo e seminatore di menzogne? È sempre l'idea fondamentale del nichilismo russo, del massimalismo russo, la passione demoniaca per il livellamento universale, la ribellione contro Dio in nome della felicità universale degli uomini, il sostituire al regno di Cristo il regno dell'Anticristo. Nella rivoluzione russa gli indemoniati come Petr Verchovenskij sono molti, dappertutto cercano di attrarre nel vortice demoniaco, impregnano il popolo russo di menzogna e lo trascinano nel non-essere. Non sempre questi Verchovenskij si riconoscono, non tutti sanno penetrare nel profondo oltre i veli esteriori. Nella rivoluzione è più facile distinguere i Chlestakov che i Verchovenskij, e neppure quelli sempre e la folla li esalta e li corona di gloria.

Dostoevskij previde che in Russia la rivoluzione sarebbe stata triste, raccapricciante e tenebrosa e che non avrebbe segnato una rinascita del popolo. Egli sapeva che un ruolo non esiguo vi avrebbe avuto il galeotto Fed'ka[9] e che vi avrebbe trionfato Šigalëv. Già da tempo Petr Verchovenskij ha scoperto l'importanza del galeotto Fed'ka per la causa della rivoluzione russa e tutta l'ideologia trionfante della rivoluzione russa è l'ideologia di Šigalëv. Oggi vengono i brividi a leggere le parole di Verchovenskij: «In sostanza la nostra dottrina è la negazione dell'onore e il modo più facile per attirare l'uomo russo è proclamare il diritto al disonore». E Stavrogin[10] risponde: «Il diritto al diso-

[9] Personaggio di *Memorie dal sottosuolo* (*ndt*).
[10] Personaggio de *I demoni* (*ndt*).

nore? Tutti ci correranno dietro, nessuno escluso!». La rivoluzione russa ha proclamato il 'diritto al disonore' e tutti le sono corsi dietro. Ma non meno importanti sono le parole: «Da noi il socialismo si diffonderà soprattutto per motivi sentimentali». Il disonore e il sentimentalismo sono i principi fondamentali del socialismo russo, sono i principi, previsti da Dostoevskij, che trionfano nella rivoluzione russa. Petr Verchovenskij intravide il ruolo che nella rivoluzione russa avrebbero avuto i 'malfattori puri'. «Sono proprio brava gente, talvolta molto utile, ma con loro si spende molto tempo, bisogna controllarli senza sosta». Più avanti Petr Verchovenskij medita sui fattori della rivoluzione russa: «La forza più importante, il cemento che tutto collega è la vergogna di avere un'opinione propria. Questa sì che è una forza! 'Proprio bravo' colui che ha lavorato, che si è dato da fare perché neanche una sola idea personale rimanesse nella testa di nessuno! Lo ritengono proprio una vergogna». Abbiamo qui un'intuizione molto profonda sulla Russia rivoluzionaria: il pensiero rivoluzionario russo ebbe sempre 'vergogna dell'opinione propria', questa vergogna era ritenuta una coscienza collettiva superiore a quella individuale. Nella rivoluzione russa s'è spento definitivamente ogni pensare individuale, il pensare è diventato perfettamente anonimo, di massa. Leggete i giornali e ascoltate i discorsi rivoluzionari, e troverete confermate le parole di Petr Verchovenskij. C'è stato chi ha lavorato «perché neanche una sola idea personale rimanesse nella testa di nessuno». Il messianismo rivoluzionario russo lascia le idee e le opinioni individuali all'Occidente borghese, e in Russia tutto deve essere collettivo, anonimo, di massa. Il messianismo rivoluzionario russo è Šigalëv il quale muove e conduce la rivoluzione russa.

«Sembrava che Šigalëv attendesse la distruzione del mondo, ma non per una qualche data indicata da profezie che possono anche non adempiersi ma per una data precisa, come fosse dopodomani mattina alle 10,25 in punto». Tutti i rivoluzionari russi massimalisti la pensano come Šigalëv, tutti aspettano la distruzione del vecchio mondo per dopodomani mattina. E anche il nuovo mondo che dovrà nascere sulle rovine di quello vecchio è il mondo di Šigalëv. «Partendo dalla libertà illimitata – dice Šigalëv – pervengo al dispotismo illimitato e aggiungo però che non ci possono essere altre risoluzioni della formula sociale se non la mia». Tutti gli Šigalëv rivoluzionari parlano e agiscono così. Petr Verchovenskij lo formula così a Stavrogin: «Spianare i monti è una buona idea, non è ridicola. L'istruzione non occorre, basta con la scienza! Anche senza la scienza di materiale ce n'è per mille anni e occorre invece disporsi all'obbedienza... La sete d'istruzione è già una sete aristocratica. Appena fai una piccola concessione alla famiglia e all'amore hai subito il desiderio della proprietà. Noi soffocheremo il desiderio, apriremo le porte all'ubriachezza, alla maldicenza, alla delazione, a una corruzione inaudita, e spegneremo nell'infanzia ogni genialità. Un unico denominatore per tutti, la piena eguaglianza... Necessario è soltanto l'indispensabile – ecco d'ora in poi l'insegna del globo terrestre. Ma anche il delirio è necessario e a questo ci penseremo noi governanti. Gli schiavi devono avere chi li governa. Obbedienza assoluta e assoluta impersonalità, ma una volta ogni trent'anni Šigalëv darà corso al delirio e tutti improvvisamente incominceranno a divorarsi l'un l'altro; fino a un certo punto, solo per evitare la noia. La noia è un sentimento aristocratico». Queste parole, stupefacenti nella loro forza profetica, Dostoevskij le mette in bocca a Petr Verchovenskij e ci riconducono ai ragionamenti del Grande Inquisitore. Ciò dimostra che nella *Leggenda del Grande Inquisitore* Dostoevskij aveva presente in misura notevole il socialismo. Dostoevskij discopre tutta la spettralità della democrazia nella rivoluzione: non esiste nessuna democrazia e chi governa è una minoranza tirannica, ma questa tirannia, inaudita nella storia del mondo, si baserà sul livellamento forzato universale. La passione di Šigalëv è proprio il delirio dell'eguaglianza portata fino in fondo, fino al limite, fino al non-essere. Una fantasticheria sociale senza confini porta a distruggere l'essere con tutte le sue ricchezze e nei fanatici si trasforma in male. La fantasticheria sociale non è affatto cosa innocua e Dostoevskij lo comprese. Il fantasticare rivoluzionario russo è appunto Šigalëv che in nome dell'eguaglianza avrebbe voluto distruggere Dio e il mondo di Dio. Nella tirannide e nel livellamento assoluto, che sono il coronamento della 'evoluzione e approfondimento' della rivoluzione russa, si realizzano i sogni più rosei e i desideri dell'intelligencija rivoluzionaria russa: erano sogni e desideri del regno di Šigalëv che a molti sembrava più bello di quanto non sia risultato nella realtà. Molti socialisti russi ingenui e semplici che hanno sognato la rivoluzione sociale sono turbati dalle urla di trionfo: «Ciascuno appartiene a tutti e tutti a ciascuno. Tutti sono schiavi e nella schiavitù uguali... Per prima cosa bisogna abbassare il livello dell'istruzione, delle scienze e dei talenti. L'alto grado delle scienze e dei talenti è accessibile soltanto alle capacità superiori; non vogliamo capacità superiori!». Dostoevskij fu più lungimirante dei maestri riconosciuti dell'intelligencija russa e sapeva che il rivoluzionarismo russo e il socialismo russo nell'ora del trionfo avrebbero dovuto sfociare in queste urla alla Šigalëv.

Dostoevskij previde il trionfo non solo di Šigalëv ma anche di Smerdjakov, sapeva che in Russia avrebbe alzato la testa il lacchè e nell'ora del grande pericolo per la nostra patria avrebbe detto: «Io odio tutta la Russia. Io non solo non voglio essere un ussaro, ma voglio la distruzione di tutti i soldati, signori». Il turbolento lacchè rispondeva alla questione di chi ci difenderà quando verrà il nemico: «Nel 1812 la Russia fu invasa dagli eserciti di Napoleone, primo imperatore dei francesi, e sarebbe stato bene se quegli stessi francesi ci avessero allora sottomessi: una nazione saggia avrebbe sottomesso una nazione molto stupida e l'avrebbe annessa. Avremmo persino avuto altri ordinamenti». Il disfattismo del tempo di guerra fu un fenomeno smerdjakoviano e furono gli Smerdjakov a far sì che la 'saggia' nazione tedesca adesso sottometta la 'stupida' nazione russa. Il lacchè Smerdjakov fu uno dei primi nostri internazionalisti e tutto il nostro internazionalismo ha ricevuto il vaccino smerdjakoviano. Smerdjakov avanzò il diritto al disonore e lo seguirono in molti. Quanto è profondo in Dostoevskij il fatto che Smerdjakov è l'altra metà di Ivan Karamazov, la sua immagine capovolta! Ivan Karamazov e Smerdjakov sono due fenomeni del nichilismo russo, due aspetti di un'unica sostanza. Ivan Karamazov è del nichilismo l'apparizione alta, filosofica; Smerdjakov quella bassa e servile. Ivan Karamazov giunto alla vetta della vita intellettuale deve generare Smerdjakov nei bassifondi della vita. Smerdjakov mette in pratica tutta la dialettica atea di Ivan Karamazov, è il suo tessuto interno. In ogni massa umana, in ogni massa popolare, gli Smerdjakov sono più numerosi degli Ivan e anche nella rivoluzione come movimento di masse, di quantità, gli Smerdjakov sono più numerosi degli Ivan. Nella rivoluzione trionfa la dialettica atea di Ivan Karamazov, ma la mette in pratica Smerdjakov: è lui nella prassi a trarre la conseguenza che 'tutto è permesso'. Ivan commette il peccato nel pensiero, nello spirito, Smerdjakov nella pratica incarnando l'idea di Ivan. Ivan perpetra il parricidio nel pensiero, Smerdjakov fisicamente, nella realtà. La rivoluzione atea commette sempre parricidio, rinnega sempre la paternità, taglia sempre il legame del figlio col padre, e giustifica questo delitto dicendo che il padre era molto stupido e peccatore. Questo sentimento omicida verso il padre è tipico degli Smerdjakov, è la manifestazione estrema della loro grettezza. Dopo aver perpetrato nella realtà quello che Ivan aveva compiuto nel pensiero, Smerdjakov chiede a Ivan: «Lei stesso continuava a dire che tutto è permesso e adesso perché è turbato?». Anche nella rivoluzione russa si ripete questa domanda posta da Smerdjakov a Ivan. Gli Smerdjakov della rivoluzione, dopo aver messo in pratica il principio di Ivan che 'tutto è permesso', hanno ragione di chiedere agli Ivan della rivoluzione: 'e adesso perché loro sono turbati?'. Dostoevskij previde che Smerdjakov avrebbe odiato Ivan il quale gli aveva insegnato l'ateismo e il nichilismo, e anche questo avviene ai nostri giorni tra il 'popolo' e la 'intelligencija'. Tutta la tragedia tra Ivan e Smerdjakov costituisce un simbolo che rivela la tragedia della rivoluzione russa. Già Raskol'nikov si era posto il problema se tutto è lecito per far trionfare il bene dell'umanità. Lo *starec* Zosima dice: «È proprio vero che loro hanno una fantasia sognatrice più grande della nostra! Sognano di stabilire la giustizia, ma avendo rinnegato Cristo finiscono per inondare di sangue il mondo, perché sangue chiama sangue e chi di spada ferisce di spada perisce. Se non ci fosse la promessa del Cristo, si ammazzerebbero a vicenda anche gli ultimi due uomini sulla terra». Sono parole profetiche.

«Gli uomini si uniranno per prendere dalla vita tutto quello che può dare, ma per una felicità e una gioia esclusivamente nel mondo terreno. L'uomo si glorificherà di spirito divino, di superbia titanica e apparirà l'uomo-dio... Ognuno saprà di essere tutto mortale senza resurrezione e accetterà la morte superbamente e placidamente come un dio. Per la sua superbia capirà di non aver motivo di protestare perché la vita dura un solo istante e amerà il fratello ormai senza ricompensa alcuna. L'amore soddisferà unicamente l'istante effimero della vita, ma la sola coscienza della sua brevità rafforzerà il suo fuoco tanto quanto prima lo indeboliva la speranza di un amore ultraterreno e senza fine». Così parla a Ivan il diavolo e in queste parole si manifesta il pensiero che ha sempre tormentato Dostoevskij: l'amore per gli uomini può essere ateo e dell'Anticristo. Questo è l'amore che sta alla base del socialismo rivoluzionario. Il quadro di questo socialismo ateo basato sull'amore dell'Anticristo così si presenta a Versilov[11]: «A me sembra che la battaglia sia già terminata e la lotta cessata. Dopo le maledizioni, le manciate di fango ed i fischi, s'è ristabilita la calma e gli uomini sono rimasti *soli* come avevano desiderato. La grande idea di prima li ha abbandonati, la grande sorgente di energie che finora li aveva alimentati e riscaldati si è esaurita; è come l'ultimo giorno dell'umanità. Improvvisamente gli uomini hanno compreso di essere rimasti assolutamente soli e si sono sentiti immensamente orfani... Allora gli uomini orfani incominceranno a stringersi l'un l'altro più strettamente e con più amore; si prenderanno per mano sapendo

[11] Personaggio de *I demoni* (*ndt*).

che ormai loro e soltanto loro sono tutto gli uni per gli altri! Una volta scomparsa la grande idea dell'immortalità si tratterà di trovarle un surrogato... Essi ameranno la terra e la vita irresistibilmente, nella misura in cui si renderanno conto di essere effimeri e mortali, e ormai con un amore speciale diverso da quello di prima... Svegliandosi al mattino si affretteranno a baciarsi l'un l'altro e ad amarsi sapendo che i giorni sono brevi e che questo è tutto ciò che loro rimane. Lavoreranno uno per l'altro e ciascuno distribuirà tutto il suo avere e con questo solo sarà felice». In questa fantasia si svela la metafisica e la psicologia del socialismo ateo. Dostoevskij descrive il fenomeno dell'amore dell'Anticristo; egli ha compreso come nessun altro che il fondamento spirituale del socialismo è la negazione dell'immortalità, che il pathos del socialismo è la volontà di edificare il regno di Dio sulla terra senza Dio, di realizzare l'amore tra gli uomini senza Cristo che è la fonte dell'amore. Così egli svela la menzogna religiosa dell'umanesimo nelle sue manifestazioni estreme. Il socialismo umanistico porta alla distruzione dell'uomo come immagine e somiglianza di Dio, è diretto contro la libertà dello spirito umano, non regge alla prova della libertà. Dostoevskij con straordinario acume impostò il problema religioso dell'uomo e lo contrappose al problema socialista dell'unione e organizzazione terrena degli uomini. Egli vide tutto questo come incontro e mescolanza del Cristo e dell'Anticristo nell'anima dell'uomo russo, del popolo russo. E la natura apocalittica del popolo russo rende questo incontro e questa mescolanza particolarmente acuti e tragici. Dostoevskij presentiva che se in Russia fosse scoppiata la rivoluzione essa avrebbe realizzato la dialettica dell'Anticristo, che il socialismo russo sarebbe stato apocalittico e opposto al cristianesimo. Dostoevskij vide più lontano e più profondamente di tutti gli altri, ma lui stesso non fu alieno da illusioni populiste russe: nel suo cristianesimo russo ci furono aspetti che diedero motivo a K. Leont'ev di definire «roseo» il suo cristianesimo. Questo cristianesimo roseo e questo populismo roseo si fecero sentire soprattutto nei personaggi di Zosima e di Alëša che non si possono dire riusciti interamente. Le grandi rivelazioni positive Dostoevskij le fornisce per via negativa, attraverso una dialettica artistica negativa. La verità che egli disse sulla Russia non è quella sdolcinata e rosea di un amore acritico e di un'idolatria del popolo ma una verità tragica, la verità di un popolo per natura sua apocalittico, sedotto dall'Anticristo. Dostoevskij stesso fu succube di quel nazionalismo ecclesiastico che impedì al popolo russo di prendere il largo dell'ecumene. La demolatria di Dostoevskij ha subito un fiasco clamoroso nella rivoluzione russa, le sue profezie positive non si avverarono, mentre trionfano le sue intuizioni profetiche delle tentazioni russe.

III. *L. Tolstoj nella rivoluzione russa*

Tolstoj non ha nulla di profetico, nulla presentì e nulla predisse, come artista è rivolto al passato cristallizzato. Egli non possedette quella sensibilità per il dinamismo della natura umana presente in sommo grado in Dostoevskij. Nella rivoluzione russa trionfano non le intuizioni artistiche di Tolstoj ma le sue valutazioni morali. L. Tolstoj come cercatore della verità della vita, moralista e maestro spirituale, è molto tipico per la Russia e per i russi. I tolstoiani in senso stretto, che condividono la dottrina di Tolstoj, sono pochi e costituiscono un fenomeno irrilevante, ma il tolstoianesimo in senso largo, non dottrinale, è molto tipico per l'uomo russo e condiziona i suoi giudizi morali. Tolstoj fu solo indirettamente maestro dell'intelligencija russa di sinistra cui rimase estranea la sua dottrina religiosa, ma colse ed espresse la peculiarità della struttura morale della maggior parte dell'intelligencija russa e forse dell'uomo russo in genere. La rivoluzione russa è in un certo senso il trionfo del tolstoianesimo, porta l'impronta del moralismo tolstoiano russo e dell'amoralismo russo. Questo moralismo e questo amoralismo sono fra loro collegati e costituiscono due aspetti di un'unica malattia della coscienza morale. Io vedo la malattia della coscienza morale russa anzitutto nel suo rifiuto della responsabilità morale personale e della disciplina morale personale, nel suo scarso sviluppo del senso del dovere e dell'onore, nella mancanza di consapevolezza del valore morale delle qualità personali. L'uomo russo non si sente moralmente responsabile in grado sufficiente e poco valuta le qualità nella persona. Ciò è legato al fatto che la persona si sente immersa nel collettivo, non è abbastanza scoperta e conosciuta. Questa condizione della coscienza morale genera tutta una serie di pretese nei riguardi del destino, della storia, dell'autorità, dei valori culturali inaccessibili a una data persona. La struttura morale dell'uomo russo è determinata non dal senso di una sana responsabilizzazione ma da una morbosa pretenziosità. L'uomo russo non avverte il nesso indissolubile che esiste tra i diritti e i doveri, ha ottenebrata sia la coscienza dei diritti che quella dei doveri, affoga in un collettivismo irresponsabile, nella pretesa di avere tutto. Per l'uomo russo la cosa più difficile è convincersi che lui stesso è l'artefice del suo destino. Egli non ama le qualità che elevano la vita della persona e non ama la forza. Ogni forza che eleva la vita gli sembra moralmente sospetta, piuttosto malvagia che buona. A queste particolarità della coscienza morale è legata anche la circostanza che per l'uomo russo risultano moralmente sospetti i valori della cultura. Egli avanza tutta una serie di pretese morali nei riguardi della cultura e non sente il dovere morale di creare la cultura. Tutte queste particolarità e malattie della coscienza morale russa costituiscono un terreno fertile per la dottrina di Tolstoj.

Tolstoj è un individualista e un individualista molto esasperato, è completamente antisociale e per lui non esiste il problema della socialità. Individualista è anche la morale tolstoiana, ma sarebbe sbagliato concluderne che essa si basa su una chiara e ferma coscienza della persona. L'individualismo tolstoiano è decisamente avverso alla persona, come del resto ogni individualismo. Tolstoj non vede la persona umana, non conosce la persona, è tutto immerso nel collettivismo della natura nella quale egli vede la vita divina. La vita della persona non gli sembra la vita vera, divina, ma la vita menzognera di questo mondo; invece la vera vita divina sarebbe una vita impersonale, comunitaria, nella quale scompaiono tutte le distinzioni qualitative, tutte le differenze gerarchiche. La coscienza morale di Tolstoj esige che non esista più l'uomo come essere specifico qualitativo ma soltanto una divinità universale senza qualità, il livellamento di tutti e di tutto in una divinità impersonale. A Tolstoj sembra che soltanto la distruzione totale di ogni essere personale e specificato nell'universalità impersonale e senza qualità adempia la legge del Padrone della vita. Per Tolstoj la personalità, la qualità, è già péccato e male e di conseguenza egli vorrebbe distruggere tutto ciò che è legato alla personalità e alla qualità. In lui c'è una mentalità orientale, buddhista, avversa all'Occidente cristiano. Tolstoj diventa nichilista per zelo moralistico. Il suo moralismo è veramente demoniaco e distrugge tutte le ricchezze dell'essere. La passione egualitaria e nichilista porta Tolstoj a eliminare tutte le realtà spirituali, tutto ciò che è genuinamente ontologico; la sua pretesa moralistica, che non conosce limiti, rende tutto illusorio, mette in dubbio e respinge la realtà della storia, la realtà della chiesa, la realtà dello Stato, la realtà della nazione, la realtà della persona, e di tutti i valori soprapersonali, la realtà di tutta la vita spirituale. Per Tolstoj tutto è moralmente sospetto e illecito, basato sui sacrifici e le sofferenze per le quali egli prova un terrore puramente animale. Non conosco nella storia universale un altro genio cui fosse altrettanto estranea ogni vita spirituale. Egli è immerso tutto nella vita psicocorporea, animale, e tutta la sua religione consiste nell'esigere che questa minima vitalità universale sia liberata dalla sofferenza e soddisfatta. Non conosco nel mondo cristiano un'altra persona cui sia stato altrettanto estranea e ripugnante l'idea stessa della redenzione e incomprensibile il mistero del Golgota. Tolstoj in nome della vita felice di tutti rigettò la personalità e ogni valore soprapersonale. In verità la persona e il valore soprapersonale sono legati inscindibilmente. La persona esiste solo perché in essa c'è un contenuto e un valore soprapersonale, perché appartiene a un mondo gerarchico nel quale esistono differenze e distanze qualitative. La natura della persona non sopporta confusione e livellamento senza qualità e l'amore degli uomini è tutto tranne confusione e livellamento senza qualità ma è invece affermazione, che va infinitamente nel profondo di ogni personalità umana in Dio. Tolstoj non lo seppe e la sua morale fu la morale bassa e pretenziosa di un nichilista. La morale di Nietzsche è infinitamente più elevata e più spirituale della morale di Tolstoj. La pretesa elevatezza della morale tolstoiana è un grande inganno che deve essere smascherato. Tolstoj impedì in Russia il nascere e l'evolversi della personalità moralmente responsabile, ostacolò il processo di selezione delle qualità personali e perciò fu il genio malefico della Russia, il suo seduttore. In lui si operò l'incontro fatale del moralismo russo con il nichilismo russo e fu data la giustificazione religioso-morale del nichilismo russo che sedusse molti. In lui il populismo russo, tanto fatale per il destino della Russia, acquistò un'espressione religiosa e una giustificazione morale. Quasi tutta l'intelligencija russa vide nei giudizi morali di Tolstoj le vette più eccelse cui possa giungere l'uomo. Questi giudizi morali venivano addirittura ritenuti troppo eccelsi e perciò ci si considerava indegni di loro e incapaci di elevarsi alla loro altezza. Pochi sono coloro che dubitano della sublimità della coscienza morale di Tolstoj. Invece l'accettazione di questa coscienza morale comporta la devastazione e distruzione dei massimi valori sacri, delle massime realtà spirituali, la morte della persona e la morte di Dio precipitati in una divinità impersonale di genere neutro. Da noi difettano ancora la serietà e la profondità nel giudicare l'errore seducente della morale tolstoiana; le potrebbero servire da antidoto le intuizioni profetiche di Dostoevskij. La morale tolstoiana ha trionfato nella rivoluzione russa, ma non secondo i modi idillici e amabili decantati da Tolstoj. Egli stesso probabilmente sarebbe inorridito davanti a questa incarnazione dei suoi giudizi morali, eppure ha voluto molto, troppo di quanto avviene adesso. Egli evocò gli spiriti che guidano la rivoluzione e ne fu lui stesso invasato.

Tolstoj fu un massimalista, rigettò ogni eredità storica, non volle ammettere nessuna gradazione nell'evoluzione storica. Questo massimalismo tolstoiano viene messo in pratica nella rivoluzione russa la quale è mossa dalla morale distruttrice del massimalismo e odia tutto ciò che è storico. Nello spirito del massimalismo tolstoiano, la rivoluzione russa vorrebbe strappare ciascuno dal tutto universale e storico cui organicamente appartiene, vorrebbe trasformarlo in un atomo per sottometterlo immediatamente al collettivo impersonale. Tolstoj negò la storia e i compiti storici, abdicò al grande passato storico e non volle un grande futuro storico. La rivoluzione russa in questo gli è fedele; essa abdica al testamento storico del passato e ai compiti storici del futuro, vorrebbe che il popolo russo non vivesse una vita storica. Come in Tolstoj, nella rivoluzione russa questa negazione massimalista del mondo storico nasce da una sfrenata passione egualitaria: che avvenga il livellamento assoluto, magari il livellamento nel non-essere! Il mondo storico è gerarchico, consta tutto di gradini, è complesso e poliedrico, contiene diversità e distanze, qualità diverse e differenziazione. Tutto questo è inviso alla rivoluzione russa come a Tolstoj. La rivoluzione vorrebbe rendere il mondo grigio, uniforme, semplificato, privo di ogni qualità e colore. E Tolstoj ha insegnato questo come la verità suprema. Il mondo storico viene disintegrato in atomi e gli atomi vengono forzatamente raggruppati nel collettivo impersonale. Lo slogan 'Senza annessioni e riparazioni' è la negazione astratta di tutti i compiti storici positivi; perché tutti i compiti storici presuppongono 'annessioni e riparazioni', lotta delle individualità storiche concrete, composizione e scomposizione delle totalità storiche.

Tolstoj seppe iniettare nell'intelligencija russa l'odio per tutto ciò che è storico-individuale e storicamente specifico. Egli fu l'espressione del lato della natura russa che sente ribrezzo per la forza e la gloria storica. Fu lui che insegnò a moralizzare in modo elementare e semplicistico sulla storia e a trasferire alla vita storica le categorie morali della vita individuale. Così egli compromise moralmente la possibilità per il popolo russo di vivere una vita storica, di compiere il suo destino e la sua missione storica. Egli preparò moralmente il suicidio storico del popolo russo, tarpò le ali al popolo russo in quanto popolo storico, avvelenò moralmente le fonti di ogni slancio verso la creatività storica. La Russia perse la guerra mondiale perché vi prevalse la valutazione morale tolstoiana della guerra, il popolo russo nell'ora tremenda del conflitto mondiale fu reso impotente, oltre che dai tradimenti e dall'egoismo animale, dalle valutazioni morali tolstojane. La morale tolstoiana disarmò la Russia e la consegnò al nemico. E questa non-resistenza e passività tolstoiana incanta e seduce coloro che innalzano inni al suicidio storico del popolo russo perpetrato dalla rivoluzione. Tolstoj fu l'espressione dell'aspetto non-resistente e passivo del carattere popolare russo. La morale tolstoiana indebolì il popolo russo, lo privò di coraggio nella severa lotta storica, ma lasciò intatta la natura animale dell'uomo con i suoi istinti più elementari. Essa uccise nella stirpe russa l'istinto della forza e della gloria, ma lasciò intatto l'istinto dell'egoismo, dell'odio, della malvagità. Questa morale è impotente a trasfigurare la natura umana, ma può indebolirla, spogliarla e soffocarne gli slanci creativi.

Tolstoj fu un anarchico spinto, nemico di ogni forma di Stato, per motivi idealistico-morali. Egli negò lo Stato in quanto fondato sui sacrifici e le sofferenze e vi vide la fonte del male, che per lui si riduceva alla violenza. L'anarchismo tolstoiano e la sua avversione allo Stato presero il sopravvento nel popolo russo. Tolstoj risultò l'esponente degli istinti antistatali e anarchici del popolo russo, diede a questi istinti una sanzione religioso-morale e fu uno dei responsabili della distruzione dello Stato russo. Tolstoj è anche avverso a ogni cultura. Per lui la cultura è fondata sull'ingiustizia e la violenza ed è la fonte di tutti i mali della nostra vita. Per sua natura l'uomo sarebbe naturalmente buono e nobile e incline a vivere secondo la legge del Padrone della vita; la nascita della cultura, come anche dello Stato, sarebbe stata una caduta, un decadere dall'ordinamento divino naturale, il principio del male e della violenza. A Tolstoj fu totalmente estraneo il senso del peccato originale, del male radicale della natura umana, e perciò non gli occorreva una religione della redenzione né poteva capirla. Egli fu privo del senso del male perché privo del senso della libertà e della specificità originaria della natura umana, perché non sentì la persona; era immerso nella natura impersonale non-umana e in essa cercò le fonti della verità divina. Anche sotto questo aspetto Tolstoj fu all'origine di tutta la filosofia della rivoluzione russa. La rivoluzione russa è nemica della cultura, vuole riportare la vita del popolo allo stadio primordiale nel quale vede la giustizia e la bontà innate. La rivoluzione russa vorrebbe distruggere tutto il nostro strato culturale e sommergerlo nella naturale ignoranza popolare. E Tolstoj è uno dei responsabili della distruzione della cultura russa; egli minò moralmente la possibilità della creazione culturale e avvelenò le sorgenti della creatività. Egli avvelenò l'uomo russo con la riflessione morale che lo rese impotente ed incapace ad agire storicamente e culturalmente. Tolstoj è il vero avvelenatore dei pozzi della vita, la riflessione morale tolstojana è un vero tossico, un veleno che distrugge ogni energia creatrice e mina la vita. Questa riflessione morale non ha nulla in comune con il senso cristiano del peccato e con il bisogno cristiano di penitenza. Per Tolstoj non esiste né il peccato né la penitenza, che fa rinascere la natura umana, ma soltanto una riflessione debilitante e senza grazia, che è il rovescio della ribellione contro l'ordine divino dell'universo. Tolstoj idealizzò il semplice popolo, vide in esso la fonte della verità e adorò il lavoro fisico nel quale cercò salvezza dall'assurdità dell'esistenza, ma trascurò e disprezzò ogni lavoro e creazione spirituale. Tutto l'acume della critica tolstoiana si rivolse sempre contro l'ambito culturale. Anche questi apprezzamenti tolstoiani trionfarono nella rivoluzione russa la quale esalta i rappresentanti del lavoro fisico ed umilia i rappresentanti del lavoro spirituale. Il populismo e la negazione di Tolstoj della divisione del lavoro stanno alla base delle valutazioni morali della rivoluzione, se di valutazioni morali si può parlare. Invero Tolstoj per la rivoluzione russa non è meno importante di Rousseau per la rivoluzione francese. Le violenze e il sangue avrebbero certamente fatto inorridire Tolstoj che aveva pensato altre vie per attuare le sue idee; ma anche Rousseau sarebbe rimasto inorridito dalle azioni di Robespierre e dal terrore rivoluzionario. Eppure Rousseau è responsabile della rivoluzione francese come Tolstoj della rivoluzione russa. Io penso che la dottrina di Tolstoj fu addirittura più esiziale di quella di Rousseau. Fu Tolstoj a rendere impossibile l'esistenza della Grande Russia e molto fece per distruggere la Russia. Ma in questa attività suicida egli fu russo e in lui si espressero i caratteri infausti e fatali dell'uomo russo. Tolstoj è stato una delle tentazioni russe.

Il tolstoianesimo, nel senso ampio del termine, è un pericolo interiore russo che ha assunto il volto del bene supremo. Soltanto questo bene seducente e menzognero, questo pseudobene, questa idea della santità senza grazia, della pseudo-santità, potevano distruggere dall'interno la forza russa. Nella dottrina tolstoiana seduce l'appello radicale alla perfezione, all'adempimento perfetto della legge del bene, ma questa perfezione è così esiziale, nichilista, avversa a ogni valore, incompatibile con qualsiasi creatività perché è una perfezione senza grazia. Nella santità cui aspirava Tolstoj c'era una spaventosa mancanza della grazia e il rifiuto di Dio e perciò si trattava di una santità menzognera, malvagia. La santità della grazia non può compiere tali distruzioni, non può essere nichilista. I santi autentici benedirono la vita, furono misericordi, e questo vale anzitutto per il Cristo. Ora, nello spirito di Tolstoj non ci fu nulla dello spirito del Cristo. Tolstoj esige una realizzazione immediata e piena dell'assoluto, del bene assoluto in questa nostra vita terrena sottoposta alle leggi della natura peccatrice, e non ammette il relativo, elimina tutto il relativo. Così egli voleva strappare ogni essere umano dal tutto universale e gettarlo nel vuoto, nel non-essere dell'assoluto negativo. E anche la vita assoluta viene a risultare semplicemente una vita elementare animale che si dispiega nel lavoro fisico e nel soddisfacimento dei bisogni più elementari. La rivoluzione russa vuole gettare tutta la Russia e tutti i russi in questo assoluto, negativo, vuoto e nichilista. L'ideale della perfezione senza grazia porta al nichilismo. La negazione dei diritti del relativo, cioè di tutta la varietà della vita, di tutti i gradini della storia, distacca in fin dei conti dalle sorgenti della vita assoluta, dallo spirito assoluto. Quel genio religioso che fu l'apostolo Paolo comprese a suo tempo tutto il pericolo di una trasformazione del cristianesimo in una setta apocalittica ebraica e immise il cristianesimo nella corrente della storia universale riconoscendo e santificando il diritto degli stadii relativi. Tolstoj insorse anzitutto contro l'opera dell'apostolo Paolo. Tutta la falsità e la spettralità del tolstoianesimo si dispiegarono con dialettica irreversibile nella rivoluzione russa. Nella rivoluzione il popolo sconta le sue tentazioni, i suoi errori, le sue false valutazioni; questo insegna molte cose ma è una scuola pagata a troppo caro prezzo. È necessario liberarsi da Tolstoj quale precettore morale. Superare il tolstoianesimo significa un risanamento spirituale della Russia, il suo ritorno dalla morte alla vita, alla possibilità di creare, alla possibilità di compiere la sua missione nel mondo.

Conclusione

L'uomo russo è incline a sperimentare tutto in modo trascendente, non immanente, e questo può facilmente comportare una servitù dello spirito. In ogni caso ciò dimostra un'insufficiente maturità spirituale. L'intelligencija russa nella stragrande maggioranza non ha mai sentiti immanenti lo Stato, la Chiesa, la patria, la vita spirituale superiore; tutti questi valori le sono sembrati lontani-trascendenti e hanno suscitato in essa sentimenti di avversione come qualcosa di estraneo e violentante. Mai l'intelligencija russa sentì la storia e il destino storico come immanenti, come causa propria, e perciò mise sotto accusa la storia come una violenza contro di essa. Nella massa popolare le esperienze vitali trascendenti erano accompagnate da un sentimento di pietà e sottomissione religiose, ma questa esperienza trascendente non si trasfuse in una esperienza immanente dei valori sacri; tutto rimase trascendente, ormai senza più suscitare sentimenti di pietà e di sottomissione, ma bensì di nichilismo e di ribellione. La rivoluzione è appunto il transito catastrofico dalla venerazione pia del trascendente alla ribellione nichilista contro il trascendente. Nella rivoluzione non si raggiungono la maturità spirituale immanente e la liberazione. Troppi hanno visto nella morale e nella religione immanenti di L. Tolstoj l'avvento di una maturità spirituale, ma fu un errore orribile. In realtà la coscienza immanente di Tolstoj fu soltanto una negazione nichilista di tutti i valori sacri, prima venerati come trascendenti. Tutto questo è unicamente un ritorno alla schiavitù primordiale, questa ribellione è sempre una ribellione schiava, senza la libertà e la dignità dei figli di Dio. Il nichilismo russo è appunto l'incapacità di esperimentare in modo immanente e libero tutte le ricchezze e i valori del mondo di Dio, l'incapacità di sentirsi figli di Dio e proprietari di tutta l'eredità della storia universale e patria. L'apocalitticità russa, poi, è spesso un'attesa febbrile del miracolo che deve por fine alla vita in questa sua alienazione da tutte le ricchezze e superare il morboso *hiatus* trascendente. Per questo ai russi costa tanta fatica una evoluzione creativa immanente e tanto debole è in loro il senso della continuità storica. Esiste una certa malattia dello spirito russo, una malattia che ha gravi conseguenze negative ma che rivela anche qualcosa di positivo, inaccessibile agli occidentali che sono più immanentistici. Ai grandi scrittori russi si sono dischiusi abissi e orizzonti rimasti chiusi agli occidentali, i quali sono più limitati e incatenati dalla loro disciplina psichica immanente. L'anima russa è più sensibile ai soffi mistici e s'incontra con gli spiriti che rimangono chiusi alla corazzata anima occidentale. L'anima russa soccombe facilmente alla seduzione, facilmente è vittima della confusione e dell'inganno. Non è un caso che il presentimento dell'Anticristo sia un presentimento soprattutto russo. Il senso e l'orrore dell'Anticristo furono presenti nel popolo russo, nel basso e negli scrittori russi alle cime più eccelse della vita spirituale, e lo spirito dell'Anticristo sedusse i russi come mai sedusse gli occidentali. Nel cattolicesimo c'è sempre stato un forte senso del male, del diavolo, ma è quasi mancato quello dell'Anticristo; l'anima cattolica rappresentava una fortezza munita contro i soffi e le seduzioni dell'Anticristo. L'ortodossia non trasformò l'anima in una fortezza di quel genere, la lasciò più aperta. Ma l'anima russa sperimenta l'apocalisse passivamente, non attivamente; gli strumenti attivi di lotta contro gli spiriti dell'Anticristo non ci sono, non sono stati preparati: niente corazze, niente scudi e spade, niente tempra cavalleresca dell'anima. La battaglia russa contro l'Anticristo è sempre una fuga, un esperimentare l'orrore, e troppi che non fuggirono alla tentazione ne rimasero vittime, confusero, rimasero prigionieri della sostituzione. L'uomo russo è in potere di una falsa morale, di un falso ideale di vita giusta, perfetta e santa, e questo lo indebolì nella lotta contro le seduzioni. Dostoevskij scoprì questa falsa morale e falsa santità e ne predisse le conseguenze, Tolstoj non ne parlò.

La morale rivoluzionaria russa rappresenta un fenomeno assolutamente singolare. Essa si andò formando e cristallizzando in seno all'intelligencija di sinistra nel corso di decenni e seppe guadagnare prestigio e fascino in vasti strati della società russa. Il russo medio istruito si abituò a venerare la figura morale dei rivoluzionari e la loro morale rivoluzionaria, era disposto a riconoscersi indegno di questa altezza morale di tipo rivoluzionario. In Russia s'andò formando un culto speciale della santità rivoluzionaria, culto che possiede i suoi santi, la sua sacra tradizione, i suoi dogmi. E per lungo tempo ogni dubbio a proposito di questa sacra tradizione, ogni critica di questi dogmi, ogni irriverenza per questi santi, comportarono la scomunica non solo da parte dell'opinione pubblica rivoluzionaria ma anche da parte dell'opinione pubblica radicale e liberale. Dostoevskij fu vittima di questa scomunica perché per primo mise in luce la menzogna e l'inganno nella santità rivoluzionaria. Egli comprese che il moralismo rivoluzionario ha il suo rovescio nell'amoralismo rivoluzionario e che la somiglianza tra la santità rivoluzionaria e quella cristiana è la somiglianza ingannevole dell'Anticristo con il Cristo. La depravazione morale nella quale sfociò la rivoluzione del 1905 intaccò il prestigio della morale rivoluzionaria e l'aureola della sua santità impallidì, ma non avvenne la guarigione che alcuni speravano, la malattia della coscienza morale russa durava da troppo tempo ed era troppo grave. Una guarigione può avvenire solo dopo una terribile crisi, quando tutto l'organismo del popolo russo toccherà la soglia della morte. Noi viviamo nell'epoca di questa crisi quasi mortale. Adesso anche per i semiciechi molte cose sono più evidenti che dopo il 1905, adesso *Vechi* non incontrerebbe tanta avversione da parte di larghi strati dell'intelligencija russa come avvenne quando fu pubblicato. Adesso incominciano ad ammettere la verità di *Vechi* perfino coloro che lo calunniarono. Dopo il sabba della rivoluzione la santità dell'intelligencija rivoluzionaria russa non appare più tanto canonicamente indiscussa. Bisogna cercare il risanamento spirituale della Russia nella condanna interiore di questa pseudo-santità e nella liberazione dal suo fascino. La santità rivoluzionaria non è una santità genuina, è una santità falsa, una parvenza ingannevole di santità, un inganno. Le persecuzioni esteriori del vecchio regime contro i rivoluzionari, le sofferenze esteriori che essi dovettero patire, contribuirono molto a creare questa falsa apparenza di santità. Ma nella santità rivoluzionaria non si compì mai una vera trasfigurazione della natura umana, una seconda nascita spirituale, una vittoria sul male e il peccato interiori, mai ci si propose una trasfigurazione della natura umana. La natura umana rimase quella vecchia, schiava del peccato e delle altre passioni, e voleva conseguire una vita nuova superiore con mezzi puramente esteriori, materiali. Un uomo fanatizzato da un'idea falsa è capace di sopportare privazioni esteriori, miseria e sofferenza, può essere un asceta, non perché superi con la forza del suo spirito la sua natura servile peccatrice ma perché l'ossessione di un'unica idea e di un unico scopo può emarginare per lui tutta la ricchezza e la varietà dell'essere e renderlo naturalmente povero. È un ascetismo e una povertà senza grazia, un ascetismo e una povertà nichilisti. La santità rivoluzionaria tradizionale è una santità atea, è la pretesa atea di conseguire la santità con il solo umano e in nome unicamente dell'umano. Su questa strada l'immagine dell'uomo resta mutilata e decade, perché l'uomo è immagine e somiglianza di Dio. La morale e la santità rivoluzionarie sono profondamente opposte al cristianesimo. Questa morale e questa santità pretendono di surrogare il cristianesimo e di sostituirsi al cristianesimo che crede nell'adozione filiale dell'uomo da parte di Dio e nei doni di grazia che l'uomo può conseguire attraverso Cristo Redentore. La morale rivoluzionaria è altrettanto avversa al cristianesimo di quella di Tolstoj, la stessa menzogna e lo stesso inganno le avvelena e le rende impotenti. La parvenza ingannevole della santità rivoluzionaria fu inviata al popolo russo per tentare e provare le sue energie spirituali e i russi non ressero alla prova: sinceramente affascinati dallo spirito rivoluzionario, essi non vedono la realtà, non discernono gli spiriti, le immagini ingannevoli, menzognere e duplicantesi li affascinano e seducono. Le seduzioni, la morale, la santità dell'Anticristo, conquistano e trascinano l'uomo russo. I russi, prigionieri spiritualmente del massimalismo rivoluzionario, hanno esperienze interiori molto vicine a quelle dell'apocalittica giudaica, di quell'apocalittica che superarono e vinsero l'apostolo Paolo e la Chiesa cristiana. Fu proprio la vittoria su questa apocalittica giudaica che fece del cristianesimo una forza storica universale. L'apocalittica russa racchiude in sé grandissimi pericoli e tentazioni, può incanalare tutta l'energia del popolo russo su una strada falsa, può impedire al popolo russo di assolvere la sua vocazione nel mondo, può fare del popolo russo un popolo astorico. L'apocalittica rivoluzionaria distoglie i russi dalla realtà e li sottomette al regno dei fantasmi. Ma liberarsi da questa apocalittica falsa e malata non significa distruggere ogni coscienza apocalittica. Nell'apocalittica russa si celano anche possibilità positive. Nella rivoluzione russa vengono scontati i peccati russi e le seduzioni russe, come l'hanno rivelato i grandi scrittori russi, ma grandi peccati e grandi seduzioni sono possibili soltanto in un popolo grande nelle sue possibilità. Il negativo è una caricatura del positivo. Il popolo russo è precipitato in basso ma possiede grandi possibilità e possono aprirglisi vasti orizzonti. L'idea del popolo, il concetto di Dio su di lui, rimangono immutati anche dopo che è caduto, che ha tradito il suo scopo e ha trascinato nel fango la sua dignità nazionale e statale. Una minoranza può restare fedele all'idea creatrice e positiva del popolo e da questa minoranza può iniziare la rinascita. Ma la strada della rinascita passa attraverso la penitenza, attraverso la consapevolezza dei propri peccati, attraverso la purificazione dello spirito del popolo dagli spiriti demoniaci. Anzitutto bisogna incominciare a discernere gli spiriti. La vecchia Russia, in cui c'era tanto male e deformità ma anche molto bene e bellezza, muore; la Russia nuova, che sta nascendo tra sofferenze mortali, è ancora un enigma. Essa non sarà come la immaginano gli attori e gli ideologi della rivoluzione, non sarà spiritualmente integra, e i principi cristiani e anticristiani vi saranno più decisamente distinti e contrapposti. Gli spiriti anticristiani della rivoluzione producono il loro regno delle tenebre, ma anche lo spirito cristiano della Russia deve mostrare la sua forza. La forza di questo spirito può agire anche nella minoranza, se la maggioranza rinnega lo spirito.

III

A BANCHETTO CON GLI DEI. PRO E CONTRA

Sergej Nikolaevič Bulgakov

Cinque dialoghi, con i seguenti personaggi:
un politico, un generale, un diplomatico, uno scrittore,
un teologo laico, un profugo

«Beato colui che visitò questo mondo
nelle sue ore decisive:
gli dei benèfici l'invitarono al loro banchetto.
Del nobile dramma spettatore,
prese parte al loro consiglio
e come un abitatore del cielo
poté ancor vivo
bere al calice dell'immortalità».

Tjutčev

Dialogo primo

«Russia, dimentica la gloria passata,
l'aquila bicipite è domata!».

Vladimir Solov'ëv

«Dilegua negli spazi, scompari,
O Russia, Russia mia!».

Andrej Belyj

Diplomatico Ora sovente ricordo due nostri incontri: uno a L'vov all'apogeo della nostra avanzata in Galizia; Lei parlò allora calorosamente della Nike di Samotracia, del vento di gioia, del turbine di vittoria...

Politico Lo ricordo perfettamente, ma ora vorrei amputare dal mio cervello quel ricordo.

Diplomatico Il secondo incontro avvenne a Mosca proprio all'inizio della rivoluzione. Allora Lei parlò del benefico Dioniso che incedeva nelle pianure russe, di una nuova era, di un rinascimento slavo.

Politico Tutto è perduto! Tutto è morto e siamo morti anche noi; camminiamo come cadaveri viventi e anime morte. Non riesco tuttora a capire, il mio intelletto si rifiuta di comprendere. Esisteva una potenza grandiosa, necessaria per gli amici e formidabile per i nemici, e adesso è una carogna in putrefazione da cui i corvi, accorsi da ogni parte, strappano a volontà un pezzo dopo l'altro. Invece della sesta parte del mondo un buco spaventoso e puzzolente. Dov'è il popolo magnanimo e sereno che conquistava i cuori con la fede ingenua, la purezza e la bontà d'animo, i talenti e la mitezza? Adesso è un'orda brigantesca di assassini, traditori, saccheggiatori, coperta dalla testa ai piedi di fango, di volgarità bruta, di bestialità. C'è stata una specie di trasfigurazione nera e il popolo di Dio si è trasformato nel branco di porci di Gadara.

Diplomatico Lei parlava con lo stesso ardore di Nike e di Dioniso e adesso, a quanto pare, abbiamo anche Circe che trasforma in porci dei cittadini inebriati di Dioniso.

Politico Non mi so raccapezzare, temo di uscir di senno. Del resto ormai non temo più nulla...

Diplomatico Sentite un poco!

Politico La vita per me ha perso ogni gusto, non risplende il sole, non cantano gli uccelli. Tutto è ricoperto di una nebbia sporcosangue di esalazioni mefitiche. Di notte t'addormenti e tutto dimentichi, ma quando ti svegli tutto torna alla mente e ti prende una disperazione così cupa che vuoi una cosa soltanto: andartene da questo che è il migliore dei mondi, non vedere, non sapere, non sentire... Ricordo come dopo una grave perdita m'era terribile svegliarmi al mattino e sentire di nuovo quella perdita irrimediabile, ma allora una gioia che non è di quaggiù m'illuminava e faceva spuntare le ali all'anima. Adesso, invece, non più, l'anima muore, muore di una morte senza resurrezione, è un verme che non dà pace. Come resistere, che cosa fare? Perché il destino vuole che io sopravviva alla Russia, perché non mi fu concesso di chiudere gli occhi quando ancora esisteva la Russia, come i miei amici che Dio ha voluto chiamare? Una sola melodia riempie ora la mia anima:

> «Dolce m'è il sonno e più l'esser di sasso
> mentre che il danno e la vergogna dura
> non sentir, non veder m'è gran ventura».

Diplomatico Il tipico isterismo russo! Perché non si può soffrire stringendo i denti, senza gemiti e lamenti, senza piangere sul petto di nessuno? Se proprio non ce la fai, sputa in faccia a questo mondo e come l'ultimo dei romani gettati con orgoglio e serenità sulla tua spada. Io credo poco a questa esaltazione del dispiacere, e ancor meno alle ripetute assicurazioni d'aver perso il gusto di vivere. Siete tutti presi dalla «più sfrontata sete di vivere», dalla «forza della bassezza dei Karamazov». Del resto non si può amare la vita se non ciecamente, senza pensarvi, senza giustificazioni. Come prima, anche adesso, sotto i bolscevichi e senza la Russia, la vita ci è cara e cerchiamo di salvarla a croste di pane nero. Facciamo bellamente a meno della Russia, ma è veramente difficile fare a meno del pane e dello zucchero. Ammiro i marxisti che non hanno paura di guardare in faccia la verità, mentre la frase è il nostro tormento; sembra che non possiamo farne a meno perfino sul letto di morte.

Scrittore Chiedo scusa, ma non posso assolutamente essere d'accordo con il Suo bolscevismo teorico; non è magnanimo ed è addirittura rozzo. Il nostro dolore è di tutti, tutti siamo desolati del nuovo inabissarsi di Atlantide nel caos, della rovina catastrofica del nostro continente scomparso improvvisamente dalla carta storica. Ancor poco tempo fa risuonava alle nostre orecchie il gemito del poeta:

«Dilegua negli spazi, scompari,
O Russia, Russia mia!».

E la Russia di fatto e inaspettatamente è scomparsa e al suo posto si agitano i traditori «autonomisti» e i vari vampiri. Noi stiamo assistendo ai funerali della Russia.

Diplomatico Non amo e non so dire le parole tristi perché soffro troppo, se volete saperlo. Se sapessi piangere, avrei versato tutte le mie lacrime quattro anni fa quando l'incendio mondiale gettava i primi bagliori. Già allora m'era chiaro che cosa sarebbe costata la guerra anche alla Russia e all'Europa: che mi è più cara della Russia, non lo nascondo e me ne vanto. Per quel che riguarda la Russia, non avevo dubbi sul suo insuccesso militare, perché non potevo ammettere che dallo scontro con i popoli più potenti delle nazioni civili potesse uscire con onore un popolo semibarbaro, malamente governato ed economicamente retrogrado. L'unica mia speranza era ancora l'aiuto da parte di alleati più civili, ma la persi già nel 1915 quando vidi che erano condannati ad arrivare in ritardo sempre e dappertutto, paralizzati da una specie di amletismo democratico. Ma da tempo vorrei chiedere Loro dove sono andati a finire la coscienza e la ragione di coloro che, dimenticando la nostra realtà, d'un tratto si misero ad eruttare come vulcani frasi sulla missione liberatrice della Russia, su Costantinopoli, sulla croce da piantare su Santa Sofia, cavando insomma dalla naftalina tutti i vecchi stracci degli slavofili. V'eravate rimpinzati di eccitanti? Dove avevano gli occhi Lorsignori? Adesso tutti maledicono e gemono perché questi sogni da bambini non si sono avverati, ma Loro devono ammettere che il verdetto della storia è imparziale. Per ora la storia giustifica piuttosto il germanesimo e addirittura il bolscevismo, in nessun caso le nostre pose alla Manilov o alla Tentetnikov[1]. Chiedo venia per la crudezza, ma per noi tutti è passato il tempo dei complimenti.

Politico Ammetto che il nostro stato d'animo del 1914 meraviglia anche me; fummo tutti presi da una specie di psicosi, non abbiamo saputo resistere al cambiamento del tempo politico. Lo ricordo adesso osservando come certi artisti e poeti non resistono alla pressione del bolscevismo, sono come prigionieri incantati. Del resto tutto il mondo era allora invasato da questo messianismo e la nostra «femminilità» russa non vi poteva resistere.

Scrittore Non sono affatto d'accordo con questa autoaccusa. Io mi rendo perfettamente conto anche oggi di tutto quello che allora pensai, scrissi e dissi e, figuratevi, tuttora sottoscrivo completamente! In questo spero di non essere solo, ma d'avere con me «un nugolo di testimoni» da Puškin e Tjutčev a Dostoevskij e V. Solov'ëv, e nel cerchio di questi timorati di Dio non ho paura dello scorpione della vostra ironia. Che fare! Oggi è il momento dell'ironia e della gioia maligna, ma non anticipate il verdetto definitivo della storia. Io credo come prima che la Russia è veramente *chiamata* a rivelare al mondo una socialità nuova, *sobornaja*[2], e che l'ora della sua nascita *poteva* scoccare nell'an-

1 Personaggi di Gogol' (*ndt*).

2 Il termine (e il sostantivo dal quale deriva, *sobornost'*) presuppone tutta la speculazione filosofica degli slavofili che vi videro la proprietà distintiva della Chiesa ortodossa russa e del popolo russo. Esso possiede i significati di *universale*, *comunitario*, *conciliare*, *ecumenico* e s'affonda nella fede, nel nazionalismo russo e in una concezione particolare dell'ontologia e della gnoseologia fortemente polemiche nei riguardi della filosofia e della civilizzazione occidentali (*ndt*).

no 1914; che la sua partecipazione alla guerra mondiale *poteva* significare un grande servizio all'umanità aprendo un'epoca nuova, cioè l'epoca bizantina, nella storia russa e addirittura universale. Tutto questo presuppone naturalmente la cacciata dei turchi dall'Europa e Costantinopoli russa, come lo previdero anche Tjutčev e Dostoevskij...

Politico E invece che cosa è avvenuto?

Scrittore È avvenuto che la Russia ha tradito la sua vocazione, ne è diventata indegna e poi è caduta, e la sua caduta fu grande come grande era la sua vocazione. Ciò che succede al presente è come il negativo del positivo russo: invece dell'umanità universale e *sobornaja* l'internazionale proletaria e la repubblica «federativa». La Russia ha tradito se stessa e non poteva non tradire. Nell'esistenza dei singoli e dei popoli interi i grandi compiti vengono affidati alla loro libertà, la grazia non violenta, ma non si schernisce Dio. Perciò fin da principio bisogna ammettere varie possibilità e deviazioni. Loro sanno come questo problema abbia sempre interessato S.V. Kovalevskij sotto l'aspetto matematico e quello umano universale. La sua anima si cruccia nel duplice dramma: *come questo poteva avvenire e come questo avvenne*, con gli stessi personaggi ma con esito differente. La storia traccia ora questo duplice dramma per la Russia: adesso assistiamo al triste «come questo avvenne», allora potevamo e dovevamo pensare al «come questo poteva avvenire».

Diplomatico La disgrazia sta precisamente nel fatto che da noi prima inventano un'orbita fantastica e poi calcolano le sue pretese deviazioni. Si inventano la chimera di un popolo che non esiste e poi si danno un gran da fare attorno ad essa; l'hanno fatto per un secolo, e per giunta le migliori intelligenze della nazione. Ma capiscono Lorsignori che con questa invenzione attirano sul Loro popolo la calunnia e la maledizione? Perché, se non giustifica la vocazione che gli ascrivono, il popolo risulta inevitabilmente colpevole. Il popolo vuole un pezzo di terra in proprio e Loro gli promettono Bisanzio e la croce impiantata su Santa Sofia, il popolo vuole la sua donna accanto alla stufa e Loro gli vanno a parlare di guerra fino alla vittoria finale. Sanno Lorsignori che cosa dice a questo proposito il Libro che amano tanto citare?: «Imponete agli uomini dei pesi insopportabili, mentre voi non li toccate neppure con un dito». I bolscevichi sono più onesti, non inventano favole sul popolo, si presentano a lui con il programma diretto del Šeramur di Leskov: *rimpinzarsi*. E il popolo li segue, perché gli promettono di rimpinzarsi e non di piantare la croce su Santa Sofia.

Scrittore Adesso fa festa la vostra contrada; è facile navigare col vento in poppa. Ma dove eravate col vostro scetticismo quando tutta la Russia pareva travolta dall'entusiasmo in quei giorni indimenticabili a Mosca, a Pietrogrado?...

Diplomatico Beh, adesso conosciamo anche tutto il retroscena di quelle parate e molte altre cose sugli inizi della guerra.

Scrittore Ricordate gli inizi della guerra, le nostre vittorie in Galizia, il morale dell'esercito che abbiamo qui conosciuto attraverso i sentimenti dei feriti, l'entusiasmo generale. Fate uno sforzo, astraete dal vile egoismo dell'istante storico e nel pensiero continuate la linea maestra della storia delineatasi *allora*. Dove porta? Eravamo alla vigilia di marciare su Costantinopoli e questo è tutto un programma storico, un simbolo della cultura. Ma non c'è disgrazia maggiore del ricordare nella calamità la felicità passata... Vorrete ora negare che il popolo ha la possibilità di battere varie strade e che del pari l'anima popolare possiede due dimensioni abissali: in alto e in basso? Il popolo nella sua autocoscienza più elevata è il corpo della Chiesa, una stirpe di santi, un sacerdozio, regale, ma nella sua caduta è una plebaglia rivoluzionaria che ubriacata dall'acquavite democratica di un Rousseau o di un Marx si trascina dietro uno straccio rosso e grida a squarciagola «Avanti!». Forse che il nostro popolo prima di questa ubriacatura rivoluzionaria non era amante del Cristo e illuminato, pronto al sacrificio e meraviglioso? Lo volete negare? No, certamente.

Diplomatico In un certo senso non lo voglio negare.

Scrittore Se non lo nega, non può nemmeno negare che questo popolo è degno della vocazione che i suoi profeti gli assegnarono non come un privilegio ma come una gravissima responsabilità... Per questo dobbiamo mantenere a tutti i costi la fedeltà cavalleresca al tesoro più sacro del popolo e nostro in quest'ora tremenda. Che la mia mano si secchi se dimenticherò te, Gerusalemme, che la mia lingua si attacchi al mio palato se al seguito dei bolscevichi mi metterò a bestemmiare e a razzolare nel fango.

Diplomatico Un momento, La prego. Ciò che Lei con ironia micidiale chiama razzolare nel fango non è che la continuazione diretta del massacro universale nel quale a Lei piace distinguere alto e basso, sinistra e destra. Per me non c'è considerazione che giustifichi l'incubo di questa calamità; al massimo posso riconoscerla come qualcosa d'inevitabile, posso piegarmi davanti ad essa così come devo piegarmi alla forza della malattia e della morte. Perciò a partire dal 1914 porto il lutto nel cuore; mi vergogno del mio sentimentalismo, ma anche le persone più sensate sono talvolta sentimentali e perfino superstiziose. In quel momento prese fuoco la mia casa, il mio sacrario, la civiltà europea, e da essa prese fuoco anche la nostra Russia di paglia. Nel passato era ancora possibile fare della guerra quasi una cosa di tutti i giorni, c'erano altri nervi e altre usanze; ci si ammazzava a vicenda per la gloria di Dio, ma per l'Europa attuale la guerra è insopportabile e delittuosa, è un'abominazione davanti a Dio, e io non vedo spiragli di luce in questa caduta e pazzia generale.

Scrittore Dunque Lei evidentemente suppone che l'Europa, che soffocava nella barbarie capitalista e nello sforzo militare alla vigilia della guerra, era spiritualmente più sana di adesso dopo la bufera purificatrice. Ma la Sua Europa allora era un borghesismo accumulatore, già tanto arricchita da permettersi di darsi alla bella vita. Le basti ricordare le stazioni di cura e tutti i commerci e le piccole soddisfazioni della gente meschina, per i quali l'Europa vendeva se stessa. Le faccio una confidenza: negli ultimi quindici anni non sono più andato all'estero proprio perché vi si viveva bene; temevo il veleno di quel comfort, vi si può perdere la fede...

Diplomatico Una confidenza preziosa, anche se non so chi caratterizzi di più. Conosce il detto dei Proverbi: «Il malvagio fugge senza che nessuno l'insegua»? Forse per paura Lei in Europa non ha notato niente al di fuori del borghesismo, che in ogni caso noi non abbiamo bisogno di prendere in prestito. Alcuni Suoi compagni di fede hanno addirittura preferito vivere in Occidente per rinfocolare il loro spirito popolare, per armarsi di tutti gli argomenti *e contrariis*, per scrivere ogni sorta di sciocchezze sul popolo russo, sul socialismo russo o sul Cristo russo, a seconda dei loro umori. Perché tacerlo: anche Tjutčev si sentiva meglio nell'ambasciata di Monaco che nel «paese della lunga pazienza», «nei luoghi inospitali anche se patrii». Non so che cosa sarebbe rimasto del nostro slavofilismo delle varie specie, se non fosse esistita «la magnifica lontananza» dell'Europa. Anzi questa Europa mi sembra talvolta una seminvenzione dei nostri emigranti.

Scrittore Eppure l'Europa alla vigilia della guerra era un paese che spiritualmente moriva ed è meglio qualsiasi cosa piuttosto che ritornare allo *status quo ante*. Non provo simpatia per nessuna restaurazione in genere e tanto meno per quella spirituale.

Diplomatico Però anche una cattiva pace è meglio di una buona lite, come confermano tutti coloro che dovettero sopportare i gravami della guerra, tutti i mutilati, le vedove, gli orfani. Io devo porLe ancora la mia domanda: come ha potuto Lei e tutta la schiera dei Suoi pari giungere a tanto isterico agitare di spade (purtroppo solo verbali!), a tale celebrazione entusiastica dell'eccidio universale? Abituato a parlare a nome del popolo (e chi non lo fa?), Lei gli attribuì l'unica brama di frantumare l'idolo del vampiro germanico e di piantare la croce su Santa Sofia; tanto il popolo taceva. Ma quando trovò la voce, mostrò nei fatti ciò che pensava e del vampiro e della Sofia!

Scrittore C'è proprio bisogno di rispolverare tutto questo vecchiume pacifista tanto stantio, di rifare le dispute di Dostoevskij, Solov'ëv, Tolstoj e simili, come se con considerazioni ultrapie si potesse superare la guerra? Lasci questa bigotteria vegetariana agli ottusi tolstoiani che non vogliono vedere al di là del proprio naso. Del resto a questo coro si associarono anche i pacifisti rivoluzionari, personalmente coperti di fango e di sangue dalla testa ai piedi. Io sono pronto a baciare le mani a un ufficiale al fronte, ma non posso vedere questi giannizzeri del socialismo, i vari marinai di terra ferma e tutta questa legione rossa; se li incontro per strada li evito come mostri.

Diplomatico Eppure Lei non può negare il carattere popolare del tipo che chiama legione. Purtroppo con il Suo sciovinismo, che s'è egualmente impossessato dell'opinione pubblica europea, Lei ha contribuito a quell'atmosfera per cui non fu possibile neanche pensare a una veloce cessazione della guerra. Per la stessa ragione abbiamo lasciato passare il momento propizio per liquidare la rivoluzione, quando questo tentativo sarebbe stato tanto naturale; ma la nostra opinione pubblica mancò di iniziativa e quante cose si sarebbero potute prevenire se si fosse subito impostata la questione della pace!

Scrittore Adesso che la guerra è andata male è facile trovare i colpevoli.

Diplomatico Mi lasci porre la questione fino in fondo. Non ho nessuna intenzione di sprecar le polveri a difendere il pacifismo; è chiaro che se qualcuno ci attacca dobbiamo difenderci e io non voglio fare il minchione. Vado più avanti; se la ragion di Stato e gli interessi del popolo comandano di approfittare di questa guerra, bisogna prendere quello che è senza padrone, senza la mistificazione di «compiti storici». In guerra tutti sono lupi e non c'è motivo di vestirsi da pecore. Per noi il Bosforo è sempre stato un boccone prelibato e un tempo lo sembrava anche la Galizia. Ma certuni che la pensano come Lei avevano sogni più vasti, cioè di concludere la pace a Berlino e Vienna marciando con i bravi cosacchi attraverso tutto il paese nemico. Oggi è triste e vergognoso il solo pensare a queste cose, ma in ogni caso abbiamo imparato qualcosa e abbiamo aperto gli occhi nel tempo della prova. Sono tutti sentimenti da lupi e il Leviathan è sempre Leviathan. Proprio come i tedeschi che si mangiano il territorio russo un pezzo dopo l'altro e non possono fermarsi. Ma voi avete intrecciato di rose questa catena di ferro e per sovrappiù vi avete impiantata la croce: sacrilegio e ipocrisia. Tutto ciò ricorda il tempo attuale quando non solo rubano le proprietà ma le requisiscono a gloria della fede socialista che certuni confessano anche per ragioni di coscienza e non solo per interesse o rapacità.

Scrittore Non temo né i Suoi sentimentalismi né i Suoi paragoni: esteriormente si può equiparare un grande compito storico a una misera idea da mentecatto. Tutta la storia russa ci dice che «Costantinopoli deve essere nostra»; la storia non si fa coi guanti bianchi e il maestro di scuola non è il suo eroe. I regni si creano e si distruggono nel fragore delle battaglie, nei terremoti. Quando *incominciò* il terremoto, quando ci trovammo implicati nella guerra con la Turchia, per ogni persona che non fosse cieca divenne chiaro che la storia poneva il problema di Costantinopoli. Anche prima eravamo certi che questa città è il sacro simbolo di una nuova epoca storica per la Russia, ma non stava a noi né stabilirne i tempi e le scadenze né opporvisi. Perciò io sentivo come un amletismo fuori posto e una pusillanimità storica la rassegnazione di coloro che si chiedevano se noi miserabili siamo degni di piantare la croce su Santa Sofia, oppure se prima dobbiamo chiudere le bettole o almeno eliminare il ghetto obbligato per gli ebrei…

Diplomatico Spero che la rassegnazione trovi adesso molto ascolto nel Suo cuore.

Scrittore Niente affatto. Non soffro della labilità isterica che sempre adora la forza. Sono incline a pensare che la Russia si avvelenò spiritualmente proprio perché si sottrasse al suo dovere storico. Lei osservi com'è cambiato perfino l'aspetto esteriore del soldato, che è diventato belluino, terrificante; specialmente il marinaio. Le confesso che i «compagni» talvolta mi sembrano completamente privi dello spirito e forniti solo delle proprietà psichiche inferiori, una singolare variante delle scimmie di Darwin, l'*homo socialisticus*.

Profugo Le memorie di A.N. Šmidt registrano la comparsa di simili esseri privi di spirito ma provvisti di psiche già a partire dal 1848 e la mettono in rapporto con il maturare del segno dell'Anticristo. Anche a me è venuta in mente questa analogia con l'uomo prediluviano.

Diplomatico Bene! Pochissimo tempo fa non eravate disposti a inginocchiarvi davanti alla divisa militare? Forse non avvertite il vostro atteggiamento aristocratico e indegno nel trattare il popolo: un momento crociati e un momento dopo bestie? Non è vero né questo né quello: era gente ignorante e senza istruzione, condotta a forza al massacro, che all'inizio portò pazienza ed ebbe dieci in condotta, ma poi si spazientì, si arrabbiò e «si autodeterminò»; è chiaro che allora trionfò il villano sbracato. Crociati! Voi non potete tuttora dimenticare questa menzogna ufficiale, tanto ributtante quanto l'adulazione dei vari potentati proletari profusa attualmente dai pennivendoli. Una vale l'altra. Nella nostra epoca si può forse parlare di crociate?

Scrittore Purtroppo non possiamo più parlarne dopo che il nostro popolo s'è inginocchiato ad adorare lo straccio rosso e il vitello d'oro, o meglio il suo surrogato cartaceo. Ma finché il nostro popolo si considerava ortodosso era possibile e doveroso parlarne.

Diplomatico Proprio allora era una cosa particolarmente sacrilega. Infatti anche la coscienza rivoluzionaria ha le sue età: ciò che un tempo fu crociata oggi è «imperialismo» o addirittura «vampirismo» che con motivazioni elevate cerca di coprire un basso interesse. Non mi aspettavo dalla Sua convinzione slavofila una traduzione tanto libera dei sogni romantici slavofili nella lingua dell'imperialismo. Credevo che gli slavofili pensassero al possesso di Costantinopoli non come risultato di violenza e conquista, ma come conseguenza dell'unione culturale del mondo slavo, in una parola come un frutto lentamente maturatosi della storia. Suppongo che perfino adesso questa prospettiva non abbia disertato definitivamente l'orizzonte storico, anche se risulta immensamente lontana. Ma gli dei ci hanno risparmiato la triste sorte di entrare in Costantinopoli conquistata con la turba dei russi che circondavano il trono prima della rivoluzione, per farvi ogni sorta di porcherie e renderci invisi a tutti. A proposito, Lei non ritrova il medesimo argomentare nei bolscevichi che catturano col ferro e col fuoco una qualunque città russa dichiarandola con ciò annessa al campo del paradiso socialista, finché non li cacciano da lì?

Scrittore Ripeto che questa Sua ironia è del tutto inopportuna e ricade su di Lei. Io come prima non ritengo sbagliata l'idea che dobbiamo conquistare Costantinopoli per iniziare un'epoca nuova, l'epoca costantinopolitana della nostra storia, così come il periodo pietroburghese ebbe inizio con la fondazione di Pietroburgo. La storia procede a strappi, a spintoni, non è sentimentale, ma lapidaria.

Diplomatico Invece la natura è evolutiva: *natura non facit saltus*, oppure, come si dice in russo: ogni verdura matura al suo tempo. Sia come Lei crede, ma in questo neobizantinismo io non posso non vedere un capriccio o un'autoillusione che vogliono nascondere «annessioni e contribuzioni»[3]. Più onesti e sinceri erano quei politici che ritenevano gli stretti semplicemente indispensabili per la Russia. Al Suo posto io maneggerei i simboli sacri con maggior cautela per non trascinarli tanto nel fango. Lei può forse ricordare senza arrossire per la vergogna le Sue fantasticherie costantinopolitane?

Scrittore Sono loro fedele come nel passato e vi sarò fedele fino alla morte. Anche allora continuerò a pensare che la Russia ha tradito la sua missione vendendo la primogenitura per un piatto di lenticchie che poi non ha nemmeno ottenuto; e ne sia ringraziato Iddio!... Ma le vie della storia sono insondabili e non è difficile indovinare la malvagità della ragione che la governa. Forse il compito un tempo affidato alle armi russe viene assunto ora da quelle germaniche.

Politico Come, come? Che cosa intende dire?

[3] Lo slogan del momento era: «pace senza annessioni e contribuzioni» e più tardi i bolscevichi lo fecero proprio (*ndt*).

Scrittore Intendo dire che i tedeschi strappandoci la Russia meridionale la saldano più strettamente a tutti gli slavi meridionali e occidentali austriaci e balcanici, convogliano i ruscelli slavi nel mare russo forse meglio di quanto abbiamo saputo fare noi. Il resto lo farà la logica delle cose e il mondo slavo unito, scrollato il giogo germanico, arriverà anche a Costantinopoli. Così si adempierà la predizione di Tjutčev sulla quale è ancora prematuro ironizzare.

Diplomatico Eccoci di nuovo al fantasticare russo che vuole sfuggire all'amara realtà. Che disgrazia per l'umanità l'ideologia! E che razza di ideologia può avere questa guerra? All'inizio sembrava che avesse ancora qualche giustificazione: l'autodifesa, la difesa del mondo slavo (che il diavolo se lo porti!), la lotta per la libertà. Ma tale entusiasmo per legge di natura poteva durare due, tre mesi. Quando la guerra oltrepassò questo limite, l'unico che le era concesso (ricordate che all'inizio la coscienza non ancora ottenebrata dell'Europa la pensava proprio così), la guerra necessariamente si guastò e divenne fonte terrificante di demoralizzazione e di imbestialimento. Il desiderio di arricchire e di sgozzarsi a vicenda acquistò un peso determinante e adesso ormai tutti hanno perso la testa. In questa guerra saccheggiatrice perfino la rivoluzione russa[4] non poté all'inizio cambiare nulla, si limitò a fare il bambino buono di fronte agli alleati e a balbettare impotente: «guerra fino alla vittoria finale», aggiungendo d'un fiato: «senza annessioni e contribuzioni» ma con la segreta speranza di ottenere Costantinopoli. Tutta questa farsa continuò finché i bolscevichi non tagliarono il nodo gordiano; in questa loro schiettezza Lei vede solo scandalo e tradimento e invece si espresse l'anima russa amante della giustizia, che non s'era lasciata confondere dall'areopago internazionale.

Scrittore Ancora una volta Lei è d'accordo con i bolscevichi che, dichiaratisi amanti della pace di fronte al nemico minaccioso, si misero ad annientare la popolazione inerme. Bella la Sua espressione dell'anima amante della giustizia! Un cinismo completo!

[4] In questi dialoghi per «rivoluzione russa» s'intende la rivoluzione del febbraio 1917 che segnò la fine dello zarismo mentre la rivoluzione bolscevica dell'ottobre 1917 vi è chiamata «sollevazione, colpo di Stato, rivolta» e simili. In bocca a certi personaggi il termine «rivoluzione russa» acquista in seguito un significato più globale (*ndt*).

Diplomatico Ma come non vede che il bolscevismo è l'eredità diretta e la diretta continuazione della guerra, il suo imputridimento che si rivolge all'interno! Abbiamo qui la migliore condanna della guerra e di tutta la sua delittuosità; sognavano un'epoca costantinopolitana e ottennero la guerra civile e la tirannide sociale, dal brigantaggio esterno si è passati al brigantaggio interno. C'è una crudele giustizia nel fatto che tutti noi, eroi delle retrovie plaudenti alla guerra da una magnifica lontananza, dobbiamo provarla sulla nostra pelle e pagare in contanti i nostri posti distinti di spettatori nel dramma della storia mondiale. Adesso, dopo aver provato gli orrori del bolscevismo, ci vergogniamo un poco dei nostri sogni di conquista che si riducevano ad aizzare una soldataglia inferocita, ogni sorta di bolscevichi, contro le popolazioni inermi dei paesi nemici. Adesso a casa nostra questa soldataglia e l'imbestialimento generale sono stati proclamati socialismo e chiamati «dittatura del proletariato». Tutta l'Europa è corresponsabile di questa soldataglia e non sfuggirà alla sua vendetta: la vittoria generale del bolscevismo. Secondo me i bolscevichi hanno ragione di sperarla, anche se possono sbagliare nelle scadenze che per loro sono la cosa più importante. Perché nasconderlo? Anche nella maschera belluina del bolscevico è sempre l'uomo che si ribella al culto universale del militarismo.

Profugo In questa osservazione c'è molto di vero. Non è un caso che il bolscevismo sia apparso in Russia prima di ogni altro luogo. Non c'è dubbio anche che il nostro popolo, perché economicamente il più debole, fosse il meno atto a sostenere lo sforzo continuato delle spese militari, ma è anche il meno depravato e con un sangue ancora vergine. Voi sapete come i selvaggi vengano falcidiati dall'alcool e dalla sifilide cui gli europei si sono a modo loro abituati. Ciò non significa che i selvaggi siano peggiori degli europei; anzi è perché il loro sangue è puro e nobile. L'anima russa non ha potuto sopportare a lungo il giogo del militarismo, ne sia lodato Iddio! Volevate che il soldato russo diventasse una marionetta gettata da un fronte all'altro a morire per conquistare nuovi mercati al *Vaterland*?[5]. Questa *deutsche Treue*[6] non è piuttosto una deformazione della natura? Il nostro popolo non ama la guerra, questo è un fatto.

[5] *Vaterland* significa patria. La presenza di questa e delle altre espressioni tedesche sarà poi giustificata da uno dei dialoganti (*ndt*).

[6] *Die deutsche Treue* significa 'la fedeltà tedesca' (*ndt*).

Diplomatico In tutti i casi preferisce la guerra contro i suoi ufficiali e la popolazione inerme alla guerra contro un nemico ben armato. Non ho particolari simpatie né per una cosa né per l'altra, non amo né gli unni né i *polovcy*. È significativo il fatto che il giogo bolscevico abbia trasformato l'atteggiamento dei piccoloborghesi verso i tedeschi: coloro che poco tempo fa erano accesi sciovinisti oggi li sospirano come liberatori. Conoscete i successi della «corrente germanofila»?

Politico Un fatto deplorevole, non lo si può negare. L'istinto della conservazione soffoca in noi gli altri sentimenti. Il bolscevismo ci ha costretti al «borghesismo», ha destato quello spirito che voleva bandire. Lo stesso bolscevismo è il «borghesismo dei proletari» che si sono aperti un varco al festino della vita e vi si sdraiano mettendo i piedi sulla tavola. Chi è scosso dallo spavento e agogna la tranquillità e la sicurezza per la sua proprietà (e chi non lo desidera) sospira il tedesco il quale diviene l'angelo custode dell'ordinamento borghese. La Russia soffoca letteralmente nel borghesismo sotto la zampa della fiera. Che vergogna, che dolore!

Diplomatico Credo poco ai sentimenti elevati di chi è preda così facile della paura. Forse si può anche affermare che in questo movimento del «furore popolare» esiste una profonda verità, come a suo tempo nella sollevazione di Pugačëv. Naturalmente io ritengo il socialismo un equivoco e un pregiudizio bambinesco, ma quando penso alla brama di arricchirsi dei nostri Minin e Požarskij[7] prima della rivoluzione non posso trattenermi talvolta dal provarne gioia. Gli sta bene! Chi rompe paga! Ai ricchi ogni sollevazione delle masse popolari crea disagi… In fin dei conti il popolo ottiene adesso la dovuta soddisfazione per il peso che ha portato della guerra… E se volete la morale della guerra: per essa nella storia russa s'è iniziata non l'era bizantina, ma l'era bolscevica.

[7] Eroi nazionali russi dell'Epoca dei Torbidi, chiamati ironicamente in causa nel paragone ai nuovi 'padri del popolo' (*ndt*).

Dialogo secondo

«La rivolta russa insensata e implacabile».

Puškin

«Tempesta! non svegliare i dormienti;
sotto di loro freme il caos».

Tjutčev

Generale Decisamente non posso esser d'accordo con tutti questi accostamenti. Nel Suo ragionare Lei ignora un avvenimento di importanza primaria e colossale: la rivoluzione. Essa ha rovinato la guerra e poi la Russia. L'esercito ha perso l'anima e la guerra il suo significato in seguito alla rivoluzione. Non so quale congiura, tedesca o massonica, sia stata architettata per abbattere la Russia, ma la rivoluzione, e per di più durante la guerra, fu un vero suicidio per lo Stato russo.

Diplomatico Non ho dimenticato la rivoluzione per un solo minuto, ma vedo anch'essa nel contesto della guerra come uno dei suoi episodi, certamente molto essenziale. Io vi scorgo un moto popolare legittimo e assolutamente inevitabile verso la liberazione. Il rovesciamento del vecchio regime è l'unico frutto della guerra che accetto incondizionatamente e senza restrizioni. Il vecchio trono è caduto in mille pezzi; so che da essi mille volte sono state costruite mille vantaggiose poltrone curuli per i vari Pompadour del socialismo e capoccia provinciali della rivoluzione; tutto questo passerà, ma al passato non c'è ritorno. Il 2 marzo 1917[8] resterà per me una data luminosa per sempre.

Generale Per me fu invece uno dei più orribili e tristi giorni della vita, un giorno veramente mortale. Non so come sia riuscito a sopravvivere a questa terribile data, quando tutti esultavano e si congratulavano a vicenda. Il semplice ricordo di quel giorno maledetto da Dio mi tormenta. Quel giorno, capii immediatamente che la guerra era finita e persa irrimediabilmente, che la nostra Russia era perduta.

Politico Devo confessare da parte mia di aver allora creduto al futuro della Russia. Basti pensare che allora venne eliminato il nido di

8 Abdicazione dello zar Nicola II (*ndt*).

vipere del tradimento e che presero le redini del governo persone piene di esperienza e degne di fede. Oggi credo che se la rivoluzione non è riuscita lo si deve a errori, debolezze, passioni; ma la rivoluzione in se stessa è stata certamente necessaria e benefica.

Generale Simili ragionamenti mi facevano andare su tutte le furie finché non persi ogni illusione sulla società russa colta... Si parla di errori parziali e invece già tutto era deciso nei giorni in cui venne infranto il nesso interiore della Russia, il suo legame storico, la forma che ne determinava l'esistenza. Mi pare che i filosofi la chiamino l'*entelechia*, mi sbaglio? Ebbene, la Russia perse la sua *entelechia* statale, la Russia o è un impero o non esiste affatto. *So sagten schon Sibyllen, so Propheten*[9]. Ce lo ha insegnato a sufficienza anche l'Epoca dei Torbidi[10]. Non lo hanno compreso soltanto i «capi» corti e autosufficienti che, sicuri di sé, s'insediarono nelle poltrone ministeriali come a casa loro. Ma sopravvennero altre persone, meno navigate, ma in compenso più decise, e senza complimenti dichiararono: andate fuori dai piedi! Qualcuno ne uscì un po' conciato; ma tant'è: un rivolgimento costa sempre qualcosa. Io vi dico che hanno fatto bene! È troppo ributtante il semplice pensiero di una Russia «costituzionaldemocratica»[11]; meglio i bolscevichi *style russe*: «fate largo, canaglie!». Forse ne salta fuori ancora qualcosa di buono; bisognerebbe erigere loro un monumento solo perché hanno disperso l'Assemblea Costituente, questa vergogna panrussa. Perché la Russia non uscirebbe viva dalla presa dei signori costituzionaldemocratici!

Diplomatico Una logica fatale che condanna i conservatori russi a simpatizzare per i bolscevichi, naturalmente nella speranza della restaurazione: non è un caso che nelle file dei bolscevichi si nascondano tanti squadristi neri[12]. Sono convinto che molti di loro vi operano non per paura, ma per convinzione, sempre con il miraggio che ho detto. In quest'odio per le forme politiche europee, e in genere per «lo Stato di diritto» e il diritto, c'è qualcosa di genuinamente asiatico, una

[9] 'Così hanno detto le Sibille e i Profeti' (*ndt*).

[10] È così chiamata l'epoca dei disordini, delle lotte fratricide, dell'invasione straniera e dell'incertezza dinastica, seguita alla morte dello zar Ivan il Terribile (1589) e terminata con l'elezione dello zar Michele, capostipite dei Romanov (1613) (*ndt*).

[11] Il partito dei *Kadety*: un termine usato dal generale in varie forme spregiative (*ndt*).

[12] In russo *černosoty*. Vedi nota a p. 55 (*ndt*).

nostra malattia di sempre e che oggi ci rende semplici oggetti di diritto internazionale. Come politico io non chiudo gli occhi sulle debolezze e gli errori dei costituzionaldemocratici, sulla loro volubilità e il continuo far l'occhiolino alle sinistre; sono costretti a combattere gli stessi pregiudizi russi radicati anche nelle loro file. Tuttavia in Russia è l'unico partito dotato di intelligenza politica.

Generale È vero esattamente il contrario. Essi non capiscono niente della Russia e non vedono al di là del proprio naso. Hanno mai compreso che cosa significhi per la Russia lo zarismo, in generale il potere «per grazia di Dio»? I loro schemi non lo contemplano... Eterni e incerti pendolari tra la repubblica e la monarchia, a ragione non trovano credito né qua né là. Per loro il problema del capo dello Stato in Russia non ha importanza essenziale ma solo pratica, guardate un poco! E questi sarebbero uomini di Stato con intelligenza politica... No; i colpevoli della rivoluzione sono soltanto loro!

Politico Finalmente avete trovato il colpevole! Dagli al ladro!

Generale Sì, sono loro! Loro l'hanno preparata, loro l'hanno voluta e adesso si offendono perché se ne va per conto proprio e li prende a schiaffi. Non siamo bambini! Capivano benissimo cosa volesse dire «il blocco progressista della Duma» col cedimento d'ottobre per ordine dei costituzionaldemocratici e tutta la mobilitazione dell'opinione pubblica con il suo fragore insopportabile. Se avessero capito qualcosa della Russia, avrebbero saputo quello che rischiavano blaterando di «cambio dell'autista», per usare una loro espressione d'allora.

Politico Sembra che anche Lei non vada troppo per il sottile con le espressioni.

Generale Io sono un vecchio soldato e la diplomazia non mi piace. Ricordo molto bene tutte queste conversazioni con loro alla vigilia della rivoluzione: discutevano quanto indolore doveva essere il «cambio d'autista» per l'esercito e per il paese e io, romantico incorreggibile dell'autocrazia e utopista, mi sentivo l'unica persona normale tra invasati. Essi immaginavano di poter sostituire l'Unto di Dio così come un vetturino e, fatto il cambio, di procedere nella direzione desiderata. Eccoli andati! Vi siete un poco sbagliati? Adesso non vi garba? No! Un «Bravo» ai bolscevichi!

Diplomatico È una triste caratteristica dei russi, e degli slavi in genere, dimenticare la Russia per le contese di parte. Imparassero almeno dai tedeschi l'autocontrollo dei partiti in nome del patriottismo! Per gioia maligna esaltare i bolscevichi! Tuttavia rimane un fatto storico sicuro che da noi la rivoluzione non fu il risultato di qualche piano o congiura. Lei attribuisce troppe cose ai costituzionaldemocratici e ai loro alleati e quindi valuta scarsamente la solidità del «sacro potere teocratico» che tanto ama, se ammette che fu possibile rovesciarlo con gli intrighi o con il blocco della Duma o addirittura, come affermano alcuni, con dei reggimenti comperati non si sa da chi. Il fatto sta che da noi nessuno ha fatto la rivoluzione e nessuno l'ha nemmeno attesa veramente e tanto presto: la rivoluzione *scoppiò* da sé, spontaneamente. Il trono da tempo fatiscente cadde a pezzi e al suo posto non rimase *nulla*, proprio nulla. Proprio in questo sta, secondo me, la tragedia dei fanatici dell'autocrazia. La rivoluzione l'ha fatta la guerra e poi se ne sono serviti governi degni e indegni e gli eventi presero a evolvere con una logica implacabile.

Scrittore Anch'io devo dire che per quanto mi sia sforzato di rimaner fedele alla sacra tradizione ho seppellito nel mio cuore l'autocrazia ancor prima della sua caduta. Gli ultimi anni e mesi del vecchio regime non furono forse una continua agonia? Un malato senza speranza, pianto prima della sua morte! E quando tutto fu compiuto, io provai addirittura una specie di sollievo e non trovai più lacrime e compassione; almeno ero libero dalla pesante necessità di scusarla continuamente e difenderla davanti agli altri e perfino davanti a me stesso, dopo averne perso ormai la fede. Credetemi: ero giunto al punto di sentirmi quasi responsabile personalmente di tutti questi suoi atti insensati, di tutta la sua mancanza di gusto e di talento, del suo quasi rachitismo scrofoloso, davanti a tutti coloro che conoscevano le mie convinzioni. È il caso di dire: lasciate che i morti seppelliscano i morti.

Politico Non fu solo la mediocrità e il dispotismo, ma anche il rasputinismo: eccovi lo *style russe*. Anche adesso è un incubo pensarci. Rasputin è il vero ispiratore della rivoluzione, non i costituzionaldemocratici.

Profugo Lei ha ragione forse più di quanto pensa: Rasputin fu il fulcro, il medium di determinate forze mistiche, eppure nel suo influsso fatale s'espresse soprattutto il carattere storico e perfino il significato dell'ultimo periodo imperiale. Lo zar cercava il profeta dell'ispirazione teocratica; glielo assegnava anche la profezia di Solovki! È forse sola colpa sua se al suo appello che sorgeva dal profondo rispose solamente un falso profeta? Non è colpa anche di tutto il popolo e di tutta la chiesa storica con alla testa i suoi pontefici? Qui o nessuno è colpevole personalmente oppure, se si vuol parlare di colpa, fu solo una colpa tragica o, meglio, un destino, una specie di condanna al sacrificio che colpì i più degni e niente affatto le mediocrità.

Politico Non capisco affatto questa idealizzazione del rasputinismo e la mistificazione di uno sporco contadino ignorante. Qui è di casa la psicopatologia sessuale e basta. Però nessuno può negare i risultati politici di questa chlystocrazia[13] e non si poteva al culmine della guerra mondiale lasciare il paese in balia di questi esperimenti chlystici. Vi dirò che da testimoni degni di fede so che quando fu ucciso Rasputin, si fecero il segno di croce con un sospiro di sollievo anche ecclesiastici molto pii, che naturalmente non avevano fatto carriera con lui.

Generale E Lei crede che io non soffrissi vedendo il rasputinismo e tutto il rachitismo del potere imperiale? Ma per me è un assioma che il popolo ha il governo che si merita. In quanto all'Unto di Dio io credo ancora che il cuore del re è nella mano di Dio e che a noi non è concesso correggere il suo cammino; è ora che tutti se ne convincano, come anche del fatto che lo zar nonostante tutte le sue debolezze era superiore al suo popolo. Non avete voluto l'autocrazia zarista e adesso tenetevi il giogo dell'internazionale.

Politico Per me non vedo una grande differenza.

Generale Allora si criticava e si deplorava, ma c'era la speranza che il governo imperiale, nonostante tutte le insinuazioni di tradimento che tuttora sono rimaste senza conferma, avrebbe condotto la Russia all'epilogo vittorioso della guerra e alle porte di Costantinopoli. Invece con la rivoluzione ho perso ogni speranza, e che m'importa di Costantinopoli senza lo zar; devo andarci con papà Miljukov e la donnicciola Kerenskij? È meglio che vi risieda il sultano turco con i vecchioturchi rimasti a custodire l'antica devozione musulmana. Nonostante tutto mi sono più simpatici. Che l'esercito fosse perduto e la guerra finita vergognosamente io non lo dubitai per un istante fin dal primo

[13] Vedi nota 7 a p. 54.

momento della rivoluzione, prima ancora che i vari Gučkov e Polivanov cominciassero a rovinare l'esercito, e poi venisse il «senatore» Sokolov e infine vi mettessero le mani i bolscevichi.

Diplomatico Non capisco la perentorietà dei Suoi ragionamenti. Non esistono forse eserciti repubblicani e valori repubblicani? Guardi la Francia.

Generale La prego: ciò che per il francese è salute, per il russo è la morte. L'esercito russo si reggeva su due forze: la disciplina ferrea senza di cui non può esistere nessun esercito, e la fede. Finché c'era un governo legale, autoritario, c'era anche il fondamento della disciplina: il soldato sapeva di dover obbedire e consentiva docile, ma saggio e umile, a questa necessità, ecco perché costituiva un materiale militare di primissima qualità per il quale nulla era impossibile. E poi aveva la fede che gli dava la possibilità di combattere non per paura ma per senso di dovere. Ora, questa fede del soldato si basava notoriamente sulla formula: per la fede, lo zar e la patria! Per lui questi tre ideali erano legati indissolubilmente: la fede ortodossa, lo zar ortodosso e la terra ortodossa, e non una *patrie* o un *Vaterland* qualunque.

Politico E quanti erano nell'esercito i non russi e i non ortodossi?

Generale Quanti erano non importa; il suo nucleo era costituito da soldati russi e ortodossi. Anche gli altri avevano la loro fede non nella «terra e libertà» ma in Dio e questo è tutto. Non hanno e non avevano nessun principio personale, nessuna disciplina cosciente, nessuna coscienza statale[14]. Per questa ragione i nostri miracolosi ragazzi, avendo perso la fede, si trasformarono tanto presto in bolscevichi e il nostro esercito sparì. A tutti divenne chiaro che anche l'esercito è un organismo spirituale e la potenza militare russa, come lo Stato russo, è legata alla sua forma entelechiale e fondata sulla fede, non sulla volontà popolare e altre invenzioni del genere. Senza questa forma non esiste nemmeno la Russia. È crollata, s'è polverizzata! Eppure vi dirò: è meglio che cada temporaneamente sotto il giogo straniero che la educherà, piuttosto che imputridire nel benessere in un regime costituzionaldemocratico condito di parlamentarismo europeo.

[14] *Zemlja i volja* (terra e libertà) era il motto dei *narodniki* (populisti); «principio personale, disciplina cosciente e coscienza statale» erano gli slogan di moda tra le rivoluzioni di febbraio e d'ottobre (*ndt*).

Politico Per Lei tedeschi, giapponesi, bolscevichi e perfino i turchi sono meglio dei costituzionaldemocratici; una psicosi strana quando questi sono fatti segno a ogni sorta di persecuzione.

Generale Sì, sono meglio. Perché i costituzionaldemocratici, con la loro forbitezza europea sono i principali corruttori della Russia. Il nostro bolscevismo è tanto popolare perché non vuol saperne di questo «Stato di diritto» ateizzato. Anche il bolscevismo vuole un impero ortodosso, ma di confessione socialista. Per noi c'è la santa Russia e il popolo ortodosso, per loro la patria socialista e la pseudoteocrazia socialista, e tutte le loro chiacchiere sulla cultura proletaria ricordano la *ancilla theologiae* del Medioevo, comprese le torture della santa inquisizione *ad gloriam ecclesiae socialisticae*. Insomma sulla groppa del bolscevismo si può ancora scorgere qualcosa di vivo; anche la loro persecuzione contro la chiesa proviene da un fervore socialista e da uno zelo nella fede, cose certamente migliori della «tolleranza religiosa» atea.

Politico Lei è arrivato al punto di vedere nella sfacciata violenza e nel banditismo manifesto una specie di zelotismo, pur di calunniare gli odiati costituzionaldemocratici. Questa ingiustizia palese rappresenta la massima critica contro Lei stesso e condanna la sua cecità fanatica.

Generale E Lei può forse negare il fatto che la rivoluzione per riempire il vuoto creatosi non possiede altro che libertà negative e pretesi valori culturali, mentre il popolo non ama né le libertà né questi valori e a tale predica risponde con le violenze e i *pogrom*, vendicandosi inconsciamente per l'anima che gli hanno strappato, per il tesoro di cui lo hanno privato. Per questa ragione s'è disperso anche il vostro esercito e non riuscirete a rimetterlo insieme nonostante tutte le vostre promesse di paga e i vari giuramenti socialisti che avete inventato.

Politico Il nostro esercito s'è disperso per colpa di una serie di errori e di omissioni del regime e di una demagogia senza coscienza. Non abbiamo visto, non ci siamo accorti: ecco tutto.

Generale Avete trascurato una cosa proprio da nulla! Vi dirò che quando Kerenskij profondeva la sua eloquenza davanti ai soldati chiamandoli a battersi per la terra e la libertà sotto le bandiere rosse, io nel mio intimo *avevo paura* per i nostri soldati, che lo seguissero, che tradissero la coscienza popolare secolare. Ma i nostri russi non tradirono, non lo seguirono, rimasero a sgranocchiare semi di girasole; e quando la faccenda divenne seria scapparono in modo vigliacco, disonorante, traditore. Agirono da russi e non secondo il modello francese. Russi nonostante tutto, che li prenda il colera! E l'esercito non verrà ricostituito finché non rinascerà lo Stato russo: non lo capiscono né i costituzionaldemocratici né i diplomatici alleati che continuano a biascicare le loro lezioni sulla democrazia, come non lo capiscono i bolscevichi che adesso scimmiottano i costituzionaldemocratici, altrimenti non terrebbero sotto controllo tutta la Russia. Il popolo russo è ignorante ma non senza testa, anche se adesso fa stupidaggini e idiozie come Aiace impazzito che falcidia il gregge.

Diplomatico In questo Suo massimalismo non vedo altro che la speranza nella restaurazione, ciò che del resto oggi molti desiderano a causa della paura e della stanchezza. Alcuni sarebbero disposti ad accettare addirittura una creatura dei tedeschi purché venga ristabilito l'ordine. Ma a questo punto sono io a diventar massimalista. La causa della monarchia è irrimediabilmente persa nella storia, bisogna aver il coraggio di ammetterlo e trarne le logiche conseguenze. La rivoluzione russa ha dimostrato con evidenza che ormai neanche il popolo russo nutre sentimenti monarchici. La monarchia in Russia può ritornare solo in conseguenza di un intervento straniero, così perdendo immediatamente il suo carattere popolare. Penso che questo non sia nei Suoi desideri. Ne consegue che bisogna cercare sane forme di democrazia nel parlamentarismo repubblicano il quale ci libererà dalla morsa della tirannide sociale e della dittatura oligarchica.

Profugo Lei ha probabilmente ragione nella Sua diagnosi, almeno nella parte negativa. Ma non Le sembra che anche la vecchia concezione statale come sistema di potenze mondiali in lotta per mantenere l'equilibrio stia ormai passando di moda e che gli antichi confini degli Stati saranno presto soltanto un ricordo?

Generale Lei vuol forse dire che questi confini scompariranno in favore della Germania, la quale a oriente non ha effettivamente confini. Però ci sono anche il Giappone e la Cina e adesso sta per scoccare la loro ora: il panmongolismo! Non lo dice anche Vladimir Solov'ëv?

Profugo No, io voglio esattamente dire che i vecchi Stati che conducono questa guerra sanguinosa appartengono al passato, non sono più nel piano della storia ma ormai suoi ruderi oppure, se volete, da essi nascerà un unico Stato il cui territorio corrisponderà al mondo civile. Del resto in questa prospettiva c'è posto anche per un ruolo del Giappone con il panmongolismo.

Generale E Vaska ascolta e continua a mangiare. Invece di questa dubbia consolazione sarebbe meglio un buon esercito; potremmo formulare un'altra prognosi.

Profugo Non cerco consolazioni ma semplicemente vedo le cose così; questa sensazione l'ebbi con straordinaria chiarezza al momento della rivoluzione russa. Se c'era qualcosa che ancora giustificava l'esistenza di uno Stato autonomo nella storia, era la realtà dell'impero ortodosso che non solo conservava tutti i compiti del sacro impero ma possedeva anche la sua apocalisse; la sua rivelazione deve ancora venire ma su un piano diverso da quello imperialistico. Ma ora se l'impero ortodosso non esiste più, perché tutte le altre «potenze»? Secondo l'apostolo, «chi lo trattiene ora è tolto di mezzo». Adesso il mondo può senza intoppi precipitare verso la confusione ultima e definitiva nella quale avrà la sua parte anche il panmongolismo.

Diplomatico Io qui posso giudicare solamente sul piano empirico, ma devo ammettere che quest'idea mi pare abbastanza verosimile. Infatti i colossi statali più recenti devono la loro origine al capitalismo nazionale e corrispondevano a un determinato stadio del medesimo, uno stadio che molti segni danno per passato. Il capitale da tempo è diventato internazionale e internazionale diventa anche il capitalismo. Per quest'ultimo le formazioni statali sono ormai ceppi; anch'esso cerca la libera «autodeterminazione» e un'ulteriore militarizzazione, che sarebbe inevitabile nel sistema dell'equilibrio politico, è per tutti insopportabile. Ecco il vero significato della formula «guerra fino all'epilogo vittorioso», anzi fino all'epilogo naturale quando sarà consumato tutto il combustibile. Se vincerà la Germania dominerà il mondo assieme al Giappone e allora invece di una mezza dozzina di leviathani di seconda categoria avremo una sola bestia bicipite germano-giapponese. Se vincerà l'Intesa, dappertutto si affermerà il sistema degli Stati Uniti. Per questa ragione dobbiamo considerare anche l'attuale situazione russa come qualcosa di provvisorio, di abbozzato. Infine non bisogna dimenticare la prospettiva di un bolscevismo mondiale dopo la guerra e questo rimescola le carte. In tutte queste tempeste resterà intatto il Giappone, militare per religione, per temperamento, per interesse e per la situazione straordinariamente propizia del momento. In una parola, anch'io ammetto la minaccia da oriente per l'Europa e anzitutto per la Russia. In quanto poi al *qui tenet*[15] russo, non sta a me giudicare. Del resto anche Tjutčev aveva intravisto qualcosa di simile. Noi politici realisti eravamo soliti da lungo tempo a tradurre il *qui tenet* con «il gendarme mondiale» che era in effetti la Russia di Nikolaj.

Profugo Quanto più si allargano gli eventi bellici tanto più chiaro diventa il loro carattere fatale per i destini della Russia. Tutto ciò che per noi è necessario e salvifico non avviene a tempo o non succede affatto, tutto quello che ci danneggia ha invece successo. È come se si compisse un qualche piano o congiura non ancora rivelatasi fino in fondo. Fate attenzione, vi prego: al culmine della guerra mondiale si rafforza l'influsso di Rasputin che porta alla rivoluzione... alla vigilia dell'attacco decisivo. Poi viene l'avanzata di giugno che termina con la catastrofe di Tarnopol'. Il tentativo di Kornilov di salvare l'esercito va all'aria a causa di amor propri insignificanti e di intrighi meschini. La sollevazione bolscevica avviene nel momento in cui la Russia ottiene la possibilità di uscire onoratamente dalla guerra, e naturalmente invece di questa possibilità abbiamo Brest, il bolscevismo trionfa dappertutto e consegna la Russia al nemico. I bolscevichi hanno una fortuna pazza dovunque, mentre tutti i tentativi di contrastarli sono destinati all'insuccesso. Certo che in tutto questo intreccio fatale di circostanze si può vedere e la colpa del governo e l'ignoranza del popolo e addirittura il preciso piano del nemico, ma io non posso allontanare il pensiero che qui agisce anche una mano invisibile cui è necessario legare la Russia, che si sta realizzando una qualche congiura mistica, che è in agguato una specie di provvidenza nera: «Uno in grigio», molto più scaltro di Guglielmone, sta guerreggiando contro la Russia e cerca di legarla e paralizzarla. Essa ostacola in qualche modo qualcuno che allunga bramoso la mano a dominare il mondo. Il crollo in poche ore, se volete in pochi mesi, di un impero mondiale non è forse nella storia un fatto inaudito, un miracolo sia pure tenebroso e negativo? Io lo sento da tempo e in maniera irresistibile...

15 La misteriosa espressione di san Paolo che indica un personaggio o una potenza la quale impedisce l'avvento dell'Anticristo o il suo apparire (*ndt*).

Generale Se Lei intendeva alludere ancora all'Anticristo di Solov'ëv, temo che un Anticristo di riguardo non trovi lavoro da noi, e non trovi nessuno con cui trattare, tanto la Russia si è sbracata. In certi circoli ecclesiastici, in certi monasteri, dicono che il regno dell'Anticristo è vicino, lo si legge in certi libercoli, si tramandano varie profezie, ma le origini psicologiche di questa attesa sono troppo evidenti e poi è roba che s'è ripetuta tante volte. In ogni caso, si può far la guerra anche all'Anticristo, basta avere un esercito scelto...

Diplomatico In diplomazia mistica capisco poco e con Newton *hypotheses non fingo*: non mi piace fantasticare. So di preciso una sola cosa: che la Russia deve a ogni costo ristabilire l'ordine giuridico all'interno, rinsaldare una sana forma statale e infine por termine ai separatismi caotici. Bisogna riportare la vita entro un alveo preciso. *Il diritto romano* ecco che cosa non ci ha inculcato la nostra storia. Fuori del diritto ci attende la morte politica e culturale insieme; è chiaro come 2 + 2 = 4 senza nebulosità mistiche.

Generale Per me è chiaro che proprio simili ragionamenti sono intessuti della nebbia delle astrazioni dotte. «Ordinamento di diritto», «Stato di diritto»: non è un'esca valida per il nostro popolo. A lui occorre una forma statale personale, concreta, legata alla sua anima, e quando quest'anima si libererà dalla narcosi rivoluzionaria, allora dall'interno, con un atto creativo di tutto il popolo, farà rinascere l'autorità scomparsa e rinascerà da sé anche la Russia. Tutto il resto sono soltanto palliativi per passare in qualche modo «il restante tempo della vita»[16].

Diplomatico Capisco dove Lei vuole parare. Ma non sarà mai: per fortuna il tempo è irreversibile. E poi i fautori del «sistema statale monarchico» devono riflettere sul fatto che dietro le quinte si sta preparando qualcosa di simile. Solo che il marchio di fabbrica è straniero: *made in Germany*.

Generale La cosa che temo più di tutte è un altro surrogato nel nostro secolo di surrogati d'ogni specie. Ciò che io voglio può avvenire soltanto attraverso una risurrezione popolare che adesso ci sembra un vero miracolo. Ma solo un miracolo ci può salvare.

16 Espressione tratta dalla liturgia bizantina (*ndt*).

Dialogo terzo

Politico Abbiamo già avuto il miracolo nella rovina della Russia: perché, tutta questa catastrofe, questo suicidio nazionale non vi sembrano forse un miracolo? Dove s'innalzava un tempio grandioso, improvvisamente si ritrovò solo fango maleodorante, attaccaticcio, vischioso e fetido. Forse nelle mani del padrone tedesco si trasformerà in *Dünger*[17] per ogni sorta di colture, ma a noi che interessa? La nostra fede è morta e vilipesa, il popolo russo non esiste più. Ha forse visto la storia un analogo svilimento di tutto un popolo? Io non posso augurargli né felicità, né successo e nemmeno la semplice prosperità. No; che il giusto fato ci mandi «il terremoto, la fame, l'inondazione, la guerra intestina e l'invasione straniera»[18], tutte cose che del resto abbiamo già. Che i malfattori e gli assassini ricevano la giusta mercede; li odio con tutte le forze dell'anima e sputo sulla loro immagine, svergognata, infame, socialista... Se potrò racimolare qualche mezzo, sogno di andarmene nel Canada; forse là incomincerà una nuova Russia, perché qui tutto è perduto e infangato.

Diplomatico Ho già detto che ritengo tutto ciò un'ingiustizia profonda e ributtante: prima cadono ai piedi del loro idolo e poi lo frustano come i selvaggi, ma non possono far a meno di gingillarcisi. Ancor di recente si prostravano davanti al popolo-teoforo, liberatore, la delusione sopravvenne quando il popolo incominciò a non aver più paura dei signori, a menar le mani, a ricordare le imprese del suo Pugač ëv; perché la memoria popolare non è corta come quella dei signori. Certo, il nostro popolo è ignorante e selvatico, lo sanno tutti. Prendete le statistiche dell'istruzione o della criminalità: che cosa dicono? Esso venne educato nelle «università» di Witte[19], queste vergognose bettole governative, nelle isbe fumose e nei pidocchiai delle fabbriche; che cosa volete? Nel conto che Lei presenta io vedo anzitutto un'ingiustizia: dovrebbe essere presentato alla classe colta che non ha assolto al suo compito d'istruire il popolo.

Politico Per Lei, come per molti, il problema si esaurisce nel numero delle scuole e nel consumo annuale di sapone. Ma c'è un'anima po-

[17] *Dünger* significa 'concime' (*ndt*).

[18] Vedi nota 16 (*ndt*).

[19] Ministro delle finanze del governo zarista che introdusse le bettole gestite dal fisco (*ndt*).

polare che si avverte sensibilmente nella storia russa e nella creatività russa, non siamo noi ad inventarla. E allora oggi ti chiedi: è lo stesso popolo che ha prodotto san Serafino e Puškin, Ušakov e A. Ivanov, Tjutčev e Dostoevskij, Bucharev e Vladimir Solov'ëv, Gogol' e Tolstoj?

Generale Per favore non parlatemi di Tolstoj. Se ci fu in Russia un uomo fatale che dedicò il suo enorme talento alla distruzione della Russia è proprio questo vecchio nichilista precursore spirituale degli attuali bolscevichi. Ecco chi ha impiantato da noi l'internazionale; non posso pensarvi senza fremere.

Diplomatico Può anche non pensarci, ma non è bene lanciare improperi su colui che fu la coscienza della Russia. Perché fu proprio Tolstoj a ripetere continuamente sulla guerra ciò che ora diventa chiaro a tutti, e non ha mai nutrito illusioni sulla nobiltà della guerra. È vero che anche lui adorò il buon popolo (in fin dei conti era un signore), ma non architettò nessun messianesimo per lui. Invece Dostoevskij quello sì fu un uomo fatale per la Russia. Siamo tuttora costretti a farci strada attraverso la nebbia prodotta da Dostoevskij ed è stato lui ad inventare il popolo teoforo. Oggi improvvisamente risulta che per questo popolo non esiste niente di sacro all'infuori della sua pancia. E a suo modo ha ragione, la fame non è uno scherzo; perché quando ci razionarono il pane anche noi diventammo molto meno nobili.

Politico Io continuo a chiedermi: anche se il nostro popolo non facesse che combattere Dio e ribellarsi alle cose sante, avremmo qui soltanto una testimonianza negativa del suo spirito religioso; ma si comporta piuttosto da villano e da bestia che non s'interessa affatto della fede. Sembra addirittura che non abbia neanche il diavolo in corpo e che il diavolo non sappia che cosa farsene. Dall'ossessione si può guarire, non dalla bestialità. È una mia idea fissa. Di notte mi sveglio sudando freddo e ripeto terrorizzato: non combatte Dio ma è una bestia, una bestia… Guardate la cronaca dei saccheggi e delle profanazioni delle chiese e dei monasteri: sono le masse popolari che li compiono, non persone singole. Guardate che indifferenza davanti alla soppressione dell'insegnamento religioso nella scuola, che passività di fronte a tutta questa imposizione allogena; è sempre lo stesso indifferentismo che si rivela.

Generale Molto dipende da questo veleno estraneo nell'esistenza della Russia oggi dominata dagli pseudonimi. Non a caso si sono affrettati a legalizzarli; cercano di distanziarsi da se medesimi e da ogni nesso organico, le persone si tramutano in attori che si scelgono un cognome di comodo. A proposito, oggi gli pseudonimi appartengono alla categoria delle *pudenda* che è proibito toccare.

Diplomatico Le Sue parole L'hanno tradita. È sempre la stessa storia: grattate il conservatore russo e troverete il mangiaebrei. Anche Dostoevskij non fu senza peccato, naturalmente a differenza di Tolstoj. Da parte mia ritengo che le lamentele sull'imposizione allogena dimostrano solo la propria impotenza. E inoltre Le chiedo: il popolo teoforo, adesso esautorato per cattiva condotta, in che cosa si distingue da quell'antico popolo «dalla dura cervice» che a sua volta non fu particolarmente costante nella sua condotta di «teoforo»? Legga i profeti e si convincerà del fatto che ripetono, evidentemente in modo più infuocato ed ispirato, gli stessi rimproveri lanciati oggi contro il popolo russo.

Profugo L'analogia non si esaurisce con la «dura cervice». Esiste in genere una certa attrazione misteriosa e del tutto stupefacente degli ebrei verso l'anima russa; lo hanno avvertito a loro modo Vladimir Solov'ëv, perfino Dostoevskij e adesso V. Rozanov. Questa *Wahlverwandschaft*[20] è una caratteristica molto interiore ma anche molto significativa.

Generale È molto semplice: adesso siamo diventati stranieri a noi stessi, abbiamo perso la nostra fisionomia con il senso della nostra dignità.

Politico Proprio questo mi fa disperare. Tutti gli altri popoli hanno una loro autocoscienza nazionale, si autodeterminano, cercano l'autonomia, non di rado inventano se stessi in nome dell'autonomia, ma sempre difendono compatti i propri interessi; invece noi non abbiamo nulla, né una patria né un patriottismo e nemmeno l'istinto dell'autoconservazione; si vive di ricordi della passata grandezza quando ancora il gendarme montava la guardia alla grande potenza del popolo russo, come quella signora che continuava a sentirsi padrona di servi

20 *Wahlverwandschaft* significa 'parentela elettiva' (*ndt*).

dopo la soppressione della servitù della gleba. Sembra che la Russia si sia improvvisamente dileguata, che sia sparita nella quarta dimensione e che siano rimaste unicamente, nazionalità provinciali mentre il popolo russo sarebbe semplicemente la base nutritiva di vari parassiti.

Profugo Scusatemi, ma in questa stessa mancanza di gusto per il provincialismo, in questa incapacità e rifiuto di sistemarsi nel proprio piccolo mondo con una certa autonomia, io vedo nonostante tutto il marchio della grandezza del nostro popolo e della sua superiorità spirituale almeno per vocazione. Nel mondo è l'unico popolo di coscienza universale e lontano dal nazionalismo; lo si intravvede perfino nelle mostruosità dell'attuale internazionalismo. In questo sta il pegno di un grande futuro, ma tutto ciò che è grande, è difficile e persino pericoloso. Però per questa caratteristica si può anche pagare un alto prezzo.

Diplomatico Sempre le stesse illusioni di marca slavofila. Il nostro popolo semplicemente non s'è ancora evoluto fino al patriottismo e al nazionalismo, conosce soltanto la sua isba e il suo villaggio. Queste favole slavofilo-internazionalistiche (adesso le hanno imparate anche i bolscevichi) dicono solo del nostro ritardo politico e culturale. Perché in effetti le nazionalità che in Russia si autodeterminano sono più civili di noi. Probabilmente Loro sanno che ci furono perfino dei tartari che difesero le nostre chiese dai bolscevichi, nessuna nazionalità non russa s'è mai macchiata delle efferatezze di questi ultimi. No, dobbiamo rassegnarci e riconoscere semplicemente che in questa circostanza ci siamo mostrati inferiori a tutti i popoli dell'occidente e dell'oriente. Siamo stati vinti anche perché i nostri avversari sono più civili e istruiti di noi ma anche più onesti e più religiosi. Sarebbe uno spregio impensabile delle leggi divine e umane se l'infedeltà russa dovesse trionfare sulla *deutsche Treue*. E se ci toccherà bere l'amaro calice dell'occupazione tedesca, dovremo imparare a questa scuola ogni sorta di autodisciplina e specialmente la disciplina del lavoro. Perché bisogna dire la verità: noi non amiamo e non sappiamo lavorare, dai ceti più alti a quelli più bassi. Nonostante tutto fu Čaadaev a cogliere più da vicino la verità sul popolo russo, perché ebbe il coraggio di ammettere tutta la nostra povertà e miseria rispetto ai popoli dell'occidente. Anche nella sua visione dobbiamo astrarre dallo slavofilismo negativo diventato in seguito positivo, ma egli è veramente grande per la sua onestà adamantina nell'autoanalisi nazionale.

Generale Questa è la disgrazia: con la rivoluzione s'è volatilizzato non solamente il nostro Stato ma sembra scomparso anche il popolo russo disintegratosi nei suoi elementi. Esso è un magma etnologico e di elementi di bassa qualità. «Sette volte ha misurato, ma di molto ha sbagliato!». Noi non siamo grandi aristocratici nel sangue, basta osservare i nostri nasi e i nostri profili. Adesso questo magma s'è disciolto e ne è risultato un pandemonio etnologico; sembra che sulla pianura russa vadano errando come un tempo le tribù finne e mongoliche, inebriandosi di sangue. Sarebbe interessante esaminare i successi del bolscevismo alla luce dell'etnologia…

Scrittore Io ascolto ed ascolto i vostri discorsi e lo sdegno per tutto questo vostro sputarvi addosso mi toglie la parola. Se bisogna dichiarare guerra alla pusillanimità, allo scoramento, a ogni sorta di tradimento e infedeltà, lo si deve fare ora che il nostro popolo non è più fedele a se stesso e sta attraversando una crisi pericolosa. Solo un amore che osa e crede può salvare e io non lo ravviso nelle vostre parole. In effetti risulta che voi avete adesso scoperto qualcosa di essenzialmente nuovo nei riguardi del popolo, qualcosa di sconosciuto per esempio a Dostoevskij che vi permettete di giudicare con tanta sufficienza. Egli non sapeva forse della maschera belluina, del criminale e del sacrilego che si celano nel popolo russo? Lo sapeva perfettamente, eppure credeva nel popolo perché contemplava un'altra realtà.

Politico È una cosa molto importante e cruciale per me, e Lei mi permetta di chiederle francamente: dopo tutto quello che abbiamo sperimentato durante la rivoluzione osa Lei ripetere e confermare sotto giuramento, per esempio, le parole di Dostoevskij: «Il nostro popolo è bestiale e peccatore, ma nel suo complesso non considera, non considererà e non vorrà mai considerare il suo peccato come giusto…» perché «il suo ideale è Cristo»?

Scrittore È chiaro che non posso giurare, ma Le risponderò senza sotterfugi e ambiguità. Io credo e professo come prima che l'ideale del popolo è Cristo e nessun altro, e quando a causa dei suoi peccati e della sua debolezza egli lo dimentica, diventa immediatamente una bestia che siede nella tenebra e nell'ombra della morte. Ma anche allora con la sua nostalgia inappagata egli testimonia la medesima cosa e nonostante tutto non accetta il decoro, la moderazione e l'accuratezza borghesi. Hanno vilipeso il nostro popolo in tutte le maniere e siano ringraziati quei poeti che s'ergono in difesa della sua anima, sia ringraziato per esempio Blok... Oggi nell'anima del popolo si sta combattendo una battaglia terribile e per lui certamente pericolosa. Egli può spiritualmente soccombere, ma finché ciò non è avvenuto (e non è avvenuto!) io gli rimango cavallerescamente fedele. Che il Signore aiuti la mia poca fede, perché anch'io non sono un pezzo di legno, soffro profondamente per quello che succede e spesso mi pesa. Ma credo come prima che la salvezza del mondo avverrà attraverso il popolo russo, che a lui spetta non solo un grande futuro ma anche una parola decisiva nei destini del mondo. E credo ancora nella terra russa santa e teofora, anche se macchiata e sconsacrata dal sangue fraterno, ma una terra che conserva i santuari russi. L'impero russo è a pezzi, ma la sua tunica inconsutile non è stracciata.

Politico È facile affermare queste cose, ma tutta la realtà grida contro e tutte le tenebre e gli orrori che stiamo vivendo testimoniano il contrario.

Scrittore Non sono d'accordo nemmeno con questo. Quanto più scura è la notte tanto più chiare splendono le stelle. Lei non può contestare tutta la magnanimità, lo spirito di sacrificio, il valore manifestati dalla Russia durante la guerra ma anche adesso in questo regno delle tenebre nel quale l'esistenza in genere è diventata insopportabilmente gravosa. Tutto il pessimismo attuale è frutto di confusione e di pusillanimità, è un tradimento. Quando tradiamo il popolo anche solo nei nostri cuori, gli procuriamo un danno perfettamente reale, perché oltre al nesso esteriore delle cose esiste anche un nesso interiore, come ve lo dirà ogni mistico ed occultista. Oggi dobbiamo sostenere questa lotta per l'anima popolare anzitutto nei nostri cuori, non dobbiamo restarne scandalizzati nel nostro intimo. Se al tempo di Batyj o durante l'Epoca dei Torbidi il sale d'allora della terra russa fosse diventato insipido, se le sue guide spirituali avessero disperato (e non c'erano meno ragioni di ora), la storia li avrebbe condannati come pusillanimi. Agli orrori del giogo tartaro la Russia rispose con l'apparizione radiosa di san Sergio e tutta l'epoca sergiana della cultura russa; all'Epoca dei Torbidi rispose la Russia di Pietro con tutta la nostra nuova cultura. Oggi a qualcuno sembra che manchi ogni nesso tra Puškin e un qualunque sporco bolscevico, ma il nostro saggio e nobile Puškin seppe guardare a fondo nell'anima russa e nulla, nemmeno il bolscevismo, gli rimase celato della natura primordiale russa; non a caso egli fissò il suo occhio d'aquila sulla storia di Pugačëv, su «la rivolta russa insensata e implacabile». Egli non ne rimase scandalizzato, anzi credette nel popolo più di prima. E voi volete isolare la rosa dal rosaio, il frutto dall'albero? Non capite che c'è più nesso misterioso, irrazionale e organico tra il bolscevico e Puškin che non tra lui e uno che ragiona alla Čaadaev perché è confuso o perché lo stramaledetto tedesco ci sta saccheggiando secondo tutte le regole dell'arte militare? Il bolscevico può essere anche Dmitrij Karamazov dal quale, se convertito, può nascere in seguito uno *starec* Zosima, ma che cosa può saltar fuori da un pizzicagnolo?

Diplomatico Siamo ricaduti nel solito ritornello: «Col cervello la Russia non si capisce», ecc. ecc., il solito *asylum impotentiae*. Ma un saggio detto c'insegna che non si condannano i vincitori, e un altro soggiunge: guai ai vinti! La triste realtà insegna che nel popolo di Puškin ci fu sempre abbondanza di voltagabbana e adesso gli uni si ammantano di socialismo, naturalmente per terrore borghese, gli altri si buttano a capofitto nella corrente germanofila.

Teologo laico A riguardo dello spirito russo vorrei rilevare un'altra cosa: non avete mai pensato al terribile significato che deve avere la sua abitudine alle imprecazioni contro la madre, che *ab immemorabili* deturpano la terra russa[21]? È tutta un'arte complicata e si potrebbe fare un libro intero su questa creatività popolare. La chiesa e la scuola si son dimostrate impotenti contro questa piaga. Nelle nostre città di provincia era penoso uscire in strada con donne e bambini. Sembra che la stessa madre-terra non ne possa più dal vilipendio continuo e vergognoso. Adesso mi viene spesso alla mente che se si vuole cercare nel passato le radici della rivoluzione le abbiamo qui evidenti: il bolscevismo è nato dall'abitudine d'imprecare contro la madre e in sostanza è il vilipendio di ogni maternità nel senso ecclesiastico e nel senso storico. Bisogna tener conto della forza della parola, una forza mistica e addirittura evocatrice. Mette i brividi pensare alla nube nera che incombe sulla Russia.

Scrittore Lei ha perfettamente ragione. Pare che nemmeno Dostoevskij abbia valutato come si deve questo fenomeno orripilante in tutta la sua portata. Da bambino sono cresciuto per la strada e conosco il galateo dei monelli che vi vivono, il virtuosismo cui giungevano,

21 L'imprecazione stessa si chiama in russo 'mat', una radice che forma una gran quantità di parole (*ndt*).

la varietà nel combinare gli improperi. Non capivamo quello che dicevamo, ma il buon tono esigeva che così si ornasse ogni frase. Adesso poi, durante la rivoluzione, la «magnificazione»[22] pornografica ha raggiunto il limite, è un delirio addirittura... Tuttavia se riflettiamo su queste imprecazioni contro la maternità dobbiamo vedervi una specie di negativo mistico cui corrisponde il suo positivo: la venerazione speciale della madre terra e poi della Madre di Dio insita nel popolo russo, la consacrazione eleusiaca nel mistero di Demetra. Dove si moltiplica il peccato abbonda anche la grazia.

Diplomatico Anche l'abitudine all'improperio più infame risulta segno di alta nobiltà mistica... E io credevo che almeno in questo avremmo riconosciuto unanimi l'infamia pura senza positivi!

Generale Da aggiungere la regina osteria, la maledetta bettola. Che tipo orribile fu quel Witte nella nostra storia! Lui ha introdotto da noi il capitalismo, lui ha allevato il proletariato perché lo si abbeverasse di grappa rivoluzionaria, lui ha costellato la Russia di bettole statali. Fu una vera congiura contro l'anima popolare, che solo adesso è venuta alla luce interamente.

Diplomatico Lei continua a cercare il capro espiatorio invece di ammettere in modo diretto e onesto che l'oggetto della vostra adorazione adesso non ha meritato niente di meglio del caporale tedesco. Forse a questa dura scuola il popolo imparerà a vivere degnamente, a patto che non vi venga disintegrato e inghiottito. Del resto adesso bisogna temere l'eliminazione fisica non ad opera dei tedeschi ma dei concittadini della patria socialista; nei tedeschi siamo costretti a vedere i salvatori e, perché nasconderlo, essi lo furono più d'una volta e grazie a loro non poterono andare in porto i piani più diabolici. Ecco la nostra tragedia: siamo costretti a cercare scampo dal pericolo russo presso il nemico. Vi è nota una situazione analoga nella storia degli altri popoli?

Scrittore Dal giogo germanico io temo più di tutto proprio questa salvezza nelle manette. Siamo troppo gelatinosi, come lumache. E poi non bisogna dimenticare che l'idillio tra l'anima russa e il germanesimo dura già da lungo tempo. Infatti i popoli oggi nostri alleati non eb-

22 In russo *'imjaslaviè*.

bero per noi neanche lontanamente l'importanza della Germania, non della vecchia Germania che ho sempre amato e stimato di cuore ma della più recente. Pensate solo al nugolo di germanicità che ci venne addosso prima della guerra: il kantismo delle varie specie, lo steinerianesimo e infine tutto il Corano socialdemocratico e non so quante altre cose. Molti hanno tuttora nostalgia del libro, del giornale tedesco e li sognano. Per noi avvicinarci alla Germania è pericoloso proprio perché essa ha così largo accesso all'anima russa.

Diplomatico Nella Sua professione di fede non ci dovrebbe esser posto per questo timore. Questa simpatia per la cultura germanica fa onore alla società russa, perché in effetti quale altra cultura può adesso tenerle testa? Bisogna essere giusti verso il nemico anche se vincitore: fin qui arriva anche il mio filogermanesimo. E poi non c'è per noi nemico peggiore della nostra propria barbarie socialista.

Profugo Quello che s'è detto qui e sui peccati del popolo e sulla sua caduta è tutto vero. Ma non vi sembra che tutte queste spiegazioni non bastino, che questo condensato del male in Russia, che tutta questa tregenda satanica abbiano in sé anche qualcosa di soprannaturale? In una parola e per andare in fondo, voglio semplicemente dire che da tempo si stava preparando e adesso si sviluppa in tutta la sua ampiezza una qualche congiura mistica contro la Russia, come se le schiere degli spiriti si battessero per l'anima russa allo scopo di strapparle il dono che le è stato affidato.

Diplomatico Posso soltanto ripetere: *hypotheses non fingo*, soprattutto quando non spiegano niente. E in genere basta con questo nostro mistico scongiurare il dolor di denti.

Profugo Ma se io lo sento con la stessa chiarezza con cui Lei vede le mosse della Sua diplomazia? Pensi soltanto agli agenti che vennero lanciati contro la Russia: il germanesimo con i suoi gas asfissianti, la rivoluzione con l'anima di Azef, Rasputin; sono tutte forze e a loro modo genuine. E tutte cercano di insabbiare i pozzi d'acqua viva, di sostituirsi allo spirito. È tutta una provocazione spirituale manifesta. Senza spender parole è chiaro *per chi* viene aperta la strada oggi nel mondo, perché in vari modi si elimini il *qui tenet*. Per quello che riguarda la provocazione porterò un esempio solo, piccolo ma eloquente: forse avete letto *I dodici* di Blok, una cosa penetrante, a quanto pare l'unica cosa significativa comparsa nel campo della poesia dopo la rivoluzione. Se il poema tratta dei bolscevichi è magnifico, ma se tratta del bolscevismo è orribile al sommo. Perché quei dodici bolscevichi laceri e spiritualmente nudi, sporchi di sangue, «senza croce», si trasformano negli altri dodici e sapete chi li guida?

«Incedendo leggero
nel pulviscolo di neve
inghirlandato di nivee rose
avanti a tutti è Gesù».

Generale Dov'è andato a parare! Adesso i nostri poeti e artisti in genere si stanno distinguendo, si sono del tutto trasformati in poeti cortigiani che a gara cercano di adulare il nuovo padrone. Non vedo qui alcun problema, il poeta ha mentito per amor del verso: *viel lügen die Dichter*, scrisse Nietzsche citando un vecchio detto di Esiodo. Un orribile sacrilegio che rivela un nomadismo spirituale!

Profugo Non è così semplice. L'alta qualità artistica del poema è pegno fino un certo punto della sua chiaroveggenza. Forse nel bolscevismo c'è effettivamente la profondità e il mistero che noi non abbiamo saputo finora comprendere. Ma mi sono anche chiesto: fin dove arriva la chiaroveggenza del poeta veggente? È lui il profeta che per il suo volo poetico è capace di vedere il Signore che viene? Mi bastò porre questa domanda perché dagli occhi mi cadessero le squame e subito compresi come qualcosa di genuino e insieme di terrificante ciò che nel poema tanto mi scuoteva e agitava. Il poeta non ha mentito, *ha visto*, come aveva visto in precedenza, dapprincipio la Bellissima Dama, rivelatasi poi la Maschera Gelata, la Sconosciuta, un essere assolutamente ambiguo e addirittura tenebroso attorno al quale si accese «un'aureola indistinta grigio-purpurea». Anche adesso egli ha visto qualcuno, naturalmente non Colui di cui fa il nome ma una scimmia, un falso pretendente che in tutti i modi cerca di somigliare all'originale e nel nome si distingue solamente per una lettera[23], come quella signorina di Gogol' che ha dentro di sé una sola macchia scura. Notate che l'apparizione del «niveo Gesù» non allieta ma spaventa. A questo proposito già Vladimir Solov'ëv scriveva a una sua corrispondente mistica che se «una determinata apparizione non produce nessun moto immediato dei sensi spirituali» e «l'impressione resta per così dire cervellotica e non del cuore… è un segno molto importante, rilevato da

23 Blok ne *I dodici* scrive *Isus* invece della forma abituale *Iisus*.

tempo dagli ecclesiastici specialisti in questa materia». Ora gli specialisti dicono senza ambagi che bisogna diffidare metodicamente di apparizioni simili perché spesso dopo aver fatto un segno di croce e una preghiera vi si ravvisa la zampa del demonio. L'intuizione poetica qui ha reso un cattivo servizio, ma questo episodio è estremamente significativo per la provocazione spirituale che ci circonda.

Scrittore In compenso i Čičikov della rivoluzione si danno da fare per svendere le anime morte e nella confusione far passar per uomo anche Elisaveta Vorob'ja. M'è capitato di leggere una elucubrazione dove i dodici bolscevichi venivano direttamente trasformati nei dodici apostoli; essi sarebbero il vero cristianesimo e lo mostreranno, mentre quello di prima sarebbe fallito. Lo mostreranno sì, ma fatto di ghiaccio, col cuore di neve e l'anima gelida. In genere per me questo rispolverare i vecchi stracci del paragonare il socialismo al cristianesimo è ormai superato e di cattivo gusto.

Dialogo quarto

«L'intelligencija rovinerà la Russia»
Da *Vechi*

Generale Per me il solo ascoltare tutti questi ragionamenti sul significato spirituale del socialismo è assurdo, perché non ravviso in esso nessun contenuto spirituale. Di tutta la civiltà capitalistico-borghese l'apogeo più borghese è la professione di fede socialista dei signori socialborghesi che apertamente proclamano il ventre unico principio dell'esistenza. Il socialismo è la più profonda caduta e miseria spirituale, è il veleno del sistema borghese che s'è rivolto all'interno e ha intossicato le anime. 'L'interesse classista', l'avidità e la rabbia come unica leva dei rapporti umani sono cose peggiori del cannibalismo.

Politico Ma nel vero socialismo europeo non si può negare la nobile ricerca della giustizia, il presentimento di una nuova vita, il santo sdegno. Tutto mi sembra tanto evidente da non aver bisogno di dimostrazioni. Purtroppo da noi tutto ciò è così deformato e deturpato.

Generale I signori socialisti adesso nella greppia governativa hanno mostrato quel che sono e sappiamo perfettamente che cosa significhi «morale classista». In tutta questa bruttura l'unica consolazione è che sono state strappate le maschere e la menzogna è stata smascherata. Bisogna essere idioti o spiritualmente cadaveri per continuare come vecchi-credenti ad aggrapparsi al vecchiume socialista e commuoversi al pensiero che il buon popolo russo entrerà nel paradiso socialista per lui preparato. Fortuna che il popolo ha preso nelle sue mani il manganello socialista e giù sulle teste vuote dei nostri Manilov[24].

Scrittore È vero: il socialismo è decisamente una fissazione farneticante dell'intelligencija russa. Anche adesso, nonostante la confusione e lo sbalordimento, tutte queste frazioni balbettano di socialismo, si azzannano nella lotta delle correnti e sono sinceramente convinte che tutto il male sta esclusivamente nel fatto che il potere è toccato agli altri e non a loro: con il loro programma loro sì che metterebbero ordine e sulla terra s'instaurerebbe immediatamente il paradiso socialista. Lo scrivono i loro giornali, i loro professori e letterati lo affermano nelle loro conferenze. È un immobilismo mediocre, stupido e compiaciuto. Non avvertono che l'idea del loro socialismo è a pezzi, che è stata bocciata definitivamente e che tutte queste loro dispute sono in ritardo sulla vita molto di più delle disquisizioni se le processioni devono andare nella direzione del sole o contro, se bisogna cantare l'alleluia due volte o tre[25].

Teologo laico Non accetto questo paragone, perché le questioni dei vecchi-credenti, specialmente quelle da Lei accennate, sono piene di profonda portata e significato, mentre l'interesse per le idee del socialismo oggi, a mio modo di vedere, può derivare solo dalla cortezza di mente. Voglio dire due parole soltanto per difendere il popolo russo dalle accuse indiscriminate che gli sono state mosse. A lui è infatti toccato il triste compito di smascherare il socialismo, per quanto la villanità pan-russa assomigli poco al socialismo. Ma non bisogna dimenticare che il nostro popolo fu oggetto di un avvelenamento grave da parte di questa trovata europea, il più velenoso dei gas asfissianti tedeschi. Non c'è da meravigliarsi che ne sia stato talmente sconvolto d'aver bisogno della camicia di forza...

24 Personaggio delle *Anime morte* di Gogol', impersona l'ottusità e l'abulia delle classi medie (*ndt*).

25 Questioni tipiche nella polemica tra vecchi-credenti e ortodossi che avevano accettato la riforma di Nikon (1666) (*ndt*).

Diplomatico La Sua spiegazione è favorevole al popolo russo, ma non è del tutto giusta. Perché rendere responsabile dei nostri costumi tartari il socialismo civile verso cui si va evolvendo quasi logicamente l'economia capitalista? Il socialismo tradotto alla russa, alla bolscevica, vuol dire: forza ragazzi! distruggete, saccheggiate, ammazzate! Il socialismo europeo non ha niente in comune con questa febbre quartana.

Teologo laico E io dico che il nostro popolo è malato, è gravemente avvelenato. Certo che è poco civile e addirittura crudele, ma la sapienza popolare e l'insegnamento della Chiesa gli hanno finora istillato l'idea che la crudeltà è peccato e quando si abbandonava ai disordini sapeva di far male. Oggi invece gli inculcano che saccheggiando e uccidendo compie la migliore delle cose ed è nel giusto. Gli hanno dato un nuovo comandamento: sii bestia, non avere né coscienza né onore, solo vota per un determinato «numero».

Generale È vero: hanno ubriacato il nostro popolo, Witte di vodka e i signori di socialismo. Maledetta intelligencija russa! Prima s'è istupidita per conto suo e poi ha avvelenato e corrotto tutto il popolo. Guardate com'è soddisfatta e si compiace e trionfa perfino adesso che ha fatto fiasco completo. Come può reggersi uno Stato se tutto il sistema, in tutte le sue diramazioni, è intossicato? L'intelligencija sarebbe il sale della terra, perseguitata, idealista, martire? È la lebbra, la peste bubbonica sul corpo della Russia!

Diplomatico Parole forti, non c'è che dire, ma partigiane. Perché non c'è dubbio che nell'intelligencija Lei ha il nemico principale e implacabile delle Sue utopie politiche.

Teologo laico Questo delirio socialista è per l'intelligencija russa qualcosa di fatale, forse il messianismo per gli ebrei. Anche là ci furono gli zeloti, socialrivoluzionari messianici, che intraprendevano esperimenti bolscevichi nella Gerusalemme assediata dai soldati di Tito. E pensare che da noi è un fenomeno di sempre e che risale addirittura alle origini, da Belinskij, Herzen, Černyševskij fino ad oggi! E tutto quello che non seguiva questo andazzo socialista veniva scomunicato, cancellato, col risultato che tra gli scomunicati vennero a trovarsi gli alfieri del genio russo, i creatori della nostra cultura. Invece, nelle fila dell'intelligencija poche furono le persone superiori alla media, pochi i talenti e in genere vi prevalse una grigia mediocrità. Fantasticherie e sentimentalismo da signori? L'intelligencija era strapiena di *raznočincy*[26], il famoso terzo stato che ne costituisce quasi la guardia. No, qui dipende tutto dall'autocoscienza religiosa dell'intelligencija, dal suo ateismo e nichilismo.

Generale La maledetta intelligencija adesso ha avvelenato tutto il popolo col suo nichilismo e ha mandato in rovina la Russia. È lei che ha rovinato la Russia; bisogna dirlo finalmente e ad alta voce. Il mondo non ha ancor visto una cosa simile: un popolo primitivo, selvaggio e terribile nella sua rabbia, avvelenato dal nichilismo dell'intelligencija: l'unione delle forze più oscure della barbarie e della civilizzazione. Selvaggi nichilisti, ecco che cosa ha fatto del nostro popolo l'intelligencija. Ne ha saccheggiato l'anima, sputacchiato la fede, profanato il *sancta sanctorum*.

Diplomatico A sentir Lei si può credere che non esista un nostro proprio nichilismo popolare. Pensi almeno al Suo Dostoevskij. E forse non è di tipo popolare quello zingarismo spirituale che professa Gor'kij?

Generale Gli jakuti, i Čukči, gli irochesi, i samoedy, i tunguzy e tutti gli altri hanno una loro religione, un loro santuario, un loro culto e costume e, quindi, anche una cultura spirituale. Invece da noi al posto di Dio hanno messo semplicemente il ventre: quelli adorano almeno un idolo, questi una delirante chimera. È un confronto perfino offensivo per i selvaggi!

Diplomatico Bello quel popolo che si lascia corrompere così! E che cosa pensare della cultura millenaria della Chiesa che quasi senza resistere si decompone dalla demagogia? È una terribile resa dei conti della storia per i responsabili dell'istruzione religiosa del popolo russo! Se cerchiamo il colpevole che deve rispondere di tutto ciò, questo è in primo luogo la Chiesa russa e non l'intelligencija.

Teologo laico La prego! Non c'era altro da attendersi se la classe istruita, cioè la intelligencija, disertò in massa la Chiesa e fece dell'ateismo il primo dogma del suo credo, della rivoluzione il secondo e del

26 Vennero così chiamate a partire dalla metà del secolo scorso le persone di una certa istruzione che provenivano da vari ceti e non più come prima dalla sola nobiltà (*ndt*).

socialismo il terzo. La Chiesa è certo incrollabile in tutto ciò che riguarda il settore divino della Grazia, ma come forza storico-culturale ha avuto e ha bisogno di persone istruite, come ne possiede in gran numero la cristianità occidentale. Ma da noi dove sono? L'ateismo dell'intelligencija russa non è solo una caratteristica fatale per essa stessa, ma una maledizione di tutta la nostra esistenza. Se ne parla da tempo, ma adesso ciò è diventato manifesto in misura impressionante per tutti coloro che hanno occhi per vedere. La cosa più triste è che alla base di questa miscredenza non c'è un'onesta sofferenza, ma un'incredibile leggerezza religiosa, una specie di superstizione. Guardate specialmente all'intelligencija di provincia, quella di seconda e terza qualità, per così dire: il medico, l'infermiere, il maestro di scuola, la levatrice. Avessero almeno qualche dubbio sul loro diritto di disprezzare la fede del popolo! Sotto i loro occhi la gente nasce, muore, soffre, si dispiega il meraviglioso e magnifico mistero della vita, ogni giorno sorge e tramonta il sole, ma nelle loro anime nulla si agita e domina incrollabile la miscredenza alla Pisarev[27]. Non basta. Sull'intelligencija russa grava la colpa orribile e incancellabile d'aver perseguitato la Chiesa con il suo tacito disprezzo, con il suo boicottaggio passivo, con tutta un'atmosfera di orgogliosa indifferenza di cui l'ha circondata. Loro sanno quanto coraggio ci voleva semplicemente per non essere atei in questo ambiente, quali offese e insulti, di solito nemmeno premeditati, si dovevano sopportare. Conosco molto bene l'intelligencija russa e rispondo pienamente di quello che dico. La persecuzione inscenata dai bolscevichi non si può affatto paragonare alla forza distruttiva e corrompitrice di quella. La persecuzione bolscevica ridona energia, sollecita al martirio, a confessare la fede, ma confessarla tra le punzecchiature, le stupide derisioni, il disprezzo condiscendente dell'intelligencija è peggio del bolscevismo, il quale nel suo nichilismo è certo il frutto più naturale di questa stessa intelligencija, anche se adesso essa lo sconfessa. Adesso il destino ha riunito Chiesa e intelligencija sotto la medesima persecuzione bolscevica; Dio voglia che un siffatto accoppiamento porti anche a un riavvicinamento interiore.

Scrittore Questo ateismo rende l'intelligencija ignorante e addirittura nemica della cultura, la rende soprattutto iconoclasta. Perché si comunica con la cultura attraverso il culto, perché ciò presuppone una capacità organica alla venerazione, che manca nella psicologia del

[27] D.I. Pisarev (1840-68) è il tipico rappresentante del nichilismo ateo russo (*ndt*).

nichilismo. Per questa ragione l'intelligencija arriva soltanto all'idolatria spirituale, come lo è ogni sorta di divinizzazione del popolo o populismo; per questa ragione non s'è nemmeno accorta dell'ortodossia quale forza culturale in genere e principio estetico dell'esistenza in specie. Solo da poco si va delineando una svolta: finalmente si sono accorti che esiste l'iconografia, l'architettura sacra, e in quest'epoca di distruzioni incominciano ad apprezzare il valore della Chiesa anche come principio costruttivo dello Stato e perfino come «sacrario della nazione». Evidentemente non parlo qui di coloro che cercano asilo presso l'altare spaventati dal ribaltamento politico e sociale. Tutto ciò è ancor poco per la religione; qui ogni utilitarismo, anche il più elevato, è fuori posto e nessuna considerazione pratica è permessa. Bisogna che ciascuno per sé e a sue spese *si ammali di religione*, avverta la crisi della sua esistenza spirituale e rinasca. Allora tutto il resto sarà dato in soprappiù. Lo spirito spira dove vuole, ma non possiamo rinunciare a questa speranza. Senza tutto questo avremmo un opportunismo religioso il quale produrrà soltanto un'ipocrisia politica ufficiale, come ne abbiamo già avute abbastanza nel vecchio regime. Difendere la fede del popolo senza possederla personalmente è peggio del nichilismo più satanico.

Generale Purtroppo questa intelligencija nichilista ha nome legione. Infatti tutte queste innocue case del popolo, biblioteche, corsi per i lavoratori, «divertimenti ragionevoli», sono in realtà mezzi per corrompere la religione del popolo. Anche quando non si volgono direttamente contro la Chiesa minano silenziosamente le sue basi per il solo fatto di ignorare le regole ecclesiastiche: una conferenza è fissata nelle ore delle celebrazioni liturgiche, un concerto o un qualche spettacolo di varietà alla vigilia di una grande festa religiosa, magari senza premeditazione, senza accorgersene. Ma provatevi a fare una cosa simile in Inghilterra! Le dosi omeopatiche sono talvolta le più efficaci. Quando i bolscevichi hanno stabilito di festeggiare il primo maggio durante la Settimana Santa tutti improvvisamente rimasero inorriditi, mentre avevano fatto in sostanza la stessa cosa dappertutto e sistematicamente.

Teologo laico La nostra intelligencija oggi è posta di fronte al dilemma: o rinascere spiritualmente rivedendo nel modo più radicale *tutta* la sua concezione umanistica del mondo, o semplicemente imputridire viva e morire storicamente. Gli ideali della rivoluzione hanno fatto fiasco, gli idoli dell'umanesimo e del socialismo sono stati rovesciati, non esiste niente per cui si possa vivere. Ora l'intelligencija è vissuta e vive di fede e non si può toglierle questa sua caratteristica religiosa. Perciò quella sua parte che risulterà vitale dovrà fare una penitenza creatrice abdicando spiritualmente a tutto il passato. Se il grano di frumento non muore, non porterà frutto. Dal corso della sua crisi odierna, dall'esito della lotta che avviene nel cuore dell'intelligencija russa dipende in buona parte anche il destino futuro della Russia. In un moto di preghiera vien voglia di inviarle una benedizione sul suo difficile e penoso cammino: che i suoi occhi accecati vedano la luce! Purché non trionfino la pigrizia e la leggerezza, come avvenne dopo la prima rivoluzione[28]. La nostra intelligencija non vi apprese nulla e perciò durante la seconda rivoluzione ha ripetuto tutti i suoi errori in misura orripilante.

Generale Non condivido le Sue speranze sulla rinascita dell'intelligencija. Guardate: sono confusi, ma finora non hanno imparato niente, ripetono come picchi le loro banalità «democratiche» e socialiste. E in genere questa famosa intelligencija è semplicemente una disgrazia per la Russia e non le è affatto necessaria. Noi abbiamo bisogno di professionisti preparati, di specialisti istruiti e non di questi misconosciuti salvatori del mondo che dappertutto sollevano il putiferio, ma spesso sono assolutamente incapaci di lavorare. Per loro non esiste ceto più disprezzabile della «burocrazia», eppure c'è da noi un gruppo di persone istruite più disciplinate, responsabili, lavoratrici di questa stessa burocrazia? L'intelligencija arrivata al potere ha mostrato di saper solo chiacchierare e basta. Dovete ammettere che nella parata della rivoluzione c'è stato un fiasco pratico che non poteva esser più grande. L'intelligencija è la malattia della Russia, è la sua disgrazia! Voi stessi dite che non ha nessun rapporto genuino con la cultura russa e quindi mondiale. Essa infetta con la sua lebbra spirituale; bisogna isolarla come si fa per gli appestati. Questi salvatori del mondo hanno sabotato definitivamente la guerra, corrotto l'esercito con la loro volontà di sconfitta e le loro idiozie democratiche, hanno portato la Russia al tradimento e posto così il mondo intero sotto la minaccia dell'asservimento germanico.

Scrittore Protesto categoricamente contro questo addossare tutte le colpe all'intelligencija. Siamo tutti colpevoli di quanto è accaduto e

28 La rivoluzione del 1905 (*ndt*).

ciascuno deve trovare e riconoscere la sua colpa personale e sociale. Io, perlomeno, riconosco fermamente la mia colpa anche se forse non la comprendo ancora fino in fondo. E poi la questione non è così semplice. Evidentemente non nego che l'intelligencija mieta nel bolscevismo in misura considerevole i frutti delle sue opere; il bolscevismo è certo l'ultima parola del suo nichilismo e della sua demolatria. Oggi l'intelligencija non riconosce il suo idolo nella figura di Calibano e incomincia già a cadere nel populismo negativo alla Čaadaev. Ma quello che fu ed è magnifico nell'intelligencija russa nonostante tutta la sua cecità spirituale è la prontezza al sacrificio. Proprio qui sta la sua imperitura bellezza spirituale.

Generale Sì, adesso abbiamo potuto ammirare questo suo spirito di sacrificio! I futuri storici ne faranno il bilancio preciso. Se la rivoluzione ha riportato un successo indiscutibile, questo è il fiasco totale della nostra putrida intelligencija assieme ai suoi deliri e alla sua insopportabile volgarità. Solo la sua presunzione non le permette di vedere che è passato il suo tempo e che la Russia ne farà a meno.

Scrittore Lei si sbaglia profondamente: la questione dell'intelligencija e dei suoi destini spirituali è una vera questione *maledetta* della vita della Russia. Dirò di più: una sua soluzione piuttosto che un'altra ha una portata *fatale* nella storia della Russia. Il futuro di questa dipende molto dal modo in cui si autodeterminerà l'intelligencija. Possiamo forse staccarla dal popolo come un corpo estraneo? Adesso l'intelligencija non è più un ceto ma una condizione, un *modus* dell'essere popolare, un'età spirituale del popolo. Ormai la Russia nella sua storia è entrata nell'epoca dell'intelligencija e non può tornare indietro, come avvenne per la Grecia nel secolo di Platone, per Roma all'epoca di Augusto e in genere per tutta l'Europa contemporanea. Il costume organico e impersonale sta andando inevitabilmente in sfacelo e dappertutto trionfa il principio personale. È come una nuova nascita dell'uomo, oppure, se volete, un nuovo peccato originale con il cibarsi dall'albero della conoscenza del bene e del male. È un processo irreversibile e nessuna reazione o restaurazione riuscirà a ripristinare il vecchio modo di vivere: sarebbe soltanto una stilizzazione e un falso, nonostante tutte le energie investite. Il popolo risultò tanto sensibile agli influssi dell'intelligencija perché aveva perso la sua elasticità e la sua capacità di resistenza. No: per noi dall'intelligencija non c'è scampo.

Teologo laico Tutto sta nel fatto che ci sono più tipi di intelligencija. Vi appartennero Michelangelo e Leonardo e, in Russia, Dostoevskij, Vladimir Solov'ëv e Leont'ev, e certamente anche gli slavofili. Bisogna combattere non l'intelligencija, ma l'intelligentismo in nome di una cultura spirituale. Vogliamo sperare che le lezioni della storia e le prove subite insegneranno molto all'intelligencija, ne approfondiranno la coscienza spirituale e, soprattutto, la spingeranno a integrarsi nella Chiesa[29]. Per ora l'intelligencija attraversa effettivamente una durissima crisi, ma questa è allo stesso tempo la crisi della Russia.

Profugo In realtà questa crisi va molto più a fondo; l'attraversa tutta la cultura europea e l'intelligencija russa ne è soltanto il barometro più sensibile. Questa crisi non deriva dalla guerra, ma da cause spirituali generali. Si può dire che la guerra fu piuttosto una conseguenza e insieme un sintomo di questa crisi avvertita da tempo dalle menti più acute e dagli spiriti veggenti, rivelata dall'arte che è sempre un sismografo universale. Da lungo tempo questo mostra che nel profondo del vulcano sta maturando l'eruzione. Non era forse lo spavento di questo mondo in disgregazione che faceva capolino nel cubismo e in ogni sorta di futurismo? La carne del mondo, la sua bellezza, si decomponeva volatilizzandosi in incubi e chimere. Nell'alveo di questo cubismo universale si colloca anche l'intelligencija russa, soprattutto i bolscevichi. Per essere sinceri il loro gridare sulla rivoluzione mondiale e sull'incendio incipiente non è così insensato come sembra a molti. I bolscevichi sono degli invasati che profetizzano, come l'asina di Balaam che s'impunta davanti alla spada dell'arcangelo.

Diplomatico Sono profondità inaccessibili per un positivista come me, ma la crisi mondiale del socialismo è anche per me evidente ed è toccato in sorte di approfondirla proprio a coloro che mettono tutte le energie al servizio della rivoluzione. Il primo colpo al socialismo internazionale lo ha inferto la guerra, il secondo i bolscevichi russi.

Profugo Ma neanche l'Europa potrà sfuggire al suo bolscevismo. Essa dovrà ancora dibattersi nelle convulsioni della rivoluzione mondiale e verrà percorsa dal cavallo rosso della rivolta sociale. Tutto questo benché il socialismo sia morto; un principio che sopravvive a se stesso deve tuttavia provare nell'esperienza la propria impotenza.

[29] Circonlocuzione per rendere l'intraducibile termine russo *vocerkovlenie* (*ndt*).

L'intelligencija russa quale causa spirituale del bolscevismo è in effetti l'avanguardia della rivolta mondiale, come sognavano anche i rivoluzionari slavofili, da Bakunin a Lenin, che tali erano ad onta di tutto il loro internazionalismo programmatico.

Teologo laico Ho un concetto così basso dell'essenza spirituale del socialismo da non vedervi la capacità di entrare in crisi. In genere le rivoluzioni sociali sono per loro natura borghesi, a parte un drappello di fanatici accecati da un'idea delirante. Siccome la borghesia è mediocre e sterile, lo è anche la rivoluzione sociale e il senso estetico ne è il testimone più spassionato. Provate ad applicare il metro estetico all'intelligencija, alla democrazia e al socialismo, come fece Leont'ev, e vedrete subito che cosa ne viene fuori. Quanto è stupida e deforme la rivoluzione russa: né canzoni, né un inno, né un monumento, e nemmeno un bel gesto. È tutta roba rubata, banale, volgare; uno scampolo di tela rossa e la marsigliese rubata esattamente nell'istante in cui vigliaccamente tradivamo i francesi. In uno dei primi giorni della rivoluzione m'è toccato assistere a una sfilata in una via di Mosca. Io sono un tipo calmo e in genere amante del popolo, ma allora sentii montarmi dentro il disprezzo e lo schifo. Se Leont'ev[30] avesse visto quello spettacolo! Del resto già in sostanza lo previde. Ciò che è tanto brutto, direi perfino ributtante, non può essere giusto.

Scrittore Questo atteggiamento estetico da superuomo non fa per noi; il disprezzo di Leont'ev, appena ammantato di estetica, non mi piace. E poi ogni quadro richiede una determinata prospettiva: l'inondazione primaverile è magnifica e possente, ma se viene vista da vicino è fatta di schiuma e di fango. Bisogna possedere un cuore saggio e buono per contemplare la bellezza della spontaneità popolare. Goethe conosceva questo segreto e dovremmo imparare da lui il metro estetico della vita. Ricordate Faust che passeggia con Wagner in mezzo al popolo, quel magnifico monologo: «*Von Eise befreit sind Strom und Bäche*»[31].

Teologo laico Sì, ma si trattava di una folla pasquale in festa e non di una plebaglia avvelenata dalla demagogia. Del resto sono disposto a farLe una concessione: se in quel mostro urlante esiste un ritmo che

30 K.N. Leont'ev (1831-1891) scrittore molto discusso a quel tempo e fautore di una concezione estetica del mondo (*ndt*).
31 «Di ghiaccio sono liberi il fiume e il ruscello» (*ndt*).

gli è proprio, è quello che da tempo inseguono i futuristi. Il futurismo è proprio la profezia artistica dell'olocrazia e non a caso s'è naturalmente alleato al bolscevismo. Ricordate il suo sforzo d'introdurre come mezzi estetici, insieme al colore del carbone, pezzi di legno, stracci colorati, etichette di bottiglia, insomma tutta la sua preferenza per ciò che è angoloso, stridente, deforme, ma al tempo stesso non privo di un qualche senso oscuro. Vedendo quella dimostrazione operaia mi ricordai delle trovate futuriste, un vero quadro futurista mi si dipanava davanti agli occhi. Tutto questo ha un parallelo perfetto nelle opere letterarie dei futuristi, nell'introdurre nel verso ogni sorta di inarticolazioni, di urli, di muggiti... Fate come volete, ma io non posso bearmi di una ciminiera con tutta la sua flora e fauna.

Profugo Le Sue parole depongono contro di Lei. Se il socialismo possiede un certo nesso intimo, sotterraneo con il futurismo, penso che in questo abbia una sua profondità, che sia un sintomo della decadenza e della crisi mondiali. L'antica bellezza è già morta nel mondo, il futurismo testimonia la sua decomposizione, le convulsioni e i gemiti e le grida di tutta la creatura che si dibatte. Il mondo è malato e perciò l'arte è malata. Per questa ragione anche la strada è così deforme... La vita non produce più bellezza; lo sentì acutamente Leont'ev ma non volle capirne tutta la serietà. Egli voleva in qualche modo «congelare», tornare all'antico; ma non si deve mettere in ghiaccio niente, perché la natura che sospira si protende verso la grande Bellezza e la luce della Trasfigurazione...

Generale È tutta un'autoillusione, uno scongiuro, un non voler guardare in faccia la nuda realtà. Dall'inizio della rivoluzione noi viviamo nel fango totale, in una specie di porcile. Stiamo a poco a poco disabituandoci alla parola. Guardate come s'è ridotta la nostra lingua con questo infame nuovo alfabeto[32] inventato dal nichilismo (un altro dono dei costituzionaldemocratici!) e con questo gergo dei compagni infiorato di varie parolette futuristiche. Sento che m'infetto io stesso di questo gergo. La vita diventa semplicemente schifosa: la bassa plebe e l'intelligencija mediocre e volgare. *Odi profanum vulgus et arceo*; nel secolo di Orazio era proprio la stessa cosa. E per ora nella vita russa non vedo nessuna luce.

[32] La riforma dell'alfabeto russo venne introdotta dai bolscevichi nel 1918 (*ndt*).

Dialogo quinto

«La chiesa russa è paralizzata»

«Una stella risplenderà dall'oriente»

Dostoevskij

Teologo laico Voi state dimenticando il fatto più importante, la conquista più preziosa della Russia, capace di pagare da sola, e in certo senso perfino di giustificare, tutte le nostre tribolazioni: la liberazione della Chiesa ortodossa russa dalla prigionia dello Stato, dallo statalismo omicida. Adesso la Chiesa russa è libera anche se perseguitata, e una Chiesa libera ripristinerà e ricomporrà anche l'edificio crollato dello Stato russo. Bisogna cercare nei destini della Chiesa, esteriori e interiori, la chiave per capire gli eventi storici; qui sta la legge profonda che guida la storia.

Generale Pare che anche la Chiesa si sia discretamente bolscevizzata durante la rivoluzione. Che avveniva nelle riunioni ecclesiastiche in vari luoghi della Russia durante la rivoluzione?

Teologo laico Era solo un movimento superficiale che fece confluire gli elementi più instabili, alcuni preti *obnovlency*[33] e socialdemocratici clericali, social-diaconi e social-sagrestani con alcuni strilloni del laicato. C'era da meravigliarsi se non fosse accaduto. Ma adesso tutto questo è praticamente liquidato. L'onda della rivoluzione s'è infranta sulla soglia del tempio. La Chiesa, umile ma ferma, ha respinto la rivoluzione. Guardate quello che avviene nel concilio; se si forgiano le armi spirituali per la rinascita della Russia è lì e soltanto lì.

Diplomatico Ripeto che se cerchiamo i colpevoli della calamità nazionale connessa con la rivoluzione, la responsabilità più pesante grava sulla Chiesa russa. Non intendo parlare del servilismo e del silenzio colposo della gerarchia; già ne parlano tutti. Ma qui la Chiesa ha anche rivelato la sua inconsistenza culturale, ha fatto bancarotta nella storia. Per quanto fossero esigue le ragioni per credere nel popolo teoforo, ci si poteva però attendere che la Chiesa nella sua esistenza mil-

[33] Sacerdoti membri della Chiesa «rinnovatrice» (*obnovlenceskaja*), uno scisma di simpatie progressiste in seno alla Chiesa ortodossa russa (*ndt*).

lenaria avrebbe saputo legarsi all'anima popolare e diventarle necessaria e cara. Invece abbiamo visto come la Chiesa fu messa in disparte senza lotta, come se non fosse cara e necessaria al popolo, e la cosa fu perfino più facile nelle campagne che nelle città. Lo strato della cultura ecclesiastica risultò tanto sottile quanto nemmeno l'immaginavano i nemici della Chiesa. Il popolo russo si rivelò improvvisamente non cristiano, e non è un caso che una missione americana si preoccupi adesso della sua istruzione religiosa proprio come *in partibus infidelium*. Che dire dell'influsso della Chiesa sulla condotta della vita, sulla disciplina del lavoro? Che cosa può contrapporre qui l'ortodossia alle confessioni occidentali, in particolare al protestantesimo che ha chiaramente vinto questa battaglia? La rivoluzione ha presentato alla Chiesa un terribile conto storico e non so se questa sarà in grado di saldarlo.

Teologo laico Lei giudica la Chiesa dall'esterno, da un lato, come la maggior parte della società russa: laggiù nel semplice popolo, cui perfino Voltaire concesse di inventarsi un Dio, esiste una Chiesa contadina. Voi la classificate 'insufficienza' in quell'esame storico in cui voi stessi foste bocciati ancor più vergognosamente. Proprio questa è la nostra disgrazia principale: la classe istruita s'è messa a far un'opposizione irresponsabile alla Chiesa, esige e critica solamente, invece di attaccarsi al carro e assumersi la sua parte di responsabilità. Provate a farlo e immediatamente si calmerà il vostro ardore critico, perché il lavoro per il Signore è veramente difficile e maledetto è colui che lo esegue con negligenza. Vi rispondo che se avete ragione e se la Chiesa non si dimostrò all'altezza dei suoi compiti storici una sola è la conseguenza pratica possibile: bisogna essere di Chiesa più che mai, sentire la propria responsabilità personale per i destini storici della Chiesa. Essere nella Chiesa comporta degli obblighi.

Generale È vero che comporta degli obblighi e anzitutto alla veridicità e sincerità. Per questa ragione devo dire che nella nostra ortodossia non tutto è come dovrebbe essere. C'è un morbo interiore che la rode e la rivoluzione ne è la miglior prova. Non è forse una testimonianza enorme della decadenza dell'ortodossia? Il sale è diventato insipido e perciò il corpo da essa salato ha cominciato a marcire. Forse che la Chiesa aveva il diritto di rinunciare senza combattere all'autorità d'origine divina? La Chiesa ha perpetrato un tradimento e addirittura se n'è lavata le mani, e adesso la persecuzione la punisce.

Teologo laico La Chiesa anche adesso non rinuncia per principio all'idea del potere d'origine divina e allo Stato cristiano, ma ad uno zar ipnotizzato da Rasputin doveva rinunciare già prima, appena si capì che la Russia veniva governata dalle ispirazioni di un *chlyst*. Questa omissione fu certamente un grande peccato della gerarchia e dei laici, comprensibile del resto se si parte dalla nota paralisi della Chiesa, dalla sua sottomissione allo Stato nella persona dell'*oberprokuror*. Oggi, grazie a Dio, la Chiesa è libera e si regge sulla base dei suoi propri principi della *sobornost'*.

Generale Non capisco chi possa liberare la Chiesa se non essa stessa. L'ha fatto forse il governo provvisorio[34] o, con rispetto parlando, la repubblica russa? Se la Chiesa era paralizzata esteriormente, lo era anche interiormente e io non mi sento di giudicare se ne sia guarita. Ma è chiaro che la paralisi esisteva: nel momento più fatale della storia la Chiesa non seppe preservare lo zar da Rasputin! Dov'è la forza della Chiesa apostolica, dove il potere di sciogliere e legare? Non sono un mistico, ma non posso liberarmi dall'idea che le forze malvagie poterono mobilitare Rasputin proprio perché non trovarono resistenza, e dove avrebbe dovuto risuonare una parola apostolica la questione fu troncata dalla pallottola sviata di un ufficiale[35]. Ma con una pallottola non si può combattere una forza mistica e dal sangue di Rasputin sparso sulla terra russa nacque l'idra a più teste del bolscevismo, un chlystismo sociale con una chiara tinta di sadismo. Non so se sia possibile vincere *questa* paralisi con il semplice ripristinare l'ordinamento conciliare.

Teologo laico A questo dubbio non si può e non si deve rispondere con le parole ma solo con i fatti, con il sacrificio. Bisogna far rinascere la vita ecclesiale; questo è oggi il compito patriottico, culturale e perfino politico più importante in Russia. Solo da questo centro spirituale può rinascere anche la Russia e perciò vedo nel nostro concilio[36] l'evento più importante della storia russa recente, in particolare dell'epoca rivoluzionaria con tutti i suoi cambiamenti di scena e le tempeste partitiche in un bicchier d'acqua. Conosco il gusto e la portata della politica, dell'economia, della cultura, ma adesso sono decisamente clericale e per il bene della Chiesa non sento nemmeno il peso di un

[34] È così chiamato il governo insediatosi alla caduta dello zarismo (2 marzo 1917) e soppresso dal colpo di Stato bolscevico (7 novembre 1917) (*ndt*).
[35] Allusione alla morte di Rasputin, ucciso da un ufficiale.
[36] Il concilio ortodosso panrusso che iniziò i lavori il 15 agosto 1917 (*ndt*).

lavoro che non toccherei con un dito se fosse a favore di questo imperialismo ateo.

Politico Devo ammettere di non capire il significato panrusso che possono avere i lavori del concilio al di là degli interessi puramente professionali del clero.

Teologo laico Le risponderò con un paradosso: nella Russia ha un futuro culturale soltanto ciò che è ecclesiale, evidentemente nel significato più ampio del termine. Solo all'ecclesializzazione della vita russa possiamo ricollegare le speranze di una rinascita culturale della Russia. Attualmente stanno facendo l'esperimento mastodontico della cultura atea, 'socialista', e guardate quanto si riveli sterile e impotente su tutta la linea, anzitutto nella questione più vitale per essa: la disciplina del lavoro. Tutto è andato a pezzi, la produttività del lavoro è scemata e per ristabilirla non resta altro mezzo che gli scorpioni[37] socialisti. Senza un'educazione guidata dalla Chiesa non riusciremo a ristabilire né l'economia né lo Stato. Ma i miei sogni vanno più lontano: sogno la conquista della scuola russa, la sua per così dire «clericalizzazione» interiore, perché venga finalmente colmato l'abisso tra la Chiesa e l'istruzione laica.

Scrittore Io La capisco. Concordo con Lei che nel concilio, in modo umile e silenzioso, in mezzo all'indifferenza generale, si sta compiendo un lavoro d'importanza somma. Che Dio vi aiuti nel vostro lavoro! C'è un solo dubbio irrisolto che si agita dentro di me: a mio parere il concilio finora agisce come un'assemblea costituente ecclesiastica che elabora una specie di costituzione. Naturalmente è una cosa inevitabile se si vogliono ripulire le stalle secolari di Augia, ma temo che ne risulti una specie di 'cadettismo' ecclesiastico, un'ortodossia «costituzionaldemocratica». Ho paura, lo riconosco, di questa ortodossia pulita-pulita e giuridica e poi vi si può annidare il clericalismo più pericoloso. Stiamo attenti a non purificare troppo la nostra ortodossia dalla vecchia devozione, incartapecorita, fanatico-conservatrice, ma in compenso vigorosa e infinitamente cara.

Teologo laico Questi timori possono nascere solo alla periferia, fuori dell'atmosfera conciliare. Perché più importante ed essenziale di

[37] Allusione agli scorpioni del faraone contro gli ebrei (*ndt*).

tutti i lavori è lo spirito ecclesiale, il nostro vivere la Chiesa. Che fortuna poter provare tutta la realtà della comunione ecclesiale, tutta la forza dell'unione conciliare di tutti i componenti della Chiesa: episcopato, clero e laici! Da noi non ci sono ragioni per temere un giuridismo nella Chiesa. E poi non notate l'animarsi incipiente dell'ecclesialità che a suo tempo darà il frutto di ravvivare la vita parrocchiale?... Uno dei giorni più felici della mia vita fu il 28 gennaio di quest'anno, il giorno della processione a Mosca, quando la forza dell'entusiasmo orante strappò dai petti i cantici pasquali nel cuore dell'inverno. Quante migliaia di persone pronte a soffrire per la fede, a cadere sotto le pallottole... Il sangue dei martiri sta già lavando i peccati storici della Chiesa e rendendo bianche le sue vesti.

Scrittore È proprio così. Una nuova forza possente sta penetrando, salvifica e sanante, nella vita russa. Purché non scemi così presto come è nata; perché anche questa è purtroppo una caratteristica russa.

Diplomatico Anche a me sembra necessaria una grande cautela nel valutare questa animazione religiosa. Infatti è provocata dai feroci provvedimenti dei bolscevichi che hanno messo la Chiesa in una situazione senza uscita. Una necessaria autodifesa provoca inevitabilmente la corrispondente reazione e non è un caso che queste processioni ricordino tanto da vicino le dimostrazioni: sanno di smarrimento e spavento, appena rilevabili in mezzo all'entusiasmo generale. Secondo me due sono gli estremi egualmente pericolosi per la Chiesa: un crollo catastrofico in seguito alla persecuzione e una restaurazione con il ripristino dei privilegi dei principi della Chiesa; perché quest'ultimi sono stati tutti educati dal vecchio regime che sognano come un paradiso perduto.

Teologo laico Ormai la Chiesa non ha paura di nessuna restaurazione, non si priverà della libertà dopo averne gustata la dolcezza, non rinuncerà più al suo ordinamento canonico conculcato nel periodo sinodale[38]. Spero che anche per i nostri vescovi non ci sarà più ritorno al passato, quando erano prigionieri della loro stessa posizione e rinchiusi nei loro palazzi vescovili. Adesso hanno incontrato il popolo che non li lascerà più partire e loro stessi non vorranno separarsi da

[38] È così chiamato il periodo che va dalla morte del patriarca Adriano (1700) all'elezione del patriarca Tichon (1917), durante il quale alla testa della Chiesa russa fu il Santo Sinodo costituito da (circa) 12 vescovi e praticamente guidato dall'*oberprokuror*, un laico nominato direttamente dall'imperatore (*ndt*).

lui. Non posso però negare che alla Chiesa per crescere è necessario l'afflusso di forze abituate alla libera iniziativa creatrice e fra il clero e fra i laici. Ecco perché oggi ha tanta importanza il riavvicinamento dell'intelligencija alla Chiesa. Lontana dalla Chiesa essa perirà, ma anche la Chiesa non potrà assolvere ai suoi compiti impellenti senza l'afflusso di forze nuove. A queste condizioni la reazione non le farà paura. La Chiesa acquisterà l'indipendenza e la resistenza insieme all'attitudine alla lotta, e s'opporrà a una nuova violenza.

Generale Lei s'attende fichi dai triboli! No, meglio cancellare dalla lista l'intelligencija: bisogna cercare di far da sé, senza di essa. Ormai è difficile sperare in un movimento popolare generale verso la Chiesa; nel migliore dei casi avremo attorno ad essa un cerchio di miscredenza e indifferenza, nel peggiore può anche continuare una persecuzione vera e propria, ma in forme più colte, per esempio come in Francia. Io sono un soldato abituato a prevedere il peggio e non il meglio: bisogna prepararsi alle catacombe, ecco quel che vi dico! E poi m'intendo poco di questi problemi, ma mi meraviglio come molti nutrano certe speranze nella riforma della parrocchia, una riforma che praticamente si riduce alla sua «democratizzazione», cioè al trionfo della piazza e alla demagogia ecclesiastica.

Teologo laico Può forse la Chiesa nella sua lotta con i persecutori appoggiarsi oggi su qualcosa di diverso dal popolo fedele? Ecco il perché della sua mobilitazione generale ovunque. La comparsa di una genuina democrazia ecclesiastica è uno dei fenomeni più notevoli della vita russa dopo la rivoluzione.

Profugo Eppure non si può versare vino nuovo in otri vecchi; la parrocchia attuale si regge piuttosto per ragioni di comodo, ma non è un'unità ecclesiale viva. I membri più vivi della Chiesa di solito non s'accontentano della parrocchia e cercano altre forme di consociazione religiosa. Per me è addirittura un punto interrogativo se esista questo vino nuovo nella Chiesa «globale», nella sua massa e perfino nel concilio, il quale è una specie di rassegna delle forze ecclesiastiche. Forse le mie impressioni sul concilio sono incomplete, ma mi sembra che vi sia molta devozione, molta fedeltà alla tradizione, diciamo molta vecchio-credenza[39] nel significato migliore e più positivo, mentre

[39] *Staroverie* nel doppio significato di fede dei vecchio-credenti e di religione anchilosata (*ndt*).

invece manca l'afflato religioso, c'è addirittura poco gusto per le questioni religiose, poca emozione dogmatica. È un vero concilio o non piuttosto un'assemblea costituente ecclesiastica? Del resto da dove attendersi un vero concilio: nei circoli dirigenti e dotti impera in sostanza la medesima indifferenza per le questioni religiose, talora mascherata dal tronfio darsi importanza, talaltra dalla vecchio-credenza. Sono pasciuti, non hanno sete, non hanno ansia. Volete degli esempi? Come si sono comportati riguardo alla scottante questione della venerazione del nome di Dio[40]? In sostanza l'hanno ignorata: un'indifferenza glaciale a prescindere dai vari orgogli personali immischiatisi nella faccenda. Hanno per caso notato la comparsa di una grandiosa opera mistica, del «manoscritto» di A.N. Šmidt, che forse è la chiave degli avvenimenti più recenti della storia mondiale? Quale smarrimento impotente nelle questioni dell'occultismo e dell'antropologia in genere! Sono tutti esempi parziali di cui si può discutere e che si possono eliminare quali eresie, ma rimane il fatto che nel concilio e fuori imperano la fiacchezza e la sonnolenza dogmatiche, per cui non abbiamo nemmeno il diritto di attenderci un vero concilio, ma solo un concilio convocato dall'alto, con la bacchetta magica, per ordine dell'*oberprokuror*. I concili ecumenici avevano luogo quando la vita ecclesiale arrivava al punto di ebollizione e quando la via d'uscita poteva essere unicamente il «piacque allo Spirito Santo e a noi»[41]. Questo di adesso non è un concilio ma semplicemente un congresso ecclesiastico panrusso rivestito di poteri straordinari, niente di più.

Teologo laico Tutto è assolutamente falso. È facile criticare, a volo d'uccello, basandosi su impressioni casuali; bisogna gettarsi a capofitto nel lavoro conciliare, partecipare giorno per giorno alla vita conciliare per apprezzare questo lavoro unico nel suo genere per tensione, fruttuosità e speditezza. Io ho partecipato a vari congressi scientifici e politici e dichiaro che da noi nessun congresso è tanto illuminato, onesto e in genere «preparato». Partecipando alle sedute conciliari si può guarire da qualunque scetticismo sui destini della Russia. Riguardo poi al preteso disinteresse per le questioni dogmatiche, ogni cosa a suo tempo; prima dobbiamo risolvere i problemi del momento, scopare

40 Allude alla questione dello *imjaslavie*, che sorse tra i monaci russi del monte Athos, ebbe vasta eco in Russia, e fu infine ridotta al silenzio dalla polizia all'inizio di questo secolo (*ndt*).

41 Negli Atti degli Apostoli frase che introduce le decisioni del cosiddetto Primo Concilio Ecumenico (*ndt*).

fuori dal tempio la sporcizia accumulatasi nei secoli, e allora verrà anche il momento delle questioni dogmatiche. Del resto non ci sono nella vita della Chiesa questioni puramente dogmatiche e ogni questione riguardante il suo ordinamento è collegata con i fondamenti della dottrina. È vero: nel concilio non c'è il nervosismo, la fantasia e l'avventurismo religioso così comuni nei rappresentanti della «nuova coscienza»[42], nei vari mistici, orgiastici, antroposofi, teosofi e simili. In costoro la caccia all'elemento piccante uccide spesso il senso della realtà. Ci mancherebbe altro che il concilio dibattesse le loro questioni predilette del «terzo testamento», per esempio il sesso. No, nel concilio non ci deve esser posto per il chlystismo.

Profugo Hanno parlato molto del divorzio ma mi pare che in sostanza non ci siano state risoluzioni sul sacramento del matrimonio. Forse pensano che tutto sia abbastanza chiaro dal catechismo.

Teologo laico Sì, tutto è sufficientemente chiaro, purché i chlysty o le varie eresie del «terzo testamento» non innalzino una cortina fumogena.

Profugo Tuttavia continuo a pensare che l'ortodossia attuale abbia il carattere di vecchio-credenza e sia sorda ai problemi che le pone la sua stessa esistenza. Io non condanno la vecchio-credenza, anzi trovo che in un certo senso la Chiesa deve essere vecchio-credente, legata a una tradizione nella quale tutto è egualmente importante ed essenziale, e in questo hanno ragione, in linea di principio, i vecchio-credenti. Ma, per una Chiesa militante e calata nella storia, essere semplicemente vecchio-credente vorrebbe dire fermare violentemente il tempo. I nostri vecchio-credenti sono prigionieri di tale situazione perché per loro la storia della Chiesa termina nel secolo XVII e poi subentra l'archeologia ecclesiastica: una situazione tragica di cui i vecchio-credenti non hanno forse ancora capito tutta la gravità.

Teologo laico Non capisco di che cosa Lei stia parlando. Nella vita della Chiesa non è successo niente di nuovo, tutto questo rumore della politica e perfino la catastrofe non attinge le profondità della vita

42 Una corrente di letterati che faceva capo a Merežkovskij parlava del (terzo) testamento dello Spirito Santo, dava grande importanza alle questioni del sesso e intendeva legittimare le pretese imperiali russe (*ndt*).

ecclesiale. E poi l'ortodossia fino alla fine del mondo rimarrà se stessa: «una, sobornaja, apostolica».

Profugo La Chiesa «una, sobornaja e apostolica» durerà certamente fino alla fine dei tempi, ma non è così pacifico che l'ortodossia greco-russa attuale le sia adeguata. Personalmente io ritengo che abbiamo ormai oltrepassato i confini dell'ortodossia *storica* e che nella storia della Chiesa sia incominciata una nuova epoca, almeno altrettanto diversa dalla precedente come la Chiesa costantiniana da quella primitiva. La Chiesa costantiniana è terminata nel 1453 per Bisanzio e per tutta la Chiesa ortodossa il 2 marzo 1917. La caduta dell'autocrazia è un limite nella storia della Chiesa e penso che nessuna restaurazione sul modello tedesco lo possa cancellare.

Teologo laico Lei ripete il pregiudizio diffuso che ortodossia e autocrazia sono legate a vicenda, come lo affermano le Centurie nere oppure i nemici dichiarati della Chiesa, i letterati politicanti come Merežkovskij il quale flirtò con la rivoluzione finché questa non mostrò i suoi veri denti. Non esiste nessun legame, oltre a quello storico, tra l'ortodossia e l'autocrazia e questo ha avuto una conferma evidente adesso che l'ortodossia ha acquistato finalmente la libertà e ormai nessuno le può rimproverare di essere alleata all'autocrazia.

Profugo Eppure questo legame esisteva, non solo esteriore ma interiore, mistico ed è ciò che corrisponde all'autocoscienza costante dell'ortodossia da san Costantino ai nostri giorni. La Chiesa nutriva un amore speciale per il suo Unto, per il suo prediletto, rampollo di David, sposo della Chiesa. Guardate alla liturgia, adesso mutilata da amputazioni meccaniche, e vi troverete, oltre alla pompa di corte e al servilismo, questo amore mistico; la Chiesa sentiva di avere nel «vescovo ad extra», nel «vicario di Dio sulla terra» un edificatore della città di Dio, il custode del giardino della Chiesa. L'ortodossia non concepiva diversamente la sua missione storica di edificare il Regno di Dio sulla terra. Quando cadde Bisanzio, le insegne di Monomaco vennero trasferite nella terra australe[43] e i nostri pii antenati a pieno diritto videro nella Moscovia la «Terza Roma».

[43] Una leggenda racconta che parte delle insegne imperiali bizantine venne donata al grande principe russo Vladimir Monomach (1053-1125) (*ndt*).

Teologo laico Lei a tutti i costi ascrive all'ortodossia il dogma dell'autocrazia e le rinfaccia l'eresia del cesaropapismo, ossia del papocesarismo alla rovescia, che è l'errore latino. Anche se talvolta fece capolino nella storia quale abuso e omissione, non fu mai elevato a dogma come nel cattolicesimo. Lei assegna un inesistente valore di principio all'etichetta di corte che purtroppo è penetrata anche nella liturgia.

Profugo Se si ritiene dogma solo quanto è stato formulato nei concili ecumenici non si può certo parlare di un fondamento dottrinale dell'autocrazia, ma neanche di molti insegnamenti della Chiesa che hanno un incontestato valore dogmatico, per esempio la venerazione della Madre di Dio, i sacramenti e molte altre cose. Non è possibile contestare il fatto che all'autocrazia venne attribuito un significato non solo pratico-religioso ma anche dottrinale nella storia dell'ortodossia. Se non si accetta questo presupposto, tutta la storia di Bisanzio è semplicemente un malinteso, in particolare la storia dei concili ecumenici nei quali gli imperatori possedevano determinati diritti *ecclesiastici* riconosciuti, e poi anche tutta la storia dell'autocrazia russa. La Chiesa esalta san Costantino quale «primo imperatore che nel cristianesimo ricevette lo scettro da Dio», lo pensa come organo teocratico. Ma perché andar tanto lontano? Lei sa come ancor di recente veniva impostata la questione del rito dell'anatematizzazione che si compie la domenica dell'ortodossia.

Teologo laico Non sono poche le impurità che hanno oscurato la nostra liturgia durante l'epoca imperiale. Basterebbero le interminabili ripetizioni dei nomi delle persone della casa regnante[44]. Ma adesso che non ci sono più, la nostra liturgia splende come un'icona lavata e liberata dal fumo e dalla sporcizia secolari.

Profugo Però non possiamo semplicemente dichiarare abuso ciò che non ci garba. Per tornare agli anatematismi, vi sono elencate le principali eresie che hanno sconvolto e scosso la Chiesa, ariana, macedoniana, ecc., e alla pari con queste, all'undicesimo posto, sta quanto segue: «colui che ritiene essere i reggitori ortodossi elevati al trono non per speciale elezione divina, non ricevere nella unzione i doni del-

44 Fino alla caduta dello zarismo in tutte le preghiere litaniche venivano elencati i componenti della famiglia imperiale (*ndt*).

lo Spirito Santo per rispondere a questa grande vocazione, e quindi osa tramare contro di loro ribellione e tradimento, anatema sit».

Teologo laico Questo anatematismo è certamente d'origine politica e perciò la nuova autorità ecclesiastica con saggia decisione l'ha già eliminato.

Profugo Eppure ci sono tuttora persone convinte che la Russia s'è attirata questo anatema e vi vedono la causa prima di tutte le nostre calamità; perché un anatema non è da prendere alla leggera, non è una parola vuota che si perde senza forza nell'aria.

Generale Questo sì che è vero! Io non sapevo esprimerlo, ma sentivo confusamente tutto il tempo che qualcosa di fatale incombe sulla Russia; s'è mostrato soprattutto nel destino dell'esercito e dei suoi capi. Guardate come perfino il governo ateo avverta la forza mistica del giuramento al punto da inventare un «giuramento socialista», proprio come «il sigillo della fiera» dell'Apocalisse.

Diplomatico Voi attribuite un serio significato al capriccio bambinesco per la pompa e le buffonate. Anche sul significato mistico del giuramento state fantasticando. Solamente un pregiudizio mistico può incolpare i generali costretti a subire l'influsso delle varie «sfere»; anche il monarchismo dovettero sacrificare per amor di patria.

Generale E per questo sacrificio sono stati immediatamente puniti insieme all'esercito. Date ascolto una buona volta alla voce della storia!

Teologo laico Tuttavia non vedo nulla di mistico nell'alleanza tra l'ortodossia e l'autocrazia. L'ortodossia è fiorita non solo a Mosca, ma anche nelle repubbliche della Russia settentrionale dove ci fu una magnifica ondata di creatività nazionale nell'iconografia e nell'architettura sacra. L'ortodossia visse sotto Batyj, vive sotto il sultano e adesso sotto i bolscevichi. Chi lega le sue sorti all'autocrazia chiude gli occhi davanti alla storia.

Profugo Lei enumera i centri provinciali dell'ortodossia che coesistono con il centro fondamentale, ma solo per quest'ultimo passa la sua via maestra. Dal tempo di Costantino l'ortodossia ebbe il compito storico universale di installare la teocrazia ortodossa una, come una è la Chiesa. Qui mirava l'idea della seconda e terza Roma, alla stessa mèta incominciò a tendere il potere papale con la sua volontà di dominazione universale e per questo scoppiò il grande scisma della Chiesa. Sul terreno della teocrazia si scontrarono da emuli il pontefice-imperatore e l'imperatore-pontefice. Non si trattò affatto di papi ambiziosi o di manie cesaropapiste, ma dell'edificazione della Città di Dio. La storia implacabile ha posto una croce sui progetti occidentali come su quelli orientali, la ierocrazia occidentale è crollata da lungo tempo mentre quella orientale soltanto ora. La grande disputa tra oriente ed occidente oggi è esaurita ed eliminata. Nel 1917 è terminata nella storia della Chiesa l'epoca costantiniana ed ha avuto inizio quella successiva, analoga all'epoca delle persecuzioni e delle catacombe.

Diplomatico C'è da temere che non sia finita del tutto se dovremo ancora gustare l'incanto della restaurazione, naturalmente *germanis auxiliis*. Del resto la nostra ultima «teocrazia» del periodo pietroburghese già fu semitedesca e quindi impastata per metà di lievito protestante[45].

Profugo Non nego la possibilità dell'instaurazione in Russia di una monarchia borghese-costituzionale di tipo prussiano con tutta la decorazione dello «Stato di diritto»; ma sarà solo l'ultimo stadio di decadenza del grande «sacro impero», dell'«impero ortodosso». Questo è crollato e potrebbe rinascere solo dal seno della coscienza ecclesiale. Nonostante tutto, la linea che spacca in due la storia è stata tracciata da Rasputin con la sua missione di falso profeta. Noi non valutiamo abbastanza il significato mistico e la portata del fenomeno Rasputin.

Teologo laico E Lei si lascia trasportare da una fantasia mistica morbosa che vede l'apocalisse dove è di casa unicamente la psicopatologia sessuale. Io non vedo nessuna differenza dal punto di vista religioso tra la vecchia monarchia e la restaurazione, se pur ci sarà. È una questione di opportunità politica che non voglio qui discutere, ma la Chiesa deve mantenere per sempre la libertà e l'indipendenza dallo Stato in ogni regime. Lo Stato deve naturalmente, e per ragioni di sapienza politica, dare una mano alla Chiesa perché questa raggiunga i

[45] Allusione a un duplice fatto: la casa regnante russa attraverso i frequenti matrimoni con principesse tedesche era fortemente germanizzata: il Santo Sinodo, posto dallo zar a capo della Chiesa invece del patriarca, era una copia dei sinodi di nomina governativa delle varie Chiese protestanti tedesche (*ndt*).

suoi fini, ma la Chiesa non deve spingersi al di là della semplice correttezza verso lo Stato, senza permettere nessun nuovo romanticismo del servilismo e in ogni caso senza accollarsi un altro «sposo», come Lei ha voluto esprimersi.

Profugo Sì, ma non sarà più l'ortodossia come è stata finora.

Scrittore Ma Lei dove mette l'ortodossia! Lei la concepisce a modo suo, in maniera insolita.

Profugo Effettivamente io penso che l'ortodossia nel suo preciso significato ecclesiastico e storico non abbia né un futuro né un presente ma solo un passato che noi abbiamo già superato. Con la caduta dell'impero ortodosso l'ortodossia ha subito una ferita inguaribile, bisogna riconoscerlo apertamente. La teocrazia sul tipo del sacro impero non ha avuto successo o per essere più precisi, la sua portata è risultata solo transitoria, riformistica e non definitiva. Ciò significa che anche la vecchia disputa greco-romana ha perso la sua attualità: perché nacque all'inizio non a causa di dogmi, ma a motivo di una diversa concezione delle vie della teocrazia. Ambedue le Chiese hanno percorso questa strada fino in fondo finendo in un vicolo cieco e facendo fiasco, se si può chiamare tale qualunque evoluzione necessaria che giunga alla sua fine. In questo senso, se volete, si può parlare di fiasco anche per tutto il processo storico, ma non sarebbe certo giusto. Ecco perché adesso si leva davanti a noi, con freschezza e fascino nuovi, la vecchia questione della riunione delle Chiese, cui ci chiama e costringe l'ora storica minacciosa che incombe su tutto il cristianesimo.

Teologo laico Sì, è proprio il tempo più propizio ai buoni padri gesuiti per pescare nel torbido. Non a caso l'*unija*[46] si sta tanto diffondendo nell'Ucraina conforme al piano architettato da tempo da Šeptickij insieme allo stato maggiore austro-germanico. Oggi è necessaria più che mai la lotta contro il cattolicesimo e, pur nutrendo poca simpatia per l'anatema contro di esso, lanciato, come raccontano, dal metropolita Antonij nel concilio di Kiev, devo ammettere che contro Šeptickij è necessario anche un Chrapovickij.

46 *Unija* viene spesso chiamata con disprezzo dai russi la parte della Chiesa cattolica che conserva il rito bizantino e viene considerata alla stregua di una trovata politica. Andrej Šeptickij (1865-1944) fu metropolita cattolico-bizantino di L'vov, Antonij Chrapovickij metropolita ortodosso di Kiev e noto anticattolico (*ndt*).

Profugo Šeptickij e Chrapovickij non sono forse tutti e due rappresentanti del passato, di un'epoca ormai superata? Contro tutto il cristianesimo si sta muovendo un nemico comune davanti al quale l'ortodossia e il cattolicesimo non hanno altra scelta. Qui le differenze dogmatiche non hanno mai avuto un significato decisivo; esse possono e devono essere superate se esiste il desiderio sincero e cordiale di capirsi. In sostanza anche il cattolicesimo sta cambiando come l'ortodossia, sta succedendo qualcosa che per ora avvertono solo pochi, nasce un nuovo senso della Chiesa universale. Se questo sentimento si allargherà ed approfondirà, perderanno ogni importanza le interminabili discussioni e le intere biblioteche scritte sull'argomento. Tutto appassirà di fronte a un impeto elementare per l'unione in Cristo.

Teologo laico Devo ammettere che non La capisco assolutamente. La sua è Internazionale, solo modificata. Da noi l'hanno predicata prima di tutto i gesuiti russi e in generale i cattolicizzanti come Čaadaev; in maniera alquanto inattesa, anche se personale, le tese la mano, nel discorso per Puškin, Dostoevskij, che pure conosceva il cattolicesimo; poi fu la volta dei liberali, dei marxisti, giù giù fino agli attuali compagni. Lei torna a predicare la fraternizzazione interconfessionale quando bisogna munire il fronte contro un perfido nemico.

Profugo La questione è che il fronte deve essere organizzato non in quella direzione. Il vero nemico sta attaccando i nostri due schieramenti frazionati e perciò indeboliti.

Teologo laico Che cosa vuole: l'indifferentismo confessionale o l'*unija*, «il cattolicesimo di rito orientale», adesso di moda?

Profugo Né questo né quello. Secondo me oggi è necessario più che mai stringersi alla Chiesa, perché nulla viene tanto punito come la mancanza di radici nella Chiesa. Se volete, io sono praticamente un clericale che trema per ogni iota dell'ortodossia, perché soltanto dalla pienezza della vita ecclesiale si può attendere lo spirito profetico, la pienezza del compimento, non dalle sette o dai salotti. Bisogna essere assolutamente ecclesiali anche nel senso della disciplina esteriore e perciò non ci si può permettere esperimenti di arbitraria riunione delle Chiese come fece a suo tempo Vladimir Solov'ëv che si riunì segretamente al cattolicesimo e insieme rimase nell'ortodossia; bisogna esserlo nella fedeltà interiore, nell'amore geloso, teso, esigente. È proprio ciò che mancava agli slavofili, gente fedele all'ortodossia in una forma nobile e cavalleresca, ma, allo stesso tempo, troppo tranquilli e pasciuti. La sazietà non è pienezza e beatitudine.

Teologo laico A Chomjakov e altri slavofili, lottatori intrepidi per l'ortodossia, era effettivamente sconosciuta la nevrastenia religiosa che costituisce il carattere distintivo del chlystismo attuale. A me pare che proprio lo spirito di Chomjakov aleggi sul concilio confermandolo nell'equilibrio, nella fermezza e nella chiarezza tranquilla e serena.

Profugo In questo Lei ha ragione più di quanto pensi. Ma proprio questo conferma la mia idea che il concilio, nella questione più essenziale, non è all'altezza del momento, rimane indietro. La bandiera di Chomjakov e di tutti gli slavofili appartiene ormai alla passata epoca storica. Il terreno solido sotto i piedi, il costume familiare, le tradizioni stabili, tutto è divenuto vacillante come nel terremoto, tutto s'è sciolto e si rifonde nel fuoco.

Teologo laico Lei parla dello slavofilismo come di un cadavere spirituale che non s'è ancora decomposto. Questo e il suo atteggiamento in genere verso la Chiesa storica mi sembrano semplicemente sacrileghi e io preferirei un'inimicizia manifesta a questa Sua accondiscendenza. È meglio aver a che fare con nemici aperti che con individualisti che si ammantano di ecclesialità.

Profugo Che cosa risponderLe? Professare una dedizione illimitata alla Chiesa? Lo ritengo fuori luogo. Eppure proprio nella circostanza che sta attraversando una certa crisi io vedo una prova della vitalità dell'ortodossia. Credo e con l'aiuto di Dio crederò fino alla morte che nell'ortodossia orientale si conserva pura e incorrotta la verità della Chiesa e che la Chiesa russa risplenderà di bellezza irresistibile e di forza invincibile. Da lei uscirà la luce per la salvezza del mondo intero. Con la mia ragione profana riconosco pure che la Chiesa ortodossa in Russia è il primo e adesso addirittura l'unico sostegno della coscienza nazionale e culturale russa e che a lei devono essere dedicate direttamente o indirettamente tutte le migliori forze del paese, che a lei devono in un modo o nell'altro «orientarsi». Ce lo insegnano le prove gravose che ci spingono a stringerci attorno alla Chiesa, come la Polonia spartita si raccolse attorno alla Chiesa cattolica. Grandi compiti anche nel settore della creazione culturale attendono la Chiesa russa che deve di nuovo consacrare il genio russo. Tuttavia ritengo che per questo essa debba superare anche il proprio isolamento e sentire vivamente la divisione delle Chiese come una ferita nel corpo vivo della Chiesa. L'oriente e l'occidente, a cominciare dal fatale secolo decimo, hanno perso qualcosa che può e deve essere recuperato.

Teologo laico Quale sarà la sorte della Chiesa orientale a suo parere mutilata dalla divisione? Soltanto il suicidio attraverso la riunione e la dissoluzione nel romanismo che è più dannoso e pericoloso perfino del germanesimo.

Profugo La Chiesa russa, come nessuna delle Chiese nazionali, è ripiena di aspirazioni imprecise e ha sete di eventi apocalittici. La Russia peccatrice, ateistizzata, putrefatta, troverà in sé la forza di emettere il gemito del buon ladrone nell'ultima ora della storia, perché, nonostante tutto, resta il paese dei santi miracoli. Qui splenderà il bianco raggio della Trasfigurazione universale.

Diplomatico Quod erat demonstrandum: inimicitiae temporales, amicitiae sempiternae! La scena toccante della riunione di tutti i cuori slavofili! Mio Dio, possibile che nemmeno tutto ciò che sta attraversando la Russia riesca a liberare le teste russe dalla nebbia slavofila? A volte ho l'impressione che questa inclinazione alle fantasticherie sia addirittura più dannosa e velenosa dei deliri socialisti. Essa paralizza la nostra volontà, ci immerge in un quietismo contemplatore. Solo il bastone tedesco può cacciare dai nostri spiriti questa chimericità e impiantarvi il sobrio realismo. Qui sta la vera causa della crisi russa.

Epilogo

«Una donna vestita di sole»

Apocalisse

Profugo Perché Lei vede soltanto la caduta della Russia sconfitta e sembra dimenticare ciò che avviene nel mondo intero? Non siamo forse testimoni di una catastrofe universale, del crollo di tutta «l'epoca moderna»?

Diplomatico Bisogna evitare queste esagerazioni tragiche. L'Europa ha attraversato più d'una crisi e ne è uscita rinata. Anche stavolta in Europa sarà ristabilita la vita normale; e anche in Russia, purché spazzi via i vari Pugačëv e Manilov del momento.

Profugo Io invece penso che il vecchio ordine non verrà affatto ristabilito; sarebbe un controsenso, un insuccesso troppo grande della storia se tutto dovesse essere semplicemente ripristinato. Aggrapparsi ad ogni costo ai vecchi stracci è lo stesso che non mollare le assi di una nave alla deriva. È vero che in Russia si può ristabilire un genere di vita relativamente tranquillo, ma sarebbe solo un «attimo di respiro» che bisogna sfruttare come si deve. Tutto il mondo si sta trasformando in una massa infuocata e non c'è luogo dove fuggire le onde inferocite.

Diplomatico Ogni grande guerra fa nascere questi sentimenti. Ricordate il 1812[47]; già a quel tempo i dilettanti di escatologia, gli apocalittici d'allora aspettavano la fine del mondo. Invece ne venne fuori... la santa alleanza e il fiorire del capitalismo. Qualcosa di simile verrà fuori anche adesso ed è abbastanza chiaro di quali elementi sarà costituito questo nuovo mondo.

Profugo Effettivamente ogni grande guerra è come il paradigma e quasi una prova storica della catastrofe universale. Tuttavia, conosce la storia eventi di eguale ampiezza e importanza dei presenti?

Diplomatico Nonostante tutto non sono ancora universali. Il mondo giallo non ha preso veramente parte alla guerra ed è difficile che lo faccia nel prossimo futuro. L'India sta in disparte. In Europa tutto si rimetterà ancora a posto, ma si metterà a posto in Russia?

Profugo Ricordo, 'non so perché', come al principio della guerra dovetti abbandonare la Polonia insieme ad altri. Davanti a noi s'accavallavano le onde della grande trasmigrazione di popoli e senza volerlo pensai che s'avvicinava il tempo in cui tutti si sentiranno in misura maggiore o minore «profughi» cacciati via dai loro nidi, nudi, senza tetto e... liberi. Tutto il mondo sta diventando profugo e come non ricordare i presentimenti di sempre dei nostri pellegrini perpetui? Anche nella nostra intelligencija, effettivamente senza grazia e senza radici, esiste questo senso del profugo che cerca la città ultraterrena. Purché apra gli occhi e capisca a che cosa veramente tende!

47 L'anno dell'invasione della Russia da parte di Napoleone (*ndt*).

Generale Scusatemi, ma non le facciamo troppo onore; la nostra intelligencija è costituita da rinnegati, da emigranti, non da pellegrini perpetui. Le manca completamente il senso della patria, il senso della terra.

Profugo Ciò che Lei dice è in parte vero, ma alla fin dei conti non essenziale. Nonostante tutto, l'intelligencija aspira a ciò che può dare solo la Trasfigurazione, anche se a causa della sua cecità lo attende dalla rivoluzione. In questa sua brama essa è popolare. Non è ancora uscita dalle fasce, non ha ancora abbandonato i giochi infantili e non conosce se stessa. Ma senza di essa la Russia, anzi dirò la Chiesa russa, non potranno rivelare al mondo ciò che sono chiamati a rivelare.

Teologo laico Per ora l'intelligencija è la classe più conservatrice e vecchio-credente, che ostinatamente si aggrappa ai dogmi socialisti già vecchi e sorpassati. Come Lei ha detto, essa deve diventare profuga di se stessa, morire dignitosamente a tempo per rinascere e portare frutti copiosi.

Scrittore Mi piace la Sua idea sull'incombere di un'epoca in cui tutti saremo profughi. L'aria è piena di ozono per le scariche elettriche: incute paura e, se volete, terrore, ma anche allegria e la testa ti gira come per una dolce ubriacatura. Ciò mi ricorda un poco una gita in barca in alto mare con un tempo buono: il rumore delle onde, la schiuma e gli spruzzi, l'odore salmastro, lo scintillio del mare, la corsa veloce... ne sei preso completamente. Sai che il tuo guscio si può rovesciare da un momento all'altro, eppure vorresti cantare, darti alla pazza gioia come uno scolaretto. Nessuno lo dice meglio di Puškin:

«Tutto, tutto quel che minaccia rovina
per il cuore mortale nasconde
uno struggente piacere inspiegabile».

È difficile la parte di contemporaneo di grandi eventi, è difficile sedere ospite al banchetto degli dei, ma le generazioni vissute in epoche più tranquille devono invidiare noi che abbiamo avuto questo onore.

Politico Ma con che veste ci siamo presentati a questo banchetto? O Russia, Russia mia, che cosa t'è successo? Che m'importa il banchetto degli dei se hanno gettato fuori te perché priva della veste nuziale? Che m'importano le prospettive storiche mondiali se vi vedo il cadavere in putrefazione della mia Russia? Non voglio un mondo senza la Russia, non accetto la trasfigurazione del mondo senza la Russia. Perché Dostoevskij ci ha detto che è lei «la donna vestita di sole», perché solo noi possediamo la notte solenne della Resurrezione di Cristo. No, tutto è perduto se è perduta la Russia, tutta la storia è un insuccesso, tutta la storia si sfracella nell'abisso.

Scrittore Perché cercate colui che è vivo tra i morti? Perché avete poca fede? La nostra Russia è viva e, come nel passato, il Cristo russo la percorre sotto l'aspetto di schiavo, vilipeso, senza forma e bellezza. Non il Cristo descritto da Blok «in un vortice di neve», ma il giardiniere radioso nel suo orto prediletto chiama con placida voce: Maria! e l'anima russa udrà questa voce diletta e con un grido di pazza gioia cadrà ai piedi del suo 'Rabboni'... Non ci resta nulla se non questa fede e questa speranza, ma la terra russa lo sa e salverà il popolo russo; l'hanno toccata i piedi della Deipara...

Profugo Immediatamente prima del colpo di Stato d'ottobre ho raccolto la confessione di una persona a me molto cara. Con grandissima emozione e commozione essa mi raccontò come durante una fervida preghiera davanti a un'icona miracolosa della Deipara nel suo cuore all'improvviso e con la massima chiarezza si fece udire una voce: La Russia è salva. Come, che cosa, perché? questa persona non lo sa, ma se dovesse sconfessare questo istante, se dovesse dubitarne, per lei vorrebbe dire dimenticare la cosa più cara e sicura. Ne risulta, se il mio amico non inventa, che non dobbiamo temere per la Russia nel significato ultimo, il solo importante e definitivo, perché la Russia è salva, per la forza della Deipara. E di questo, credetemi, è fermamente convinta tutta la Russia ortodossa.

Tutti (eccetto il diplomatico) Amen.

Diplomatico ?!?!

Politico Christos voskrese![48]

Tutti (eccetto il diplomatico) Voistinu voskrese!

Aprile-maggio 1918
Mosca

[48] *Christos voskrese!* (Cristo è risorto) è l'augurio pasquale dei russi, cui si risponde: *Voistinu voskrese!* (è veramente risorto) (*ndt*).

IV

SOCIALISMO, CULTURA E BOLSCEVISMO

Aleksandr Solomonovič Izgoev (A.S. Lande)

I.

Gli avvenimenti attuali saranno almeno il temporale che purifica l'aria e rischiara la coscienza? Oppure questi giorni e mesi pieni di ansie tormentose passeranno, e quei russi che si definiscono l'intelligencija russa e che istruiscono le masse popolari con la parola e con gli scritti torneranno alle loro vecchie occupazioni? Chi ancora non dispera della Russia e ancora crede che «la Russia ci sarà», è preoccupato più di tutto di questa questione. Negli anni 1905-1907 ci venne dato un primo segnale d'allarme, ma allora pochi compresero il significato minaccioso per lo Stato di quei segni precursori. Adesso ci ha raggiunto un secondo colpo incomparabilmente più forte del primo. La questione se la Russia esista ha assunto una crudele attualità. Una Russia come è adesso, frazionata in parti separate, priva di accesso al mare, senza i suoi granai e un suo governo nazionale, una Russia con l'industria distrutta, con decine di miliardi di rubli cartacei assolutamente senza valore, con le basi della produttività minate, non può esistere. Ma se avverrà il miracolo e il paese risusciterà, se per forza d'attrazione si riuniranno, anche se all'inizio non tutte, le parti del tutto frantumato, può questo germe di Stato vivere ed evolversi, crescere e consolidarsi? Questo dipenderà in grado notevole dalle idee dei gruppi dirigenti. L'esperienza ha dimostrato che trascurando l'intelligencija e ignorandola non è possibile creare un governo efficace, ma la stessa esperienza c'insegna che un'intelligencija educata da idee false e infeconde serve da strumento possente non per edificare ma per distruggere lo Stato.

L'intelligencija russa ha compreso tutto il significato minaccioso degli eventi attuali? Ne ha dedotto le lezioni necessarie? Nella presente situazione, quando un'ondata di forza elementare ha spazzato via tutte le costruzioni e ancora manca la possibilità fisica per accingersi ad innalzarne di nuove, è difficile dare a questa domanda una risposta precisa, oggettiva. Ma se leggi quello che si scrive e ascolti quello che si dice nei circoli dell'intelligencija, incominci talvolta a disperare. «Non hanno dimenticato nulla e nulla hanno imparato». Se le cose stanno così, se il bagaglio intellettuale dell'intelligencija russa resta quello di prima anche dopo il 1917-1918, è chiaro che la barca statale, adesso in qualche modo salvatasi, guidata da tali nocchieri andrà in frantumi se riceverà un terzo colpo. La ragione fondamentale del crollo senza precedenti del nostro Stato sta nel fatto che l'intelligencija non ha assolutamente compreso né la natura dell'uomo e della forza dei motivi che lo muovono, né la natura della società e dello Stato e delle condizioni necessarie a consolidarlo e svilupparlo. La nostra intelligencija s'è creata idee fantastiche, erronee e menzognere sull'uomo, sulla società e sullo Stato e le ha adoperate nella lotta contro l'autocrazia. Finché il governo autocratico era forte, questa lotta avveniva alla superficie e non penetrava nel popolo, ma la monarchia, interiormente avulsa dal popolo e fondata sulle anguste fondamenta di qualche migliaio di nobili terrieri, non fu in grado di reggere all'urto della più grande guerra della storia. La monarchia rovinò con sorprendente celerità e l'intelligencija russa, rappresentata dai suoi partiti politici, fu costretta a trasformarsi immediatamente da opposizione in organo governativo; e qui subì una bancarotta da metter nell'ombra perfino il crollo della monarchia. Tutte le principali idee politiche, socioeconomiche e psicologiche, nelle quali per un secolo era cresciuta l'intelligencija russa, si dimostrarono false ed esiziali per il popolo. Non questo o quel pubblicista ma la vita stessa assunse il ruolo di criticarle e non esiste un'autorità superiore alla sua, né esiste possibilità di appello. I bolscevichi e la loro signoria rappresentano proprio questa critica pronunciata dalla vita. Invano l'intelligencija tenta di scolparsi affermando di non essere responsabile dell'operato dei bolscevichi. No, essa è responsabile per tutti i loro atti e tutte le loro idee. I bolscevichi hanno solo messo in pratica con consequenza tutto quello che altri hanno detto e sollecitato, hanno solo messo i punti sulle i, aperto le parentesi, dedotto le conseguenze dalle premesse enunciate più o meno retoricamente dagli altri. Per essere onesti bisogna riconoscere che i bolscevichi in calce a ciascuno dei loro decreti possono citare estratti non solo di Marx e di Lenin ma anche di tutti i socialisti russi e dei loro simpatizzanti di obbedienza sia marxista che populista. L'unica obiezione mossa da questo schieramento ai bolscevichi si riduce in sostanza al rimprovero di agire troppo precipitosamente, troppo velocemente, di prendere tutto in una volta. Non si tratta di obiezione di principio ma di scuse di un pavido opportunismo. Čcheidze, Černov, Ceretelli, Skobelev, Nekrasov, Efremov, Kerenskij hanno detto e predicato quello che per principio doveva portare al dominio del bolscevismo il quale finalmente si decise a mettere in pratica le loro parole.

Per il futuro della Russia è importante che l'intelligencija socialista e radicale non abbia la possibilità di scaricare unicamente sui bolscevichi la responsabilità per il crollo di tutto il sistema delle idee. Evidentemente non parlo della responsabilità penale, ma nel campo delle idee bisogna dichiarare fermamente che tra il bolscevismo e tutte le correnti radicali di sinistra e socialiste del pensiero russo esiste un nesso stretto e indissolubile. Una cosa tira l'altra. Se i socialisti russi fossero arrivati al potere avrebbero dovuto restare dei semplici ribelli che nulla fanno per realizzare le proprie idee, oppure fare dall'a alla zeta tutto ciò che hanno fatto i bolscevichi. Quando i bolscevichi insistono su questo punto sono irrefutabili; s'è dimostrato vero negli anni 1917-1918 ed è vero anche per il futuro.

II.

Adesso non avviene riunione dove gli oratori, soprattutto socialisti, non esortino alla cultura. Secondo loro la cultura, più esattamente la cultura europea, deve liberarci da tutti gli orrori attuali e portarci a un luminoso futuro. In sostanza sarebbe strano obiettare contro tutto questo, ma purtroppo gli oratori o non spiegano che cosa intendono per cultura oppure evidentemente non capiscono il senso di questo concetto. Esortando alla cultura, essi continuano a predicare concezioni e dottrine che negano in radice i fondamenti della cultura europea. Questi signori, secondo una vecchia abitudine, prendono di tutta la cultura europea soltanto una piccola parte che nella struttura generale dell'organismo svolge unicamente il ruolo subordinato di strumento critico. Ma loro se la immaginano come l'intero edificio della cultura europea. Alla società russa hanno sistematicamente inoculato e continuano a inoculare idee sbagliate sulla cultura europea. Perfino molti scienziati accademici russi, sotto questo aspetto, si differenziano poco dai dozzinali predicatori e agit-prop socialisti. Da noi s'è spacciato per cultura europea soltanto le idee del socialismo e dell'anarchismo e l'attività politica e propagandistica dei socialisti e anarchici europei. È un'usanza inveterata. I corrispondenti più eminenti dei giornali russi liberali all'estero furono allo stesso tempo i maggiori falsificatori della cultura europea. Invece il socialismo nella vita dell'Europa ha svolto finora un ruolo soprattutto negativo critico, non creativo. Il socialismo, ma non esso soltanto, organizzando gli operai, i senza terra, le masse cittadine, ha solamente spinto alle riforme sociali, a migliorare le condizioni del lavoro industriale, a una distribuzione più giusta degli oneri fiscali. Nemmeno i movimenti sindacale, operaio e cooperativo, il cui ruolo organizzativo è molte volte più forte di quello del socialismo, possono venir ascritti al socialismo o all'attività dei socialisti che hanno preso parte notevole al tradeunionismo e al cooperativismo. Chi studia più a fondo il movimento operaio sindacale si convincerà facilmente che esso in fin dei conti si basa sul nazionalismo; esso difende gl'interessi dei lavoratori di un certo paese e i limiti delle sue conquiste dipendono dalla potenza del paese stesso. Un'analisi più profonda del cooperativismo lascia facilmente intravvedere come esso abbia per fondamento il principio della proprietà privata. Le due idee del nazionalismo statale e della proprietà privata contraddicono alla radice l'idea del socialismo puro. Perciò i bolscevichi hanno perfettamente ragione quando all'enorme maggioranza dei socialisti europei occidentali rimproverano il «borghesismo» e l'apostasia dai comandamenti delle sacre scritture e dal testamento originario dei maestri. Ciò che nel socialismo europeo è creativo, è per sua natura «borghese», si basa su idee che contraddicono il socialismo. L'enorme, mondiale portata dell'attività dei bolscevichi russi sta nel fatto che hanno dimostrato questa verità davanti al mondo intero. Essi hanno detto: ecco che cosa vuol dire la realizzazione consequente delle idee socialiste, ecco il volto del socialismo messo in pratica. E tutto il mondo, in primo luogo i socialisti, inorridirono quando apparvero questi spettacoli di imbarbarimento, di ritorno ai tempi della morte nera, della guerra dei trent'anni, del periodo dei torbidi[1], di un dispotismo inaudito, di violenze mostruose e di totale soppressione di tutti i legami sociali. Così apparve il socialismo realizzato nella pratica e sanzionato dalla vita. Senza volerlo, vengono in mente le famose parole di Čaadaev: «Noi apparteniamo al novero di quelle nazioni che in certo senso non fanno parte dell'umanità, ma esistono soltanto per dare al

[1] Vedi nota 10, p. 88 (*ndt*).

mondo una qualche importante lezione. La lezione che noi siamo chiamati a fornire non sarà certamente vana: ma chi può dire quando verremo finalmente a trovarci tra l'umanità e quante saranno le calamità che dovremo subire prima di assolvere il compito che c'è stato assegnato». Per vero in queste parole scritte novant'anni or sono echeggia una profezia.

I movimenti sindacale, operaio e le cooperative sono prodotti dello sviluppo «borghese», si basano sui principi «borghesi» del nazionalismo statale e della proprietà privata. Lo dimostrano anche i bolscevichi che in maniera logica e inevitabile sono giunti a combattere sia le organizzazioni operaie che le cooperative di cui dovevano spezzare l'indipendenza nella loro marcia verso il sovvertimento socialista. La stessa triste sorte colpì le conquiste politiche creative dei socialisti europei. Esse raggiunsero l'apice in Germania dove i social-democratici riuscirono a creare un partito enorme con milioni di iscritti, magnificamente organizzato, con una quantità di case del partito, di stampa, di imprese economiche e culturali. La social-democrazia tedesca per mezzo secolo riuscì ad elaborare fin nei dettagli un sistema di tattica partitica parlamentare e di lotta politica nelle assemblee rappresentative democratiche. I bolscevichi partendo da un insegnamento marxista puro, dimostrano in modo convincente che anche in questo campo le conquiste della social-democrazia sono completamente borghesi. Lo si può forse seriamente negare? Forse che l'organizzazione del partito social-democratico non è strutturata sul modello delle istituzioni burocratiche abituali, forse che le rimunerazioni dei politici social-democratici non seguono il principio «borghese» delle prestazioni personali, forse che nell'impostazione delle istituzioni non domina il «principio economico»? E non potrebbe essere diversamente, visto che i social-democratici volevano che le loro istituzioni fossero qualcosa di forte, solido e serio. Per quanto riguarda la «tattica politica» della social-democrazia tedesca a nessuno verrà in mente di contestare la verità delle affermazioni bolsceviche. Il partito di Scheidemann divenne il miglior appoggio di Betmann-Holberg e di Guglielmo II; questo è il risultato logico dell'evoluzione politica del socialismo parlamentare da Marx ed Engels attraverso Bebel, Kautsky e Bernstein a David e Scheidemann. Lo hetman ukraino Skoropadskij aveva piena ragione di affermare di essere non meno democratico degli attuali capi della social-democrazia tedesca e le *Izvestija Central'nogo Ispolnitel'nogo Komiteta Sovetov* hanno confermato la verità delle sue parole.

Tutto il positivo creato con la partecipazione diretta o indiretta dei socialisti porta il marchio indelebile del «borghesismo»: la legislazione sociale, il movimento sindacale operaio, le cooperative, la struttura del partito politico, la tattica della lotta politica. Ma tutto il contenuto della cultura europea si riduce forse a questo? Questo non costituisce forse soltanto una parte, e molto esigua, della cultura? Per quanto riguarda il resto della cultura, molto più importante qualitativamente e quantitativamente, il socialismo non vi ha avuto assolutamente nessuna parte.

III.

Il concetto della cultura consta della cultura della persona, cultura spirituale, e della cultura materiale, reificata, che abbraccia tutto il loro costume. La cultura sia spirituale che materiale degli europei occidentali si basa su principi che contraddicono al socialismo puro e che perciò vennero a ragione respinti dai bolscevichi russi. Ma quando questi ultimi cercarono di costruire una loro cultura fondata sui principi realizzati consequentemente del socialismo giunsero a quella «antropofagia» di cui parlò il grande scrittore russo Dostoevskij. Non a caso lo odia tanto M. Gor'kij, questo chiaro frutto dell'incrocio tra il vagabondo popolare, il bolscevismo dell'intelligencija e il vagabondo spirituale! La prima grossa manifestazione del bolscevismo russo fu Nečaev. Il genio di Dostoevskij si rivelò nel fatto che già allora, semplicemente sulla base di pochi tratti, dipinse tutto il quadro che adesso si sta terribilmente avverando fin nei minimi particolari. Šigalëv non senza meraviglia aveva rilevato che la sua dottrina «partendo dalla libertà illimitata... conclude al dispotismo illimitato». Šigalëv, come Lenin, pervenne alla necessità di «far schiavi nove decimi della gente». Petr Verchovenskij, sviluppando le idee di Šigalëv, dice: «Necessario è soltanto l'indispensabile – ecco d'ora in poi l'insegna del globo terrestre. Ma anche il delirio è necessario e a questo ci penseremo noi governanti. Gli schiavi devono avere chi li governa. Obbedienza assoluta e assoluta impersonalità, ma una volta ogni trent'anni Šigalëv darà corso al delirio e tutti improvvisamente incominceranno a divorarsi l'un l'altro».

La terra emetterà un gemito: «ci sarà una legge giusta nuova, il mare si agiterà e il teatro dei burattini andrà in polvere e allora penseremo ad elevare un edificio di pietra. Per la prima volta! Lo costruiremo noi, soltanto noi». Prevenendo le parole di «Marusja Spiridonovna», Šigalëv già allora aveva affermato che questo sarebbe stato «il paradiso, il paradiso in terra e sulla terra non ce ne può essere un altro». A noi è toccata la fortuna di sperimentare questo «paradiso». Ecco come ce l'ha promesso Šigalëv: «Ciascun membro della società tien d'occhio l'altro ed è obbligato alla denuncia... Tutti sono schiavi e nella schiavitù uguali. Nei casi estremi la calunnia e l'assassinio, ma la cosa principale è l'eguaglianza. Per prima cosa l'istruzione non occorre, basta con la scienza! Anche senza la scienza di materiale ce n'è per mille anni e occorre invece disporsi all'obbedienza... La sete d'istruzione è già una sete aristocratica. Appena fai una piccola concessione alla famiglia e all'amore hai subito il desiderio della proprietà».

E Verchovenskij aveva proclamato: «Senza disciplina io non vedo nulla».

Per decine d'anni le scene descritte da Dostoevskij vennero ritenute caricature del socialismo russo, ma per chi «ha occhi da vedere» già negli anni 1905-1906 apparve manifesto che Dostoevskij aveva profeticamente scrutato nel profondo degli eventi; negli anni 1917-1918 questo è una cosa ormai indiscutibile. Ma che cosa ha dato a Dostoevskij la possibilità di vedere tanto lucido nella tenebra del futuro? La circostanza che egli in maniera esatta e precisa afferrò l'essenza del socialismo russo, la sua aspirazione a creare sulla terra immediatamente, «a tutto vapore» come diceva Verchovenskij e ripeterono Lenin e Trockij, il paradiso terrestre senza Dio, senza l'idea religiosa. Per Dostoevskij era chiaro che tutta la cultura spirituale accumulata dall'uomo attuale si fonda sulla religione, sul senso di Dio. Si può discutere su quello che Dostoevskij ha creduto e sul tipo della sua fede, ma non si può dimenticare le parole sorprendenti che egli mette in bocca ad Ivan Karamazov: «Non è strano e non sarebbe sorprendente il fatto che Dio in realtà esistesse; sorprendente è che l'idea della necessità di Dio sia potuta venire in testa a un animale tanto selvaggio e malvagio come l'uomo, perché è talmente santa, commovente, saggia e fa tanto onore all'uomo».

Secoli di cristianesimo hanno nobilitato la natura umana, l'ortodossia ha educato l'anima dell'uomo russo. Quando i bolscevichi fecero il loro esperimento e ci mostrarono l'uomo senza Dio, senza religione, senza ortodossia, ce l'hanno mostrato nella condizione di cui diceva Dostoevskij «se Dio non esiste, tutto è lecito», e tutto il mondo rimase raccapricciato da questa scimmia sanguinaria e sadicamente malvagia. Fucilazioni in massa di bambini, battiture, torture, i più grandi ludibri sulla gente, e tutto questo o per insolenza, teppismo e cattiveria, oppure, ciò che è ancor peggio, per interesse, per spillar denari. «Un animale tanto selvaggio e malvagio come l'uomo»... Abbiamo visto con i nostri occhi in che cosa si trasformi quest'uomo sbarazzatosi di Dio e autoproclamatosi «socialista». Nella società i legami sociali non furono mai così deboli, così spezzati, come durante il regno ufficiale del socialismo. *Homo homini lupus* – ecco il motto fondamentale di questi giorni terribili. Collaborazione e solidarietà hanno regnato soltanto durante il delitto, poi nello spartirsi la preda ciascuno ha pensato solo a se stesso eliminando il più debole ed inesperto: un branco di lupi che si strappano a vicenda la preda, una mandria di tori presi dal panico che calpestano tutto ciò che sta sulla loro strada...

Le stupide favole sui «proletari» e sui «borghesi», inventate per coprire questi delitti e misfatti, sono per bambini. A destra e a manca gli assassini e i saccheggiatori erano «borghesi» della più bell'acqua anche se si magnificavano bolscevichi, socialisti e comunisti. L'enorme maggioranza delle loro vittime, per esempio, i deputati Šingarev, Kokoškin e Tuljakov, non avevano niente in comune con i «milionari» e gli «sfruttatori» del lavoro altrui, ma erano soltanto lavoratori di talento che si procacciavano i mezzi per vivere con il lavoro delle loro mani e del loro cervello. Nel paradiso di Šigalëv «a Cicerone si taglia la lingua, a Copernico si cavano gli occhi, Shakespeare viene lapidato... i talenti superiori vengono espulsi o messi a morte»...

Il socialismo è un cristianesimo senza Dio e nel regno di questo singolare «cristianesimo» gli uomini non solo non lavorano insieme e d'accordo ma anzi come lupi si gettano uno contro l'altro, si controllano a vicenda, contano i bocconi in bocca all'altro e glieli tolgono insieme alla vita. Le declamazioni sul socialismo, sulla solidarietà proletaria, sulla disciplina proletaria, sul lavoro in comune per il bene comune, sono tutte tirate sentimentali che fanno da accompagnamento a scene di cannibalismo primordiale. L'uomo sbarazzatosi dalla religione marcia a passi da gigante non in avanti verso il regno della ragione, della libertà, dell'eguaglianza e fratellanza come hanno insegnato i falsi profeti socialisti, ma indietro verso i tempi delle caverne e dei costumi belluini.

Qual è la forza culturale: la religione proclamata reazionaria, l'ortodossia derisa dai socialisti, oppure il socialismo ateo?

La religione è la pietra basilare della cultura della società umana; quando s'è voluto costruire senza di essa, non s'è potuto costruire una società umana ma soltanto rivelare scene di mischia ferina...

IV.

Nel campo della vita spirituale alla religione seguono la scienza e l'arte. I socialisti hanno da tempo proclamato «borghesi» la scienza e l'arte così come esistono in Occidente. I nostri scrittori socialisti, incominciando da N.G. Černyševskij e N.K. Michajlovskij consumarono non poco inchiostro e fosforo per lottare contro la «grettezza, lo spirito piccoloborghese, il borghesismo di casta» della scienza «accademica» patria ed estera. I nostri pubblicisti socialisti nell'attaccare la scienza «patria» per lo meno in quella parte che riguarda le conoscenze sociali, sono stati ingiusti perfino dal loro punto di vista. A destra e a manca i nostri professori di scienze sociali erano soltanto umili discepoli di Černyševskij, Michajlovskij, Plechanov, e gli studi di molti di questi cattedratici poco si distinguevano dagli articoli polemici dei pubblicisti socialisti. La storia della nostra economia politica come si è svolta nelle università è, sotto questo aspetto, interessante e istruttiva. Da noi i professori assolutamente impopolari nella società erano in realtà, scientificamente molto preparati, mentre i professori popolari non facevano che ricantare tristemente le dottrine marxiste straniere o populiste nostrane. Solo dall'inizio del sec. XX la nostra economia politica nelle università si accorse dell'immenso lavoro teoretico svolto dal pensiero politico-economico europeo occidentale o americano e ad esso si associò. Per lunghi anni, quando la teoria economica di Karl Marx era stata ormai da tempo demolita dai teorici europei, da noi continuava ad essere ingenuamente ritenuta l'ultima parola della scienza economica. I nostri studiosi spesero non poche energie nel rappezzare la veste marxista stracciata da tutti i lati e nell'adattarla alla realtà ribelle. Anche in questo caso i bolscevichi svolsero il grande ruolo di esperimentatori; quando incominciarono a mettere in pratica la loro «socializzazione della produzione» sul preciso fondamento della dottrina marxista e vollero praticare «il calcolo globale» con il genuino valore «lavorativo», i marxisti più accaniti dovettero ricorrere alla terminologia non solo dell'economia «borghese» ma addirittura «nazionale». Un'esperienza straordinariamente costosa per il paese dimostrò che il «valore lavorativo» di Marx è soltanto una finzione, la pretesa grandezza di una costruzione astratta ed esanime, mentre i prezzi, la domanda e l'offerta, l'utilità dei beni e la loro quantità, sono realtà vive che ogni giorno si fanno immediatamente sentire. Nell'unico campo in cui il socialismo pretendeva di essere scientifico dimostrò, per via sperimentale, l'assoluta mancanza di scientificità.

Per quanto riguarda gli altri settori della scienza, difficilmente si trova chi contesti la bancarotta totale dei socialisti e delle loro ridicole pretese di contrapporre una loro scienza «proletaria» alla scienza «borghese». Tutti i tentativi di creare una scienza «proletaria» si sono ridotti agli aneddoti sui custodi che nell'Accademia delle Scienze e nelle università esigono il diritto di voto nel risolvere le questioni scientifiche e alla fine s'accordano sull'aumento di paga in compenso di un lavoro ridotto nello spazzare i pavimenti. I signori bolscevichi che blaterano di scienza «borghese» fino all'insania, quando venne loro in testa l'idea di assestare le loro finanze dovettero rivolgersi, per impostare le loro industrie, a quegli stessi studiosi borghesi che avevano trattato con tanto disprezzo. Ma qui per i nostri socialisti divenne chiaro che perfino nel settore ristretto dell'applicazione industriale della scienza sono necessarie determinate condizioni sociali perché la scienza possa diventare «la mucca da latte» dell'umanità e che il «socialismo» radicalmente contraddice a queste condizioni. Il progetto di riforma universitaria elaborato dai bolscevichi, che prevede la rielezione dei professori ogni tre anni, il loro obbligo di tenere lezioni popolari, gli attestati di lealtà socialista, ecc., rimarrà per sempre un monumento di grettezza e d'ignoranza. Nel campo della scienza come della censura i socialisti-bolscevichi russi hanno fatto nascere innumerevoli aneddoti i quali mettono nell'ombra tutto quello che un tempo punzecchiava la burocrazia autocratica di Paolo I e Nicola I.

L'ignoranza del socialismo nel settore della scienza e nel settore della vita morale si riduce allo stesso peccato fondamentale, cioè al sogno di poter spezzare la tradizione dell'umanità universale e di saltare dal regno della «vergogna borghese» al «paradiso socialista». Se il socialismo rinuncia a questa idea altezzosa e delirante, cessa di essere «socialismo» e si trasforma in questa o quell'idea riformista giusta o sbagliata ma familiare al «mondo borghese». I bolscevichi avevano senz'altro ragione quando accusavano di apostasia dal socialismo quei loro compagni che non avendo ancora perso il buon senso vedevano l'impossibilità di staccarsi dal cordone ombelicale «borghese» e diplomaticamente dimostravano che «non era ancora scoccata» l'ora per «saltare dal regno della necessità al regno della libertà». Ma gli stessi bolscevichi dopo aver fatto questo «salto» si ritrovarono fatalmente non avanti, ma indietro, in una delle tappe percorse da tempo dalla «umanità borghese» e due o tre secoli fa anche dallo Stato russo.

La scienza attinge la sua forza culturale nel continuo succedersi delle ricerche scientifiche. Ecco una verità che non possono mai apprendere i vari autodidatti semianalfabeti che scoprono oggi l'America già scoperta da secoli. La scienza europea è forte proprio perché la sua tradizione culturale continua da secolo a secolo. Il delitto basilare dell'antico regime in Russia contro la scienza stava nel fatto che non permise alla tradizione scientifica di gettare radici da noi, trattando gli scienziati come impiegati del governo autocratico. A sua volta «il potere sovietico» volle fare dei professori e degli accademici i «suoi» impiegati e lacchè. Più volte s'è già rilevato che i bolscevichi del ministero dell'istruzione pubblica copiano alla lettera i metodi di Kasso... senza per altro possedere le conoscenze che quest'ultimo aveva attinto nelle università estere. Il tratto grossolano di Kasso proveniva dal suo disprezzo per i russi, e i bolscevichi vi sostituirono il disprezzo per tutti i «borghesi».

Anche nel campo dell'arte i bolscevichi promisero di mostrare al popolo russo «una nuova terra e un cielo nuovo». Per questo vennero affidati a A.V. Lunačarskij compiti speciali e molti milioni. Il denaro ottenne il suo effetto e decine di erranti si protesero verso quel fochereIlo acceso. Venne così creata un'arte particolare «proletaria»? Lascio che gli specialisti si pronuncino; finora in questo settore non si sente nulla se non aneddoti e aneddoti volgari. Il nostro proletariato socialista non trovò l'ispirazione sufficiente nemmeno per creare un suo inno rivoluzionario. Questa impotenza estetica è «un segno di malaugurio», come ha rilevato D.S. Merežkovskij. Bisogna dire che il socialismo proletario russo in questo caso condivide la sorte del socialismo proletario in tutti i paesi europei; tutti gli artisti eminenti venuti alla ribalta in questi ultimi anni sono o non proletari o non socialisti. Per esempio in Francia l'ultima ondata artistica si muove sotto l'influsso possente di un cattolicesimo rinnovantesi.

Gli immensi valori culturali della scienza e dell'arte sono valori del «mondo borghese». L'esperienza dei bolscevichi russi dimostra che questi valori non possono esistere nel «regno socialista». Manca loro l'aria per respirare.

V. *Il diritto e la politica*

Nell'articolo «In difesa del diritto», pubblicato in *Vechi*[2], B.A. Kistjakovskij rimprovera all'intelligencija russa di disprezzare il diritto, «una sorprendente assenza del senso del diritto», e come chiaro esempio riporta il discorso di G.V. Plechanov al secondo congresso del

[2] Vedi nota 1, p. IX (*ndt*).

partito operaio social-democratico russo. G.V. Plechanov è incontestabilmente il maggiore dei social-democratici russi, ha dedicato quasi tutta la vita «a smascherare le illusioni populiste dell'intelligencija russa» e tra l'altro l'atteggiamento negativo di questa verso la «Costituzione». Ciononostante G.V. Plechanov al secondo congresso del partito svolse le idee seguenti: «Il successo della rivoluzione è la suprema legge. Se per il successo della rivoluzione fosse necessario limitare temporaneamente l'effetto di questo o quel principio democratico, sarebbe un delitto non farlo. È mia opinione personale essere necessario considerare dal punto di vista del principio fondamentale della democrazia sopraindicato anche il principio del voto universale. Ipoteticamente è pensabile che noi social-democratici ci possiamo pronunciare contro il diritto universale del voto. Il proletariato rivoluzionario potrebbe restringere i diritti politici delle classi superiori come le classi superiori hanno ristretto nel passato i suoi diritti. Se nello slancio dell'entusiasmo rivoluzionario il popolo eleggesse un parlamento eccellente, una specie di *chambre introuvable*, dovremmo cercare di farne un parlamento di lunga durata; ma se le elezioni dovessero avere un cattivo esito noi dovremmo sforzarci di sciogliere tale parlamento non in due anni ma possibilmente in due settimane». Le rivelazioni di G.V. Plechanov colpirono perfino alcuni membri del congresso evidentemente «inficiati di cretinismo parlamentare borghese» e dalle loro file s'elevò l'interrogazione ironica: «Il compagno Plechanov non intende togliere alla borghesia anche la libertà di parola e l'inviolabilità della persona?».

Nel 1917 i bolscevichi misero unicamente in pratica quello che aveva loro insegnato Plechanov nel 1903. Se sciolsero l'Assemblea Costituente non in due settimane ma in un giorno solo, la differenza non è di principio: il marinaio Železnjakov poté farlo in un solo giorno, e questo è tutto. I bolscevichi tolsero alla borghesia semplicemente tutti i diritti elettivi e politici. Gli artigiani come i lavoratori della mente, l'intelligencija, gli ingegneri, gli scrittori, i medici, gli impiegati, ecc. furono pure relegati tra i cittadini di seconda e terza categoria. Se in un qualche luogo gli «operai» risulteranno 20 e gli artigiani e intellettuali 180, secondo un progetto di costituzione sovietica la «prima curia» potrà tra i 20 scegliere 16 deputati e la seconda soltanto 4. Per quanto riguarda la «libertà», l'interrogazione ironica fatta a suo tempo a Plechanov non sfiorò nemmeno le orecchie dei bolscevichi. È forse possibile contestare il fatto che i bolscevichi in tutta la loro azione politica sono stati i discepoli non solo di Kryžanovskij ma anche di Plechanov? E se Plechanov fu realmente inorridito quando vide messe in pratica le sue idee, se maledisse l'opera dei suoi discepoli, se si distanziò da loro e morì dimenticato, abbandonato e schernito dai lavoratori social-democratici russi, questo destino tragico di un grosso scrittore russo testimonia la nobiltà del suo carattere e la purezza del suo cuore, ma allo stesso tempo segna la più crudele condanna di tutta la sua ideologia politica. Non a caso i bolscevichi, con la disinvoltura che li contraddistingue, salvano le idee di G.V. Plechanov e allo stesso tempo hanno proclamato che alla fine della vita egli si sentiva attratto verso coloro dai quali proveniva, alludendo all'origine nobiliare del loro ex-capo e maestro.

Tuttavia non questo destino tragico del «fondatore del marxismo russo» è caratteristico ma il fatto che egli sinceramente per tutta la vita non riuscì a capire la falsità delle sue idee che portarono il suo partito ad azioni tanto vergognose ed insensate. Plechanov non comprese che quando i conservatori e i reazionari restringono il diritto al voto universale agiscono in armonia con le loro concezioni basate sull'idea che non tutti gli uomini sono maturi per valersi di questo diritto politico. Ma quando questa restrizione viene proposta dai social-democratici, questi agiscono contro le proprie concezioni e perciò stesso ammettono la bancarotta del proprio principio fondamentale. Il principio del diritto universale, eguale per tutti, al voto si fonda sul riconoscimento dell'eguaglianza politica degli uomini; se per qualunque motivo, classista o nazionalista, si scuote il principio di questa eguaglianza, crolla tutta la costruzione politica. In effetti i social-democratici russi hanno distrutto con le proprie mani per molte decine d'anni l'edificio politico in Russia, basato sul diritto universale, diretto, eguale per tutti, al voto, che fa bella mostra di sé nel loro programma. Un tempo erano tanto fieri di quest'idea, erano tanto esultanti, che riuscirono ad imporla ai democratico-costituzionali; adesso l'hanno uccisa loro stessi e gettata ai cani come una carogna puzzolente!...

Rigettato il diritto nella politica, i bolscevichi lo hanno eliminato anche dalla vita quotidiana, hanno soppresso i tribunali sostituendo alla legge positiva la «coscienza rivoluzionaria», ecc. Invece dell'atteso regno della giustizia s'è insediato nella vita il più comune latrocinio «borghese» e il dominio della forza bruta. Gli armati hanno tolto la proprietà agli inermi e ai deboli, agendo sia in gruppo che singolarmente. Tutta la «rivoluzione sociale», priva di qualsiasi idealismo, s'è ridotta unicamente a questo. Il saccheggio portò ai risultati che di solito porta. Nei paesi dove non è assicurato l'ordine giuridico, non c'è l'amministrazione della giustizia e manca la sicurezza, muore l'intraprendenza, tutti i prodotti rincarano enormemente, alla forza e alla violenza si contrappongono la frode, l'ipocrisia, la tendenza a ritirarsi nel proprio guscio e a nascondere a tutti i propri averi. Sono tutti tratti abituali degli Stati schiavisti, dei governi dispotici asiatici ed africani. Promettendo a parole il paradiso in terra, i socialisti hanno creato nella realtà il più comune dispotismo. Tuttavia si deve riconoscere che nella campagna promossa contro i tribunali i bolscevichi si appoggiarono al malcontento realmente esistente fra le masse verso certi aspetti dell'amministrazione della giustizia. La stessa osservazione vale anche per la soppressione degli organi dell'autogoverno locale da parte dei bolscevichi. Le masse popolari furono sempre irritate dall'agire astratto degli organi di autogoverno regionale e cittadino, dalla loro scarsa presa sulla vita materiale quotidiana del popolo; anche nei riguardi dei tribunali il popolo era insofferente per il loro formalismo eccessivo, per le lungaggini, per la complessità del processo, per la mitezza delle pene contro delitti particolarmente gravi per i contadini come ad esempio il furto di cavalli. Ma mentre l'insofferenza del popolo proveniva indubbiamente dalla riconosciuta necessità di un severo diritto, i nostri socialisti sfruttarono questa insofferenza per far trionfare le loro idee che partono dalla negazione del «diritto borghese».

I socialisti nel loro odio per il «mondo borghese» liberano il popolo dal «diritto» semplicemente per riportarlo al punto di partenza del... «diritto borghese». Nella nostra esistenza s'insediò la *lex talionis*, s'incomincio ad applicare le forme più crudeli di pena di morte e di castighi disonoranti senza sentenze e senza dibattiti. Allora ricordando frammenti di «leggi zariste» sulla composizione e l'attività dei tribunali, sul diritto penale e il processo, i giuristi bolscevichi cominciarono con una terminologia contorta a creare vari istituti del vecchio diritto; allo stesso modo come nei villaggi più sperduti inventori dilettanti continuano tuttora a inventare macchine volanti imitando il volo degli uccelli.

Nel campo del diritto il socialismo costituì un ritorno all'illegalità, nel campo della vita politica offrì lo spettacolo del dispotismo più ributtante: leggi straordinarie, ineguaglianza dei cittadini, violenze quotidiane, assenza di qualunque libertà, torture nelle prigioni e nelle stazioni di polizia, fucilazioni singole e in massa di inermi. L'unica differenza tra la reazione più nera e il socialismo rosso si riduce al fatto che nella prima le azioni vanno d'accordo con le parole e con le dottrine reazionarie, mentre nel socialismo alla bestiale ferocia ed ingiustizia si accompagnano le sviolinate sentimentali in onore della libertà, eguaglianza e fraternità.

VI.

La religione – si sa – è una favola per bambini inventata dai 'preti' per giustificare gli 'sfruttatori'; la morale e il diritto sono altrettanti prodotti della furbizia intellettuale della borghesia allo scopo di asservire le classi sfruttate; reale è soltanto l'economia, il fondamento della vita sociale è la produzione dei beni materiali, tutto il resto è soltanto sovrastruttura; solo chi s'impadronisce di questo fondamento e lo trasforma è un vero rivoluzionario che crea nuove forme di vita. L'intelligencija russa per decenni s'è educata in questa teoria così logica sulla carta e trasformatasi in simbolo della nuova fede socialista. Ma ecco finalmente arrivano i bolscevichi e decidono di applicare alla realtà la dottrina che aveva servito ai fini della loro fraseologia d'opposizione; a verifica sperimentale fu sottoposto il *sancta sanctorum* dell'intelligencija russa, la sua dottrina sul socialismo democratico quale sistema economico il più buono, il più progressivo allo scopo di sviluppare le forze produttive, il più giusto e favorevole per il popolo.

Il fiasco del socialismo russo in questo campo è il più serio e allo stesso tempo il più incontestabile. Quando durante il regime zarista l'emissione di moneta cartacea aveva raggiunto una somma doppia di quella del fondo aureo, i treni arrivarono con un ritardo di due ore, il pane era rincarato di 10 kopeki al chilo e la ripartizione di Littich diede soltanto la metà del provento sperato, la nostra intelligencija pubblicò il suo programma economico la cui essenza era il monopolio sul pane, prezzi fissi, controllo democratico attraverso i rappresentanti dei sindacati operai, sostituzione della «libera iniziativa pubblica» alla burocrazia, l'organizzazione democratica della produzione e simili. Quante furono già allora le persone che sapevano che tale programma, possente come arma rivoluzionaria, si sarebbe dimostrato impotente e dannoso quando si fosse tentato di metterlo in pratica in Russia? Oggi dirige la politica economica bolscevica Larin-Lourier; scrivendo in *Russkie Vedomosti* e in *Vestnik Evropy* questo signore intratteneva un tempo la società russa, che non s'era accorta del suo disfattismo, raccontando come fosse impostata su larga base in Germania la regolamentazione dei viveri e della produzione. Larin-Lourier nascondeva ai lettori russi come questa regolamentazione fosse possibile in Germania soltanto perché vi era un governo forte, un «meccanismo burocratico» possente ed onesto, una borghesia organizzata, una classe lavoratrice organizzata, ricca, per decenni istruita dalla polizia tedesca ad osservare le norme legislative e che fin dall'inizio della guerra, attraverso il suo partito, aveva assunto un'attitudine onesta e decisamente patriottica. Tutte queste condizioni erano il necessario presupposto del successo dell'esperimento del socialismo statale tedesco di guerra. Il sig. Lourier falsificava per i lettori russi la realtà tedesca, sottaceva i fattori più importanti, presentava tutto il sistema come il risultato della lotta vittoriosa della classe del proletariato tedesco. La storia si vendica e il sig. Larin-Lourier in persona dovette far le spese del proverbio che dice: colla menzogna fai il giro del mondo ma non torni indietro. La «lotta di classe» del «proletariato» russo riportò una vittoria spettacolare; che cosa sono i miseri successi dei lavoratori tedeschi, che ottennero appena 200 grammi di pane, in confronto alla vittoria della «classe operaia» russa che prese in mano tutto il potere statale, tutte le proprietà private e dello Stato! Noi dovevamo dimostrare al mondo intero i modelli di una genuina regolamentazione e dei viveri e della produzione e dello scambio. E Larin e Lenin con tutta la serietà di cui sono capaci esplicarono più volte nei loro discorsi ed articoli i grandi vantaggi e i grandiosi fondamenti del nuovo sistema sociale. Non s'accontentarono di parlarne e passarono a metter in pratica le loro idee, dimostrando al mondo intero che queste idee uccidono ogni industria, arrestano e distruggono ogni produzione, distruggono tutte le ricchezze del paese, generano una mostruosa speculazione di massa, assicurano la fame perfino se esistono riserve sufficienti e sostengono il valore dell'innumerabile denaro cartaceo unicamente versando sangue umano.

I bolscevichi proclamarono che l'alfa e l'omega del nuovo ordine economico era il «controllo operaio»: «il proletariato stesso prende in mano la cosa». Ben presto il «controllo operaio» rivelò la sua vera natura. Queste parole diedero sempre il segnale di morte alle varie imprese, immediatamente venne distrutta ogni disciplina, il potere nelle fabbriche passò a comitati velocemente alternantesi e in effetti responsabili di nulla di fronte a nessuno, gli operai qualificati ed onesti vennero cacciati e addirittura uccisi, la produttività del lavoro diminuì in misura direttamente proporzionale all'aumento delle paghe. Questo rapporto assunse spesso proporzioni da far girar la testa: le paghe aumentarono e la produttività diminuì dal 500 all'800%. Le imprese continuarono ad esistere solo perché o lo Stato che stampa la moneta si assunse di mantenere gli operai oppure perché gli operai vendevano e mangiavano i capitali delle aziende. Secondo la dottrina marxista la rivoluzione socialista è provocata dal fatto che le forze produttive trascendono le forme della produzione e nelle nuove forme socialiste acquistano la possibilità di svilupparsi progressivamente sempre di più, ecc., ecc. L'esperienza scoprì tutta la falsità di queste favole: nell'ordinamento «socialista» si ebbe un'eccezionale diminuzione della produttività del lavoro, le nostre forze produttive regredirono ai tempi delle fabbriche di Pietro il Grande mandate avanti dai servi della gleba.

L'autogoverno democratico distrusse definitivamente la rete delle nostre ferrovie, le quali con un introito di un miliardo e mezzo di rubli dovettero spendere circa 8 miliardi unicamente per le paghe degli operai e degli impiegati.

Volendo prendere in mano la potenza finanziaria «della società borghese» i bolscevichi con le guardie rosse «nazionalizzarono» tutte le banche; in realtà s'impossessarono così soltanto di quei pochi milioni che riuscirono ad esportare dalle casseforti, ma in compenso distrussero il credito e tolsero alle imprese industriali ogni mezzo. Perché centinaia di migliaia di lavoratori non restassero senza paga, i bolscevichi dovettero aprire loro le casse della Banca di Stato inondando quest'ultima di un mare di moneta cartacea. L'afflusso dei risparmi s'arrestò non solo nelle banche ma anche nelle casse di risparmio. Risultò che il popolo crede meno di tutto a un governo popolare. Del resto già nella fase prebolscevica della rivoluzione avemmo il fatto sorprendente delle banche, istituzioni «borghesi», le quali dimostrarono maggior fiducia al rivoluzionario «prestito della libertà» che ai prestiti zaristi, mentre il pubblico democratico delle casse di risparmio fece il contrario. Siccome l'afflusso dei depositi nelle casse dello Stato (le tasse) e nelle banche (depositi, acquisto di carte valori) cessò, tutta l'economia statale e privata si ridusse semplicemente a spendere i capitali accumulati in antecedenza.

La distruzione del credito, il dissesto definitivo dei trasporti, la «nazionalizzazione» delle imprese e il «controllo operaio» ammazzarono l'industria russa. Mentre i profondi teorici marxisti preparavano il budget sul calcolo delle «forze produttive» conteggiando l'«energia lavorativa» e predicavano il sistema di Taylor nella sua variante socialista, nella vita agivano le semplici ma reali leggi economiche. La vita fece i prezzi conformi alle leggi dell'economia «borghese» e alla lotta dei socialisti contro la proprietà rispose con una riaffermazione spontanea, irresistibile, anche se deformata, del principio della proprietà attraverso l'esercito dei molti milioni di *mešočniki*[3]. Se gli esperimenti socialisti non portarono alla catastrofica morte di fame di molti milioni di russi, dobbiamo ringraziare questi sacchisti i quali, rischiando la pelle, nutrirono le loro famiglie e mantennero lo scambio dei viveri

[3] In russo *mešočniki* designa colui che trasporta a mano in sacchi e borse una qualche merce (*ndt*).

quando il governo socialista faceva di tutto per stroncarlo. Milioni di russi dai forti muscoli e dalle salde gambe si misero in moto e cominciarono a commerciare. Dopo la soppressione del commercio normale cui si sostituirono centinaia di migliaia di nuovi burocrati magnificamente pagati, che non capivano niente di commercio e in genere erano ignoranti e disonesti, soltanto il commercio dei sacchisti diede alla popolazione delle città russe e delle fabbriche la possibilità di superare i terribili mesi primaverili ed estivi del 1918.

I marxisti si sono sempre vantati della «scientificità» delle loro concezioni: per loro la vita economica era un libro aperto che potevano leggere senza intoppi pagina per pagina coll'aiuto del vocabolario di Marx. Ma al primo serio scontro con la vita economica reale e non inventata, fu spazzata via tutta la fraseologia delle «leggi economiche». Fenomeni grandiosi, di massa, inarrestabili ed elementari, come il rifiuto dei contadini di consegnare il grano a prezzo fisso mentre il denaro si svalutava, lo sviluppo grandioso del sacchismo e la caduta catastrofica della produttività del lavoro vennero attribuiti alla «agitazione controrivoluzionaria» dei social-rivoluzionari di destra e dei menscevichi oppure al «sabotaggio» della borghesia costituzional-democratica e dell'intelligencija. La stupidità poliziesca dei bolscevichi eclissò cento volte quella del vecchio regime che pure non aveva le idee particolarmente chiare nelle questioni economiche. Per il marxismo e il «socialismo scientifico» questo spiegare ingenuamente la catastrofe economica ricorrendo alla «agitazione controrivoluzionaria» è come un sarcastico epitaffio sulla tomba della bancarotta. Essendo uomini di azione, i bolscevichi al posto delle varie «leggi economiche» ricorsero direttamente al manganello, al fucile e alla mitragliatrice, incominciarono a fucilare gli «speculatori» e ad espropriarli, a imprigionare i «sabotatori», a creare drappelli armati per confiscare il grano nelle campagne. Non c'è dubbio che la forza del potere statale influisca sulla vita economica; da questo punto di vista si può plaudire, se volete, alla reazione istintiva, anche se contraddicente alla teoria, contro il fatalismo metafisico delle «leggi economiche», che si manifestò nell'attività delirante dei bolscevichi. Il potere statale, soprattutto se è forte e ben organizzato, esercita un serio influsso sull'economia del paese. Ma questo influsso non è illimitato e i signori che si vantano del loro «materiale economico» lo hanno perfettamente dimenticato nella pratica. D'altra parte il potere di cui essi dispongono è terribile per crudeltà e per i suoi impulsi imprevedibili, ma né forte né organizzato.

Non poteva essere forte né organizzato perché in tutte le sue costruzioni si basa su una concezione falsa della natura umana.

VII.

La causa principale del fiasco del socialismo russo sta nella sua dottrina falsa e menzognera sull'uomo. Il socialismo ha raggiunto il suo stadio supremo di sviluppo nel socialismo scientifico, nel materialismo economico. A ognuno che rifletta sulla rivoluzione russa non può non saltare agli occhi il fatto che il socialismo ha sbagliato non solo nei confronti degli aspetti superiori della natura umana, delle aspirazioni spirituali dell'uomo, ma anche non ha capito gli stimoli dell'attività umana materiale sulla quale intendeva edificare tutta la vita sociale e tutti i rapporti sociali.

Il socialismo combatte la religione, il nazionalismo, il patriottismo, come fenomeni reazionari che ostacolano la marcia dell'umanità verso la felicità generale. Ma gli uomini che il socialismo liberò dalla religione risultano non uomini ma addirittura bestie sanguinarie e rapaci, pericolose alla convivenza umana. Queste persone private del legame con Dio, come prima Lo intendevano, diventarono ottusi moralmente e intellettualmente, si sentirono come nuotatori abbandonati in un mare sconfinato, privi di ogni appoggio e in preda all'eterno terrore di perire definitivamente. La loro sadica crudeltà spesso non era che il risultato della paura che li aveva afferrati. Per una massa di persone la perdita della fede in Dio significò anche la rottura di ogni legame sociale con il prossimo, la scomparsa di un criterio incrollabile nei rapporti con questo, cioè la scomparsa del fondamento della moralità. All'insegna del socialismo nella vita russa s'insediò non l'individualismo, che è lecito e per noi necessario entro certi limiti, ma il solipsismo antisociale che distrugge i legami sociali. Gli slogan parlavano di eguaglianza e fraternità generali ma nella realtà ogni «socialista» agiva secondo la regola: ognuno per sé, agguanta tutto quello che puoi e dove puoi.

Mai la Russia si macchiò di tanti delitti, menzogne, tradimenti, bassezze, ferocie, come nell'anno della rivoluzione; e se prima negli anni del quietismo reazionario una persona che faceva troppo mostra della sua religiosità suscitava sospetto, negli anni della rivoluzione una professione coraggiosa e aperta della fede religiosa la elevava immediatamente sulla folla degli individui ingannati e imbestialiti. La rivoluzione socialista credendo di distruggere la religione in Russia la consolidò, purificò, ed elevò i ministri della chiesa richiamando alla memoria come il loro servizio esigesse sacrifici.

Il socialismo combatté il nazionalismo e il patriottismo russi; la pace di Brest[4], lo smembramento della Russia, la distruzione completa della potenza militare russa e dello Stato russo mostrarono che il socialismo russo combattendo contro il patriottismo e il nazionalismo russi servì voglia o non voglia al nazionalismo e patriottismo tedeschi. Diretta da un tipo dubbio come Robert Grimm, l'organizzazione di Zimmerwald[5] donde spuntò il sole del nuovo internazionalismo che stroncò la potenza della Russia, svolse la strano ruolo di singolare strumento della politica tedesca. In tutti i paesi in cui disponeva di masse lavoratrici veramente organizzate e coscienti la social-democrazia, pur conservando la sua fraseologia rivoluzionario-internazionalistica, si convertì in effetti in un partito di Stato, patriottico e nazionale. Questa trasformazione si rivelò con la massima forza e chiarezza in Germania, dove i social-democratici appoggiarono Guglielmo II, i suoi cancellieri e ministri, non per paura ma in coscienza, votarono in favore dei crediti di guerra e perfino misero i propri capi al servizio diretto della diplomazia germanica imperiale pubblica e segreta. Prima della rivoluzione russa si poteva ancora notare nella classe operaia tedesca un certo malcontento per tale politica, ma dopo che l'esempio russo ebbe dimostrato chiaramente al mondo intero dove porti il socialismo di Zimmerwald, le elezioni suppletive al Reichstag testimoniarono due volte che perfino gli «indipendenti», più moderati dei menscevichi russi, vengono respinti dalla classe operaia tedesca la quale resta fedele ai suoi Scheidemann. Il corano socialista predica che «i lavoratori non hanno patria»; solo i bolscevichi gli restarono fedeli finché non si lasciarono andare a «difendere la patria socialista». Naturalmente si è trattato di un peccato piuttosto teorico che pratico, perché hanno incominciato a parlare di difendere «la patria socialista» soltanto quando della patria erano rimasti brandelli. A parole dicevano di un'armata rossa ma in realtà crearono soltanto squadre di polizia contro i «nemici interni» e per strappare ai contadini le granaglie. Non si può creare un vero esercito senza l'idea di una patria nazionale che sta sopra le classi. Dopo Brest gli eserciti tedeschi continuano come prima ad occupare province russe quasi senza colpo ferire e la diplomazia tedesca trattò con il governo sovietico con il tono che le potenze europee adoperano con i persiani. Ma questo peccato dei bolscevichi che in astratto ammisero una patria internazionale socialista, senza senso e contradditoria, non fece che chiudere il cerchio.

4 Pace disonorevole per la Russia, firmata dal governo sovietico il 3 marzo 1918 (*ndt*).

5 A Zimmerwald fu tenuta dal 5 all'8 settembre 1915 la conferenza dove Lenin propose la sua tesi di «trasformare la guerra imperialistica in guerra civile» (*ndt*).

La lotta del socialismo contro i concetti «borghesi» di patriottismo e di nazionalismo finì con la piena sconfitta del socialismo: i processi per tradimento della patria, per rapporti con Stati esteri e simili, intentati dai bolscevichi, sono altrettante confessioni poliziesche di tale sconfitta.

I socialisti nella persona dei loro rappresentanti più conseguenti ed attivi dimostrarono in un'esperienza così dura per la Russia di non aver capito nulla degli aspetti superiori dell'anima umana, dei motivi che spingono gli uomini a dimenticare se stessi per sacrificarsi in favore di un tutto superiore. Tutti i tentativi di sostituire la fede religiosa e il patriottismo con l'appello agli istinti dell'odio di classe, alla sete del benessere materiale e nei casi estremi all'ambizione personale, non portarono all'eroismo e al sacrificio di se stessi ma alla malvagità codarda e al banditismo spudorato. In questa situazione la morte rappresentò soltanto un fenomeno concomitante fortuito, come avviene non di rado durante occasionali delitti e assalti banditeschi. I nostri socialisti di fronte al nemico esterno armato non hanno difeso né il loro paese né le loro convinzioni, si sono ritirati sempre e dappertutto nonostante la loro superiorità numerica schiacciante. In compenso hanno vendicato queste sconfitte con facili e sanguinose vittorie sul «nemico interno», debole e per la maggior parte inerme. Difficilmente c'è in Russia una città la cui cronaca quotidiana non offra esempio di questo.

Ma i socialisti non hanno capito neanche i motivi che muovono l'uomo nel settore dell'economia, nel settore della produzione e distribuzione dei beni, e ciò portò al fiasco completo tutta la loro politica economica. La menzogna fondamentale dei socialisti sta nel fatto che avendo creduto nella pretesa verità del valore come «cristallizzazione del lavoro sociale» e avendo inventato su questa base le loro fantastiche «leggi oggettive», non compresero assolutamente che il valore, come gli altri concetti economici, è una categoria psichica e che nella psiche dell'uomo bisogna cercare le vere leggi del valore e dei prezzi.

Basandosi sulle loro fantastiche leggi «oggettive», i socialisti hanno diviso l'umanità nei vari gruppi della borghesia minuta, media e grossa, del proletariato, ecc., si sono immaginati che queste sono non semplici costruzioni metodologiche astratte del loro cervello, ma realtà concrete e che i membri di questi gruppi sottostanno alle varie «leggi economico-sociali». Essi s'immaginarono che i «borghesi» pensassero effettivamente alla borghese e i proletari alla socialista, ma il primo scontro con la realtà mandò in frantumi tutti questi castelli in aria. I lavoratori si dimostrarono in blocco «borghesi» come il resto delle persone, sospinti dagli stessi motivi nel lavoro e nello scambio dei prodotti. E quando dopo aver distrutto tutti gli stimoli al lavoro, a dispetto delle leggi abituali dell'economia politica borghese, i socialisti pensarono di sostituirvi l'organizzazione socialista del lavoro, dovettero immediatamente convincersi che il proletariato è profondamente inficiato di «veleno piccoloborghese» e non desidera lavorare per la razione a tutti comune, senza vantaggio individuale. I socialisti dovettero rinunciare a una posizione dopo l'altra, tutta la loro economia politica si ridusse a definire borghesi, piccoloborghesi e controrivoluzionari strati sempre più vasti di popolazione: incominciarono dai commercianti, passarono ai membri delle cooperative, agli intellettuali, ai contadini, all'aristocrazia operaia e perfino ai semplici lavoratori che pure si dovette far passare alla paga a cottimo con una svalutazione maggiorata ma con il sistema di lavoro di Taylor. Gradualmente la teoria ristabilì e giustificò tutti gli istituti «borghesi», notevolmente ridusse il «controllo operaio», il diritto di eleggere il personale tecnico, il diritto di sciopero e di associazione. Ma le restrizioni «borghesi» senza gli stimoli positivi «borghesi» non diedero nessun risultato sensibile eccetto i numerosi scontri. I socialisti dopo aver respinto le concezioni «borghesi», si videro costretti a ricorrere sempre più spesso alla forza bruta, alla costrizione fisica, non soltanto contro gli strati «piccolo, medio e grosso» borghese della popolazione, ma anche contro gli stessi «proletari». Tutta la popolazione della Russia, fatta eccezione dei pochi soldati rossi e dei capi bolscevichi, venne a risultare «piccoloborghese» e divenne fortemente dubbia anche la «socialisticità» di questi ultimi. Ben presto apparve chiaro che da noi è possibile installare il sistema socialista di economia ad un'unica condizione: riducendo l'enorme maggioranza del popolo in una schiavitù simile a quella che ad esempio permise agli egiziani di costruire le loro piramidi. Per strappare ai contadini tutte le granaglie, eccetto quelle assolutamente indispensabili per il loro nutrimento e per mandare avanti l'azienda, per costringere gli operai ridotti a razione a consegnare a tempo la produzione, per mantenere la produzione almeno al livello dell'economia «borghese» del primo anno di guerra, fu nécessario tendere allo spasimo l'apparato coercitivo, fino alle fucilazioni, fino a togliere la razione, fino alla condanna a morire di fame, ecc. Come aveva detto Šigalëv, «partendo dalla libertà illimitata io arrivo al dispotismo illimitato». L'esperienza russa del socialismo ha dimostrato che le apprensioni di Spencer di fronte alla «schiavitù ventura» non furono semplicemente una frase polemica.

Il posto che l'uomo occupa nel processo produttivo esercita certamente un influsso sulla psiche umana, ma non quello che insegna il socialismo marxista e non in quella misura. La differenza tra la psiche del «borghese» e quella del «proletario» non è un decimo della differenza psichica che vige tra le varie nazioni e razze. Le psicologie del «proletario» e del «borghese» sono fondamentalmente identiche; lo ha testimoniato l'evoluzione della social-democrazia tedesca che è il gregge eletto della chiesa marxista, lo ha confermato con forza ancora maggiore la rivoluzione russa che fu condotta all'insegna del marxismo e che tolse il terreno sotto i piedi a coloro che immaginavano di spiegare il «peccato» dei tedeschi con lo «opportunismo» dei loro capi e con l'influsso deleterio del «revisionismo». Il «proletariato» russo non pecca certo di «revisionismo»...

Quelle caratteristiche classiste che i marxisti volevano affibbiare alla borghesia risultarono egualmente presenti nel proletariato. Si tratta del cosiddetto «egoismo», dell'autoaffermazione della persona umana conscia della propria individualità. Questa autoaffermazione è una forza vitale grande e necessaria, ma ciascuna società può e deve incanalarla entro certi argini oltre i quali essa diventa deleteria e socialmente pericolosa. Il corso della storia ha elaborato a questo scopo una vasta e saggia rete di canali che disciplinano le aspirazioni individuali, ma dove questa rete non basta il governo è costretto a impiegare anche la forza fisica bruta; il suo impiego è inevitabile e rappresenta un sacro dovere di ogni governo. Il peccato mortale dell'intelligencija progressista e socialista russa fu che non ebbe il coraggio di assumersi questo dovere tentando di sostituire all'impiego della forza i discorsi suasivi e le lezioni scolastiche. Ma un saggio governo sa che anche l'impiego della forza ha i suoi limiti, che in questo campo il troppo è altrettanto dannoso del troppo poco. Un cattivo governo adopera sempre una quantità di violenza maggiore del necessario. Quando un governo deve brandire la spada nelle circostanze abituali minute della vita umana, è stupido e di breve durata. Esso si addossa un compito chiaramente sproporzionato, visto che per realizzare il suo fine deve fare di cinque abitanti un capo, una spia e un poliziotto contro gli altri due. Stupido fu il governo del vecchio regime, ma quello bolscevico si dimostrò sotto questo aspetto ancora peggiore e il fatto che si pavoneggi del titolo di «proletario» non gli serve proprio niente. Se per ipotesi la menzogna fondamentale del socialismo marxista fosse stata vera, se i proletari avessero posseduto una speciale psicologia socialista, la «dittatura del proletariato» forse avrebbe rappresentato il mezzo di una fantastica trasformazione; ma i proletari risultarono uomini per nulla diversi dai «borghesi» e la «dittatura del proletariato» assunse lo stesso corso di quella dei soliti gruppi che s'impadroniscono del potere. Queste dittature generano dal loro seno Cromwell e Napoleone, i quali portano a compimento ciò che era di reale nell'avvenuto rimescolio delle forze sociali oppure periscono consegnando il paese all'arbitrio di vicini rapaci e statalmente più forti. La bolscevica «dittatura del proletariato», questo presupposto della trasformazione socialista, molto presto rivelò il suo carattere perfettamente «borghese».

Al presente i socialisti più pavidi e meno onesti dei teorici bolscevichi, anche se più intelligenti, tentano di sgravare il socialismo dalla responsabilità per quanto è avvenuto in Russia e di addossarla ai bolscevichi; volentieri parlano e gridano degli «errori» e perfino dei «delitti» dei bolscevichi riservando a se stessi il solo nobile ruolo di avvocati che s'adoperano per ottenere all'imputato le circostanze attenuanti della giovane età e della nobiltà delle intenzioni. Questo punto di vista avvocatesco e poliziesco-penale confina talvolta con la ricettazione e deve essere respinto decisamente. A noi deve interessare unicamente l'aspetto politico-sociale della cosa. A questo riguardo i bolscevichi meritano d'essere collocati su un piano decisamente superiore a quello degli altri socialisti russi. Essi ebbero in fin dei conti il coraggio di mettere in pratica le proprie idee e mostrarono un socialismo realizzato. Il socialismo realizzato non poteva essere diverso, da esso non si potevano attendere altri risultati; una lezione terribile ma forse l'unico modo per intraprendere la strada della nostra guarigione.

Adesso noi dobbiamo saper distinguere nel socialismo quello che contiene di sano dalle sue fantasie utopiche tanto esiziali per lo Stato e per il popolo. Quello che nel socialismo è valido e vitale sono le riforme sociali dirette a una socializzazione progressiva delle forze produttive ormai mature dello Stato nazionale e l'umanizzazione democratica, che il socialismo ha mutuato dal cristianesimo. Tutto il resto, la negazione della nazionalità e dello «Stato borghese», la proclamazione della dittatura classista, il terrore nell'istituire l'eguaglianza economica, ecc., ecc., sono fantasie letterarie fondate sulla misconoscenza della natura umana, esiziali per il popolo e per lo Stato. Popolo e Stato vengono consegnati dalla forza di eserciti stranieri a fanatici ciechi per esperimenti socialisti.

1 (14) giugno 1918

V

PER GUARIRE

Sergej Andreevič Kotljarevskij

Non c'è paese dove si parli tanto, e tanto spesso di problemi morali come la Russia e da nessuna parte c'è l'uso tanto inveterato di considerare i compiti dell'organizzazione pratica dell'esistenza partendo da una specie di imperativo categorico. L'intelligencija russa è stata incline a moralizzare senza sosta, ma si trattava piuttosto di un esercizio mentale che non temprava la volontà ma la indeboliva, generando dubbi ed esitazioni continue. Per l'intellettuale russo prendere una decisione è sempre stata la cosa più difficile e assai volentieri egli presta attenzione ai dubbi morali che nascono nel proprio intimo.

Abbiamo qui una differenza radicale da quella mentalità che si esprime molto chiaramente nei puritani. Presso costoro regnava un rigorismo morale che poneva alla volontà umana limiti precisi e recisi; determinati aspetti della vita erano dichiarati tabù e questo rendeva più povera e noiosa l'esistenza ma in compenso preservava per l'uomo quel *quantum* di forze che gli è assegnato. Nel puritanesimo inglese del sec. XVII si formò quella forte tempra della volontà messa al servizio del bene comune, che lasciò una traccia profonda in tutta la psicologia del popolo inglese. Lo si deve affermare proprio delle sette anglosassoni, le quali furono poco propense a sprofondarsi nella lirica dell'anima, e ciò è alieno anche ai personaggi dell'epos biblico di Milton e al pellegrino di Benian perseguitato dalle proprie ansie. Com'è caratteristica di questo caso la differenza tra gli Herrnhuter[1] tedeschi,

[1] Membri di una setta pietistica sorta nel 1727 nella cittadina di Herrnhut (*ndt*).

a prima vista molto simili, e i metodisti inglesi. Questo moralismo è permeato di volontà, crea una specie di temperamento collerico. Un pensiero educato alla confidenza nella predeterminazione divina, come l'hanno insegnata Agostino e Calvino, si riempie non dell'indifferenza orientale del fatalismo ma della tranquilla coscienza che ogni uomo e la sua opera possiedono un posto determinato nel mondo.

Tutto ciò è molto dissimile dalla mentalità più diffusa della nostra intelligencija. Nessuna letteratura come quella russa possiede una galleria così vasta di personaggi inutili. Costoro non sanno affatto perché siano al mondo, i loro dubbi morali non hanno mai fine, i loro quesiti si moltiplicano indefinitivamente ed essi non sono in grado di trovarvi risposta. La nebbiolina poetica di cui li circondò Turgenev poco a poco si dissolve lasciando intravedere l'accolta di nevrastenici di Čechov. Con loro cali in un regno d'impotenza e d'abulia dal quale sembra non esserci scampo. L'eroe di Čechov può fantasticare di una vita bella e sublime che dovrà comparire sulla terra tra mille anni, ma è assolutamente incapace di fare qualunque cosa in nome del suo avvento; in genere non può fare assolutamente nulla né per sé né per gli altri e la sua propria insignificanza lo opprime. Non hanno combinato nulla nella vita, ma potevano fare qualche cosa. Anche i personaggi inutili di Čechov analogamente ai loro numerosi antenati, sentivano di avere in sé certe possibilità. Ricordate le argomentazioni isteriche dello zio Vanja capitato in una situazione assolutamente inestricabile; in lui è perito un potenziale pensatore. In questa consapevolezza di possibilità cui non fu dato realizzarsi c'è effettivamente una certa verità, perché è proprio di queste persone una certa esistenza più degna cui tendono, ma allo stesso tempo una pericolosa parvenza di autogiustificazione.

Però la cosa più importante è che costoro sono totalmente immersi nella loro propria personalità. Essi sono in sommo grado soggettivi, prestando attenzione e ascolto ai loro stati interiori anche i più passeggeri, sono morbosamente indifferenti per il mondo che li circonda. È come se il loro senso cosmico fosse stato soffocato. Per questa ragione la loro concezione del mondo è tanto povera, perfino in Lavreckij, un antenato così sano dei personaggi malaticci preferiti dalla musa čechoviana. Anch'egli nella natura circostante vedeva soltanto l'immagine della sua propria vecchiaia e il lento spegnersi della sua vita inutile.

Si dirà che i personaggi inutili rappresentano solamente un aspetto dell'intelligencija russa, creato da circostanze temporanee e contingenti. La generazione più vecchia era costituita da uomini condannati perché incarnavano un ambiente condannato alla rovina e sentivano come una specie di peccato originale sociale l'appartenervi, per cui si trasformarono in nobili pentiti[2]. I personaggi di Čechov sono personaggi di un altro tipo di crisi. Essi incominciarono a vivere in Russia quando era crollato tutto ciò che è luminoso, coraggioso, eroico, quando incominciava a prevalere la tirannide delle cose minute. Ma in questo schema non è possibile costringere il movimento degli anni Sessanta con la sua protesta nichilista e nemmeno l'andare al popolo[3] e il moto rivoluzionario russo. L'eroica morale dei rivoluzionari con il loro completo oblio di sé, con la piena rinuncia a una vita personale, e la piena subordinazione di questa vita alla causa, che cosa ha in comune con un soggettivismo malato?

Lasciamo da parte le contese genealogiche: chi sia il figlio e da chi provenga, chi sia il padre e chi abbia generato. Importante è che questi contrasti violenti non sono affatto molto profondi. Anzitutto il nobile pentito è l'espressione più genuina del soggettivismo dell'intelligencija. Il nobile pentito ha creato la concezione del mondo populista, che si distingue anzitutto per la sua assoluta incapacità di accogliere la realtà sociale così com'è, e al posto di questa realtà s'è creato un quadro assolutamente fantastico da due colori soltanto: il rosa e il nero. Egli ha inventato perfino il metodo soggettivo nelle scienze sociali, il quale alla conoscenza della verità sostituisce la conoscenza dei propri stati d'animo; egli ha creato il programma politico e sociale del populismo nel quale i problemi della struttura statale e sociale sono pensati come problemi del proprio sentimento morale e ricevono risposte determinate da questa morale degli stati d'animo. Non c'è da meravigliarsi se questo nobile pentito, le cui convinzioni erano così diafane e tanto poco atte a sostenere la prova del mondo esterno, dovette cedere il posto al nevrastenico ormai sradicato completamente.

Lo possiamo affermare senza ledere affatto la giustizia storica, che deve essere resa in misura piena a quelle persone le quali volevano pagare al popolo il debito contratto dai loro antenati, pagarlo senza retrocedere davanti a nessun sacrificio. Ciò vale in particolare non per i maestri del populismo ma per i discepoli che cercarono di mettere in pratica la dottrina. Ma la medesima giustizia esige che si smascheri fino in fondo tutta l'inconsistenza del populismo, tutte le abitudini false ed esiziali di pensiero che esso ha inoculato. Il populismo fu un grande ostacolo sulla via dello sviluppo non solo materiale, ma anche

2 In russo *kajuščijsja dvorjanin*, una figura della realtà sociale e della letteratura russe (*ndt*).

3 In russo *choždenie k narodu*, un fenomeno sociale tra la classe colta russa del secolo XIX (*ndt*).

spirituale della Russia. Infatti tale sviluppo esige anzitutto un rapporto e un rispetto premuroso verso la cultura, esige tratti che il populismo era il meno adatto a istillare. Esso predicava unicamente la giustizia livellatrice nella sua variante più elementare, una giustizia che bisognava inevitabilmente intendere come livellamento in basso. Da qui derivò per esempio il programma della spartizione livellatrice della terra, programma che se fosse stato messo in pratica avrebbe portato a una generale mancanza di diritti, alla miseria, a retrocedere di molti secoli. Eppure uomini come N.K. Michajlovskij[4] poterono difendere questo programma e lo poterono accogliere interi partiti politici che in ogni caso esercitarono un grande influsso sulla vita russa.

Dov'è qui la radice dell'errore? Di nuovo nel predominio del moralismo soggettivo. La distribuzione della proprietà terriera non è per sé una questione morale: morale è soltanto il problema di assicurare degnamente resistenza alla persona umana e il problema delle conseguenze che ne derivano alla vita sociale. Una qualsiasi politica agraria deve in questo senso avere sempre un'importanza esclusivamente tecnica. Inoltre provvedere alla persona non è affatto l'unico scopo dello Stato o della società. Questi sono anzitutto interessati ad elevare in linea generale l'economia che dischiude al popolo intero la possibilità di accedere a forme politiche superiori, di creare nuove ricchezze culturali, ecc. Tutto questo non solo è necessario per poter realizzare il diritto a una degna esistenza, ma possiede un'immediata portata etica. Infatti non si può affatto ridurre il bene dell'intero al benessere magari di tutte le unità che lo costituiscono. Qui sta l'errore della formula di Bentham del bene supremo quale maggior bene del maggior numero di persone. Il bene dello Stato presuppone che lo Stato possegga una realtà superiore, indipendente dalle parti che lo costituiscono. Ogni vero uomo di Stato avverte immediatamente questa realtà; per lui lo Stato non si fraziona nella moltitudine innumerevole dei cittadini a lui contemporanei e anche futuri. Invece il populismo, nonostante il suo nome, nonostante la sua prontezza a sacrificare i diritti e gli interessi più sani della persona, vedeva nel popolo unicamente una massa di persone singole, più concretamente una massa di contadini russi che vivono nella *obščina*[5] e che in certo modo costituiscono tut-

4 Nobile ed esponente dell'intelligencija (1842-1904); rovinò il suo straordinario talento speculativo e morale sposando il positivismo che era allora l'ideologia obbligatoria dei rivoluzionari russi (*ndt*).

5 L'antica comunità agricola russa dove la terra era proprietà comunitaria. Considerata un modello ideale per il futuro da slavofili e occidentalisti per ragioni diametralmente opposte (*ndt*).

to il mondo russo con l'aggiunta degli intellettuali che servono questo popolo. Il populismo non s'è mai elevato all'idea della nazione e perciò non è mai stato capace di inculcare un sano sentimento nazionale: non poté farlo perché partiva dall'angusto orizzonte della psicologia personale. Perciò il suo pathos egualitario è molto diverso dall'eguaglianza giacobina. I giacobini, come pure Rousseau nel suo *Contratto sociale*, volevano l'eguaglianza come fondamento per l'autorità legittima dell'intero sul cittadino singolo, come base della volontà generale (*volonté générale*). I nostri populisti cercavano l'eguaglianza perché nessuno si sentisse offeso e defraudato dall'opulenza del suo vicino, preferivano l'eguaglianza nella mancanza di diritti al possesso dei diritti da una parte della popolazione della Russia. Donde l'indifferenza, tanto incomprensibile per noi, l'indifferenza degli uomini degli anni Settanta, per la libertà politica, per lo meno per le sole forme possibili di realizzarla in Russia.

Per la Russia fu un'immensa disgrazia la circostanza che questa concezione del mondo sia andata effettivamente incontro a certe abitudini mentali secolari del popolo. Anch'esso era abituato a livellare, magari a costo di una inevitabile svalutazione dei beni così distribuiti. Questa distribuzione in parti eguali è naturalmente la forma più semplice, per non dire primitiva, ma acquistò un certo riconoscimento giuridico come qualcosa di giusto. «Da noi non ci devono essere pasciuti; che tutti siano affamati» dicevano i contadini di Saratov nel 1905 spiegando i disordini contadini che già allora non colpivano soltanto i poderi dei nobili terrieri ma anche i contadini benestanti. La proposta di distribuire a tutti in parti eguali trovava nelle campagne consensi anche là dove distruggeva chiaramente il senso dell'eguaglianza, per esempio nella distribuzione degli aiuti in natura cui pretendevano e i bisognosi e quelli che non ne avevano bisogno. E all'insegna di tale livellamento è avvenuta anche tutta l'attuale distruzione dell'agricoltura.

Evidentemente la presenza di queste abitudini mentali nel popolo non giustifica affatto l'ideologia populista, la quale non ha purificato questi istinti ma li ha incoraggiati in tutti i modi circondandoli dell'aureola di una specie di verità superiore. I rappresentanti dell'ideologia populista non vollero vedere come qui in blocco si prende per senso di giustizia il semplice senso dell'invidia, non vollero vedere che qui si crea un'atmosfera mortale per lo sviluppo della persona, per la selezione delle capacità, per l'elevazione del livello comune. Speriamo che gli avvenimenti attuali aprano gli occhi a molti ciechi.

Così il populismo è proprio l'esempio più chiaro della tendenza a pensare e a sentire dell'intelligencija e non vi si può contrapporre l'esempio dei rivoluzionari russi. Tra questi ci furono persone di volontà straordinaria e in genere di straordinaria forza di spirito, ma proprio loro non poterono mantenersi affatto nella cornice della solita concezione del mondo dell'intelligencija. La stessa enormità del compito li costrinse a respingere tutta una serie di tesi convenzionali correnti e a sentire tormentosamente le contraddizioni del loro compito. Le opere *Il cavallo pallido* e *Ciò che non ci fu* di Ropšin costituirono una vera rivelazione di questo lato spirituale interiore della vita del rivoluzionario attivo, opere che, bisogna dirlo, i colleghi ideologici dell'autore accolsero in maniera molto sfavorevole. Lo si accusò di distruggere la tradizione, ci si arrabbiò specialmente per il fatto che Ropšin mostrava l'impossibilità di conservare la psicologia originaria del terrore rivoluzionario. Allo stesso modo non ci si può richiamare alla circostanza che il movimento russo ha potuto creare pensatori come Plechanov e Kropotkin[6], i quali del resto appartengono al mondo dell'Europa occidentale non certo meno che alla Russia. Diversi l'uno dall'altro fino ad opporsi, essi non hanno nulla in comune neanche con i rappresentanti tipici della scienza e della cultura rivoluzionaria-propagandistica. Per quanto unilaterali in certe loro concezioni politiche e sociali, essi sono sempre partiti dalla convinzione che anzitutto è necessario capire il mondo che ci circonda così com'è, indipendentemente dai desideri dell'uomo, hanno sentito sempre la necessità di raccogliere esperienze numerose e molteplici, hanno sempre avuto una viva curiosità di sapere. E quando la loro viva intuizione della realtà non andava d'accordo con le concezioni dei partiti cui erano vicini, essi senza esitare davano la preferenza a questa intuizione. Alla stessa maniera si comportarono riguardo alla questione della guerra, per niente turbati di trovare consensi unicamente nei circoli in cui stavano di solito i loro avversari politici e ideologici.

Ma tutto questo è aristocrazia rivoluzionaria che non vale per la plebe, per i rivoluzionari di fila che lavoravano nella clandestinità e, impossibilitati a continuare questo lavoro, prendevano la strada del Nord, dell'Oriente ed emigravano. Nonostante le dure condizioni di vita, la deportazione in Siberia fu di solito per loro meno deleteria di un soggiorno all'estero, perché in Siberia venivano più facilmente a contatto con la vita reale, più facilmente trovavano un'occupazione che li liberava dai clichés partitici correnti e immetteva una corrente fresca nel loro intelletto e nel loro cuore. Tutta la giovane vita sociale

[6] Kropotkin (1842-1921), principe ed anarchico, una specie di santo rivoluzionario (*ndt*).

siberiana è indissolubilmente connessa con questi esiliati politici e soltanto il loro impiego rese possibile il lavoro culturale là enormemente richiesto; lo compresero gli amministratori più intelligenti e istruiti e cercarono la collaborazione di queste persone con un *dossier* politico molto negativo ai loro occhi.

Invece l'ambiente nel quale si manifestò tutta la patologia dell'intelligencija russa con straordinaria chiarezza dobbiamo scorgerlo nelle nostre colonie di emigrati, totalmente staccate dalla vita e dal popolo, come circondate da una razza a loro perfettamente estranea, senza conoscere neanche la lingua di quel popolo, senza interesse per focolari della civilizzazione mondiale come Parigi e Londra. L'assillante bisogno materiale non suscita l'energia a cercare una via d'uscita ma invece in un certo senso la mina definitivamente. Tutto il tempo veniva speso in vicendevoli rimproveri, liti, composizioni arbitrarie, tutta la vita intellettuale s'esauriva nel discutere sui programmi e partecipare a meeting di protesta. Soltanto pochi furono in grado di sfruttare in qualche modo il loro soggiorno all'estero per allargare la loro istruzione, soltanto molto pochi seppero penetrare a fondo nella vita del paese in cui il destino li aveva scaraventati. Invece la maggior parte degli emigrati non fece che rendere ancor più pesante l'atmosfera irrespirabile d'impotenza isterica delle nostre colonie, atmosfera che spesso fornì agli stranieri un'idea assolutamente sbagliata sul carattere nazionale russo in generale e che attende ancora chi la descriva.

I nostri partiti rivoluzionari, così a lungo colpiti dalle malattie della clandestinità e dell'emigrazione, non poterono liberarsene nemmeno quando si spalancò davanti a loro la strada della libera attività politica. Così avvenne negli anni 1905-1906, così accadde in misura incomparabilmente superiore nel 1917 quando acquistarono influenza e potere. E a quale prezzo la Russia dovette pagare tutto ciò!

Il moralismo soggettivo è uno degli elementi della vita spirituale, necessario per una piena armonia. Ma l'intelligencija russa risultò ammalata per avergli dato uno sviluppo assolutamente esagerato e ciò rese impossibile l'equilibrio della vita spirituale. Attualmente tutti ammettono essere inevitabile una revisione radicale delle concezioni tradizionali, una svolta radicale nelle nostre abitudini mentali. Senza questo resteranno semplicemente parole «la rinascita nazionale della Russia» che adesso è nella bocca di tutti.

I predicatori di questa rinascita nutrono spesso una fiducia eccessiva nella forza dei loro appelli, diventano loro stessi facili vittime del razionalismo moraleggiante. E che cosa significano le parole dopo la prova di fuoco toccata alla Russia? Queste passioni irresistibili e voltafaccia, questi flussi e riflussi dell'anima popolare turbata da catastrofi senza precedenti, sfuggono al potere d'un predicatore. Egli può solo essere l'araldo del giorno nuovo che già incomincia perché nei piani imperscrutabili di Dio il suo tempo è venuto. Compito delle persone che con tutta l'urgenza sentono la propria responsabilità per le azioni e le omissioni non è tentare di guarire ma solo indicare le vie della guarigione, più precisamente tradurre nella lingua corrente questa creatività risanatrice già iniziatasi spontaneamente.

Dobbiamo cercare questa via per la nostra intelligencija, la quale in particolare ha subito una crisi tanto profonda da essere minacciata nella sua stessa esistenza. La nostra intelligencija ha bisogno di un nuovo orientamento spirituale (per adoperare una parola oggi tanto usata). Essa deve in misura incomparabilmente maggiore interessarsi al mondo oggettivo, avere il pathos dell'oggettività, perché se esaminiamo il suo abituale soggettivismo non vi troviamo in ultima analisi nemmeno un nucleo morale solido e costante. Essa credette di trovare la legge della vita nella norma morale ma spesso e volentieri scambiò gli stati d'animo propri ed altrui per questa norma. Noi abbiamo sempre capitolato davanti alla psicologia perché l'abbiamo sempre considerata l'unica forza efficace, qualunque fossero le nostre convinzioni astratte. Il richiamo alla «necessità psicologica» veniva ritenuto una giustificazione seria anche di errori politici manifesti e abbastanza deleteri. Noi ci siamo sempre sforzati di cogliere anzitutto lo stato d'animo, attribuendogli chissà quali possibilità illimitate. Ma l'esperienza ha dimostrato che sovente il successo tocca ai gruppi che non si lasciano impressionare da simili dubbi. Qui sta il motivo della vittoria di Stolypin[7] sulla prima Duma e dei bolscevichi sul governo provvisorio. Allo stesso tempo ci siamo mostrati così spesso impreparati per non aver tenuto conto delle possibilità oggettive. L'impreparazione militare del nostro governo fu solo quantitativamente, non qualitativamente, diversa da quella dell'opinione pubblica.

Questi sono però errori d'ordine tattico che istruiscono le società e i popoli per mezzo di amare lezioni concrete; importante è qui la questione di principio. Tale psicologismo soggettivo si trasforma molto facilmente in puro opportunismo, perché dove l'attenzione s'incentra sulle esperienze proprie ed altrui e a queste si attribuisce un significato determinante, non c'è posto per la norma, per il comandamento,

[7] Primo ministro zarista (1862-1911). Iniziò la riforma agraria, combatté aspramente i rivoluzionari, fu da loro assassinato (*ndt*).

per principi che possiedano un essere indipendente dalle condizioni della psiche. Donde la nostra inclinazione tanto pericolosa a sostituire alla vera valutazione dei fatti e degli atti, basata su dati convincenti, l'affermazione delle simpatie ed antipatie nostre ed altrui. Definendo simpatico o antipatico un determinato atto, noi supponiamo allo stesso tempo che il nostro gusto sia obbligante. Per quanto sembri strano, sul terreno dell'impressionismo psicologico o della routine psicologica (quando simpatizziamo o proviamo antipatia non per un nostro sentimento immediato ma perché così si usa) nasce una feroce intolleranza, la quale naturalmente non possiede le giustificazioni che può avere il rigorismo morale, un'intolleranza che si rivolge non più contro i fini ma contro i mezzi, spesso così multiformi, che portano ai fini.

Così si commette l'enorme errore spirituale tanto diffuso nella vita dell'intelligencija russa: il fine e il mezzo vengono confusi, l'assoluto e il relativo si scambiano di posto. Giacché l'assoluto in genere viene respinto, lo si ammette soltanto quantitativamente diverso dalle varie forme relative in cui s'incarna e il relativo viene elevato ad assoluto. In tal modo l'uomo pecca e contro il primo e contro il secondo comandamento di Mosè[8].

Abbiamo già detto della grave colpa che in questo ha il nostro populismo. La sua etica fu puramente psicologica, la sua sociologia si basò su un singolare animismo sociale: il corso del mondo è regolato esclusivamente dalle decisioni della volontà umana la quale dispone di una possibilità indefinita di scelta; si può incanalare la Russia sulla strada solita del capitalismo dell'Europa occidentale, ma si può anche condurla direttamente ai lidi dell'armonia sociale, dell'Arcadia sociale: la nostra *obščina* la si può distruggere ma si può anche conservarla per sempre. Questa metodologia populista, se così si può dire, lascia nel pensare dell'intelligencija traccie anche più profonde di questo o quel sistema populista.

Qui sta il grande merito del marxismo russo, merito che devono riconoscere anche persone molto lontane dall'affermare il marxismo. La sua battaglia contro il populismo fu una battaglia metodologica per il diritto alla conoscenza oggettiva. Non occorre dire come la dottrina della base classista del pensiero umano sia una negazione evidente di tale sapere oggettivo, non occorre dire come la più recente socialdemocrazia abbia fatto propri tutti i difetti fondamentali della concezione populista, spesso per semplice demagogia e spesso per non es-

8 Secondo il catechismo ortodosso suona «Non avrai altro Dio fuori che me» (*ndt*).

ser di meno nella svendita fallimentare della politica. Nelle sue origini il marxismo invitava al realismo economico, abbatteva il falso idealismo populista e con questo, senza che i suoi rappresentanti lo volessero, contribuì all'affermarsi in Russia del vero idealismo. Gli stessi passaggi «dal marxismo all'idealismo»[9] non sono certo casuali: l'utopia marxista crolla, cede il posto al riformismo sociale e per quest'ultimo bisogna cercare nuove sorgenti di pathos, che è impossibile trovare nel deserto sterile del materialismo economico. Ma se questo superamento del marxismo fu un necessario fenomeno di maturità spirituale, rimase una specie di scuola propedeutica.

Al presente la cultura russa s'è lasciata alle spalle da tempo questa scuola e deve mettere in pratica questa tensione per l'oggettivo. Anzitutto nella scienza e nell'arte intese nella loro natura autosufficiente. Secondo la concezione populista esse dovevano servire al popolo, un servizio inteso più o meno come piatto utilitarismo morale. Manca la coscienza del fatto che queste funzioni dello spirito umano possiedono una vita propria e che non tollerano una legge imposta loro dall'esterno. In questo sta, tra l'altro, il compito di organizzare la scuola e un'istruzione veramente scientifica che devono premunire da tale utilitarismo e consolidare la convinzione che perfino l'utilità della scienza dipende dal suo disinteresse. La democratizzazione della società susciterà uno speciale interesse per la diffusione delle conoscenze; per dirla in termini economici, il soddisfare le preoccupazioni per la distribuzione può anche qui distogliere l'attenzione e le forze dalla produzione. La catastrofe mondiale che ci è capitata addosso, così inaccessibile alla previsione della ragione umana, così annichilente per i suoi calcoli superbi, può lasciare dietro a sé un profondo scetticismo. Per noi russi questo stato d'animo è più pericoloso che per altri popoli dalla psiche sociale più solida e dalla tradizione più radicata; senza per questo cadere in un culto superstizioso, la scienza non deve affatto perdere la coscienza della sua portata oggettiva e suadente, nonostante tutte le varie differenze psicologiche, sociali e razziali.

La stessa cosa si può dire dell'arte. È tipico della concezione populista assegnare all'arte un ruolo di puro servizio; ai suoi occhi l'arte deve essere tendenziosa. La storia dei *peredvižniki*[10] ha fornito l'esem-

[9] Titolo di un celebre libro di Bulgakov pubblicato nel 1903, che annuncia gli albori della «svolta» filosofica nell'intelligencija russa (*ndt*).

[10] Il termine significa «itineranti» e indica un certo numero di pittori «populisti» del sec. XIX che, ignorati dalle accademie, organizzarono mostre popolari itineranti. Oggi dai sovietici sono esaltati come antesignani del realismo socialista (*ndt*).

pio della decadenza estetica a cui questo conduce. Ma qui non s'è ancora debitamente capito il colpo che fu inferto alla cultura russa in generale. Poeti e artisti dovevano trasformarsi in letterati moralizzanti, l'esigenza e il sentimento della bellezza venivano soffocati e le giovani generazioni venivano educate in questo settore con una negligenza barbarica. Puškin era circondato di freddi riconoscimenti ufficiali, Tjutčev rimaneva come perfettamente ignorato. Ancora poco tempo fa i nostri occhi erano come colpiti da cecità e noi passavamo indifferenti accanto ai grandissimi tesori dell'iconografia russa. È vero che in questo senso s'è compiuto un grande mutamento: la nuova arte russa ha conquistato il riconoscimento definitivo della sua propria autonomia, la nuova poesia ha trovato nella nostra lingua possibilità impreviste d'incarnazione. Si può parlare piuttosto di un estetismo esagerato e insincero che s'è convertito in moda e posa e addirittura di una specie di anarchismo estetico. Queste deformazioni senza gusto e lamentevoli non devono però mettere in dubbio il riconoscimento della forza oggettiva dell'arte, anche nei suoi prodotti lirici più soggettivi. Questa forza è di Lermontov come di Puškin, di Chopin come di Beethoven. Il tentativo di L.N. Tolstoj di confutare quest'ultimo confuta se medesimo. Si può essere certi che l'estremismo opposto, il dominio dell'arte fredda e convenzionale «parnassiana», dell'arte della forma, il loro culto esclusivo, non potranno insediarsi da noi.

La filosofia russa diventa egualmente autonoma. Il populismo vedeva nella filosofia una *magistra vitae*, temeva superstiziosamente la metafisica come aveva paura dell'arte pura. Ancora di recente c'era da noi chi valutava le ricerche filosofiche secondo un criterio perfettamente estraneo, cioè per quanto corrispondevano al movimento politico o sociale. Vogliamo sperare che questo atteggiamento veramente barbarico verso il pensiero umano non possa rinascere. Pericolosa è un'altra cosa: che il soggettivismo moraleggiante, così caratteristico per noi, non penetri anche nel lavoro speculativo e non lo deformi. Per esempio c'è pericolo che da noi il problema del mondo si trasformi nella costruzione di una verità assolutamente convenzionale sul mondo, nella costruzione di una specie di ipotesi morale di lavoro. Del resto bisogna dire che questo pericolo risulta diminuito a causa del carattere manifesto del lavoro filosofico più recente in Russia, un lavoro che chiaramente inclina all'ontologia. Se si può parlare di una filosofia nazionale russa, la sua atmosfera spirituale è come sovraccarica di essere. Non si può ammettere che la filosofia si diluisca in teoria della conoscenza, come inclina a fare il pensiero germanico. La corrente più possente e chiara nella filosofia russa afferma l'unitotalità[11] e non si chiude nei merletti artificiali del gioco intellettuale individuale. Alla luce di questo ideale dell'unitotalità abbiamo imparato a meglio apprezzare il nostro posto nell'universo; ora ogni soggettivismo esagerato e morboso è esattamente un decadere dall'unitotalità.

Tutto questo acquista la massima importanza quando viene applicato al mondo morale. L'anima russa non ne avrà scampo, anche se si è persa nel regno delle seduzioni demoniache spalancatosi davanti a lei. Quando ritornerà in sé, questa massa incommensurabile di male commesso e permesso e di sofferenze dovrà suscitare anche una compassione incommensurabile e un dispiacere bruciante. La strada della rinascita passa per il mare di lacrime di una grande penitenza e questa rinascita esige ancora un distacco da se stessi per convertirsi al mondo che ci circonda. Bisogna capire il senso etico di quei suoi elementi che si elevano al di sopra della vita individuale, bisogna ritrovarlo in principi come la nazione, lo Stato, la cultura, anche se al presente il nostro atteggiamento mentale li respinge, anche se per il sentimento sembrano freddi e senz'anima. L'inclinazione psichica che aspira a liberarsi da essi genera fantasmi seducenti. Perché la persona che perde il nesso con questi principi oggettivo-morali, e in questo senso universalmente obbligatori, diventa essa stessa vuota e povera.

Due sono i tipi fondamentali di filosofia morale: i rappresentanti del primo dividono il mondo dell'essere da quello del dovere abbandonando l'uomo in balia di questo dualismo insolubile. Tale ad esempio è la filosofia di Kant; i rappresentanti del secondo tipo trovano una sintesi superiore tra di essi, affermano il fondamento ontologico delle norme morali. Tale ad esempio è la filosofia di Platone. Solo qui lo spirito umano può trovare soddisfazione. Infatti una norma che ci viene presentata unicamente come norma può appartenere al mondo dei fantasmi, delle illusioni, delle idee fisse. L'autonomia attribuita alla legge morale mentre sembra elevarla rende in effetti incomprensibile la sua obbligatorietà. Nonostante tutto il suo rigorismo e tutta la sua implacabilità verso i sentimenti umani più forti e profondi, l'etica del rigorismo si trasforma in un'etica degli atteggiamenti mentali-sentimentali se non individuali-collettivi. Il despotismo morale di Brandt respinge gli uomini e li attira soltanto quando offre loro l'immagine di una specie di chiesa sul monte che non solo deve ma può essere costruita, l'immagine di una qualche incarnazione reale. La morale non

[11] In russo *vseedinstvo*, concetto chiave della filosofia di Vladimir Solov'ëv. Cfr. Vladimir Sergeevič Solov'ëv, *Opere scelte*, 1, Jaca Book, Milano 1971 (*ndt*).

è mai in grado di rivelare con le proprie forze questa realtà del bene e qui si apre il campo della religione. Infatti se la religione si rivela a noi nelle profondità segrete del nostro spirito, l'esperienza religiosa è il fondamento stesso della vita della persona, l'assicurazione che quest'ultima possiede anche la suprema oggettività cioè l'indipendenza dalle oscillazioni dell'esperienza religiosa. E contro il morboso concentrarsi dell'uomo sui suoi sentimenti personali s'innalza proprio la coscienza religiosa e, invitandolo all'umiltà, lo libera dalla solitudine opprimente e immette nell'anima una pace gioiosa. Allora gli ordini freddi e incomprensibili dell'imperativo categorico diventano un giogo soave e un peso leggero.

Davanti a noi s'è scatenato il più grande terremoto di tutte le strutture morali del popolo russo e, se siamo mai capaci di capire qualcosa nelle nostre prove, noi dobbiamo comprendere che queste strutture si reggevano a loro volta sul fondamento più profondo della fede del popolo. Quando quest'ultima venne distrutta e al suo posto fu trapiantato il culto mostruoso dell'arbitrio e dell'odio di classe, fu decisa in anticipo anche la grande catastrofe che doveva seguire. Ma proprio qui nel popolo alzò la testa l'istinto dell'autoconservazione spirituale e il popolo, nonostante tutte le pressioni e seduzioni, rispose all'appello delle campane della sua Chiesa avita. Non possiamo ancora valutare tutta la forza della rinascita religiosa che senza dubbio è incominciata e non sappiamo quanto profondo nell'anima dell'intelligencija russa sia questo nuovo impulso verso la fede e la Chiesa. Una sola cosa possiamo affermare con certezza: se l'atteggiamento del soggettivismo moralizzante si dimostrò inconsistente nella vita, sarà egualmente inconsistente ogni tentativo della classe colta di costruire la sua vita rigettando ed abbandonando le esigenze morali. E queste esigenze cesseranno di esprimersi nelle convulsioni sterili e crucciant di anime in pena solo quando saranno comprese come ricerche religiose. Perché per il nostro sentimento e il nostro intelletto non esistono contraddizioni insopportabili che non siano risolte nella Ragione e nell'Amore divino.

L'intelligencija russa deve cercare nelle sorgenti inesauribili e vivificanti il ripristino delle sue forze adesso tanto crudelmente infrante; allora, guarita dalle sue persistenti deformazioni intellettuali e dai suoi mali spirituali, troverà in sé l'attitudine e la capacità di intraprendere l'opera di ricreare la Russia, la quale adesso è come un mucchio di rovine che stanno a testimoniare il grande peccato commesso e il grande castigo ormai subìto.

VI

IL RUGGITO DEL POPOLO

Valerian Nikolaevič Murav'ëv

«Ruggiscono i popoli come ruggiscono le acque forti; ma Egli li minacciò e fuggirono lontano e furono dispersi come la polvere sui monti e la pula dal vento.
È ora di riconoscere che la ragione umana non possiede soltanto la forza che essa attinge nell'angusto presente, che in essa c'è un'altra forza la quale, riunendo in un unico pensiero i tempi passati e i tempi promessi, costituisce la sua vera essenza e la eleva nella sfera della vera attività».

Čaadaev, *Lettere filosofiche*, I

1.

Di notte, quando tutto dormiva all'intorno, mi son recato sulla Piazza Rossa per mettermi in ascolto. Mi dicevano che lì avvengono cose meravigliose: i morti seppelliti senza esequie di notte gemono, si alzano dalle tombe e ricordando il loro ultimo combattimento e tentano di penetrare nel Kremlino addormentato. Ma le sacre mura sono inaccessibili e i morti cadono digrignando i denti e rientrano sottoterra e gemono, terrorizzando i cittadini nascosti dietro le finestre ermeticamente chiuse. Mi dicevano che lì il Beato Nicola, santo vescovo della Russia taumaturgica, nel giorno della rovina cinse la spada in difesa della santa Russia e i credenti ebbero da questa spada miracolosa forza e guarigione.

Ma la piazza taceva e io non vi vidi nulla: le chiese oscure s'alzavano tacite verso il cielo e le mura guardavano nere e minacciose; solo tra i merli a passi regolari si muovevano le ombre delle sentinelle. Immaginai di vivere tre secoli fa e di avere di fronte a me gli antichi santuari russi, prigionieri e muti… Era troppo presto.

E io proseguii e sboccai in una grande pianura sconfinata senza limite e confini e questa pianura era la Russia. Vi regnava un silenzio immacolato e dalla terra e dai boschi primaverili spirava il profumo di una giovinezza che spunta e si dischiude. M'inchinai penitente alla madre umida-terra, in lei cercai forza e riconobbi che in me albergano il suo figlio maggiore Mikula-agricoltore e Alëša-il prediletto[1]. Ad ambedue essa darà un'energia misteriosa, li schiererà in battaglia con la sua benedizione, li armerà con la sua saggezza, fortezza e santità.

Anche qui tutto taceva e soltanto gli uccelli nel bosco mormoravano un canto primaverile, l'anitra spiccando il volo emetteva un grido e la lepre un triste lamento. Ma io conoscevo la parola magica e il luogo segreto. E alla mia parola quella non fu più una pianura sconosciuta ma si chiamava il piano di Kulikov dove domani si doveva combattere una battaglia di eserciti invisibili ma possenti. Ed io, quasi Dmitrij[2], sorsi tra i due schieramenti e ascoltai la lingua di ambedue i campi. All'inizio non si udiva nulla, poi in uno dei campi udii un frastuono e un tripudio indecoroso, urla di canzoni e rumore di piatti infranti, suono di timpani, imprecazioni ubriache, stropiccio di danze diaboliche; in mescolanza sacrilega suonavano le voci di molte lingue e sembrava che popoli innumerevoli si fossero uniti ai russi senza-Dio per depredare e distruggere i santuari russi.

Nell'altro campo regnava grande silenzio e io non sapevo che cosa pensare. Che significa questo silenzio? Che cosa predice? La notte finiva, in lontananza il cielo impallidiva e s'avvolgeva di nebbia. Sembrava che l'orda cantasse e tripudiasse più sommessa e debolmente, finché non tacque del tutto. Contemporaneamente nell'altro campo, quello silenzioso, stava accadendo qualcosa: nasceva un rumore minaccioso, fremendo con un rimbombo, il silenzio gli fece eco. Mi sembrò che innumerevoli timballi o mille corni urlassero insieme. I suoni divennero più forti, non era più frastuono di persone ma il ruggito del mare, e sembrava che il mare si alzasse e brontolasse e ruggisse d'un ruggito possente, crescendo con forza mostruosa e rompendo le rive che lo abbracciavano. E compresi che non era il ruggito del mare ma il ruggito d'un popolo, il ruggito d'una nazione.

Terrorizzato da questo ruggito insopportabile che riempiva l'universo, mi diedi alla fuga ma non c'era luogo dove potersi rifugiare. Mi veniva contro come un'ondata assordante e sapevo che tra breve sarei caduto in balia degli elementi e io stesso avrei ruggito con voce non umana coprendo tutti i rumori della terra. L'ondata mi raggiunse e io mi abbandonai a lei che mi inghiottiva. Essa mi afferrò e trasportò sulla sua cresta. E vidi che era fatta tutta di persone come me, che il suo moto risultava di persone in corsa senza numero, il suo ruggito di voci

[1] Due personaggi dell'epos popolare russo (*ndt*).
[2] L'eroe della battaglia di Kulikov (1380) (*ndt*).

innumerevoli, la sua forza dalla passione di questi uomini, unica e mossa dalla fede. E mi misi a correre, mi unii a loro, e da allora non ho più la mia paura ma unicamente la loro grande speranza, la loro ira minacciosa, la loro volontà irresistibile di infrangere le rive nemiche.

2.

Il popolo russo nell'antichità trovò la sua giustizia-verità (*pravda*) e questa era la Russia. Questa *pravda* la scoprì tutto il popolo russo d'allora, indiviso, allo stesso modo i suoi strati superiori e il basso popolo. Allora le contraddizioni classiste erano forse più acute di adesso e anche l'odio degli oppressi per gli oppressori era in ogni caso non minore di adesso. La storia delle origini del movimento cosacco, la corsa dei fuggiaschi verso i territori della periferia, le frequenti sollevazioni e le punizioni sanguinose testimoniano che nulla è nuovo neanche nei fenomeni più estremi della rivoluzione sociale russa. Ma allora il popolo russo possedeva un'anima unica ed era sempre il medesimo popolo russo che sedeva nella Duma dei bojari, salvava l'anima negli eremi, lavorava la terra, predava sulle strade. Esso viveva di un'unica concezione del mondo e qui stava la chiave di tutte le sue realizzazioni.

Questa concezione del mondo era la Russia. La Santa Russia non è una leggenda e non è una metafora ma è esistita realmente; non quella sdolcinata che dipingono gli artisti e i poeti, ma come un tutto vivo pieno di singolare bellezza, suoni e immagini, e in ogni caso di grande vitalità. Talvolta essa appariva «rivestita di vesti misere ed umili» e rivelava la sua santità nella contemplazione e nella sublime preghiera; talaltra si perdeva in appassionate ricerche terrene, dimenticava Dio per la verità del pane e della carne, ma anche in questo si pensava santa perché sacrificava tutto per questa pretesa *pravda*.

Il fondamento della concezione del mondo dell'antica Russia era un'incredibile integrità di spirito. L'uomo russo anche quando, come adesso, esternamente si lasciava andare ad eccessi, perpetrava delitti ed eroismi spirituali, ma non conosceva separazione tra pensiero e azione, non conosceva il pensiero così come lo intendiamo noi adesso. Per lui il pensiero, la sensazione, il sentimento, l'azione che ne deriva, erano identici. Nella storia russa colpisce un tratto strano che a prima vista sembra una mancanza di consapevolezza. Nella disordinata caterva dei decreti dei «ministeri» moscoviti senza sistema e regole, nelle canzoni e nei racconti, nelle considerazioni della gente di quel tempo, noi scorgiamo dappertutto un'eguale assenza di quello che si chiama la logica. La stessa parlata russa antica appare sconnessa e costruita in maniera contraddittoria e le sue argomentazioni suonano non come argomentazioni ma come descrizioni di esperienze interiori casuali e non tenute insieme dal pensiero. A prima vista questi sono segni di sottosviluppo, di poca cultura, e senza volerlo ti vengono in mente i selvaggi.

Però a riflettere attentamente su questi fenomeni e soprattutto se si tiene presente che sul fondamento di questi fenomeni e con il loro aiuto viene costruito uno Stato potente, bisogna valutarli in maniera diversa. Vi scopriremo che là dove per noi difetta il senso, come lo cerchiamo noi al presente, c'era un altro significato che la nostra incapacità di afferrarlo rende nascosto. Scopriremo che tutti i fenomeni slegati e apparentemente discordi possedevano in effetti una grande realtà e questo dice il loro legame interiore. Vedremo che là dove non esisteva un pensiero nel senso europeo del termine, c'era forse di più: un'appercezione integrale della realtà. Anche il pensiero vi entrava a far parte ma non dominava, non comandava sull'uomo strappandolo dalla realtà. Questo pensiero era subordinato all'azione di tutto il suo essere, di tutte le sue attitudini complessive, e grazie a questo non provocava nessuna dicotomia nell'uomo.

Questa integralità originaria costituiva la forza dell'antico russo e dirigeva tutte le sue azioni. Egli integralmente pregava, amava e odiava, integralmente edificava e distruggeva, e tutta la cultura russa antica portava il sigillo di questa integralità. Prodotti di questa integralità erano l'autorità nel campo statale, la Chiesa nel campo della vita spirituale comunitaria[3], i santi nel campo della conquista spirituale personale. Il popolo russo non conosceva affatto i concetti astratti che sono frutto di un intellettualismo sradicato. Il suo attaccamento ai riti non era casuale ma pieno di significato profondo. Il rito è un'azione mistica e vi prendono parte tutti i credenti, è come un ordinamento transtemporale della vita del corpo comunitario. Gli zelatori della vecchia fede[4] difendendo il rito difendevano segni e parole che esprimono la struttura mistica della Chiesa, la sua manifestazione nella storia. Il rito, la sua regola e il suo significato unisce gli uomini del passato, del presente e del futuro, trascendendo il tempo ed è sempre un principio soprapersonale. Il rito non viene istituito una volta per sempre, ma vive la sua propria vita, incommensurabile alla persona che rimane nel

[3] Nel testo russo aggettivo di *sobornost'* (*ndt*).
[4] Sono i vecchio-credenti (*ndt*).

proprio cerchio piccolo ed angusto. Soltanto fondendosi con l'intero l'uomo singolo acquista la sapienza necessaria a giudicare il rito. Il rito resta tuttora sacro ed obbligatorio.

Le radici dell'azione e di tutta la concezione del mondo dell'antica Russia stanno nell'ortodossia, l'essenza interiore dell'ortodossia è la sua pienezza autosufficiente. Il cattolicesimo è una salda roccia che sostiene l'uomo all'esterno, l'ortodossia una morbida onda che lo penetra e allo stesso tempo lo abbraccia da ogni lato. Il cattolicesimo tutto taglia, l'ortodossia tutto compenetra. Lo spirito dell'ortodossia è uno spirito che abbraccia tutto non conosce divisione e separazione. Impressionante è la differenza di queste due confessioni nei confronti degli elementi che stanno fuori dalla Chiesa. Il cattolicesimo li spazza via oppure li conquista, parte dal considerarli come esteriori, a sé estranei, laterali. La Chiesa ortodossa semplicemente non li conosce, per lei non esistono; conosce solo ciò che si trova nel suo recinto, giudica soltanto coloro che già si trovano in questo recinto: per l'ortodossia, nella sua forma vera più pura, non ci sono non-ortodossi perché esistono soltanto coloro che sono ortodossi.

Questa caratteristica dell'ortodossia ha un'immensa importanza; essa ha rispecchiato l'essenza della concezione del mondo russo, il suo fondamento più profondo. Questo tratto della religione russa è una rivelazione filosofica, è la chiave per risolvere i dilemmi più difficili e complicati. Là dove esiste soltanto una vera verità interiore, dove l'esterno appare solo come interno e allo stesso tempo conferisce contenuto a questo soggetto interno, si ha la pienezza e l'integrità che risolvono l'antagonismo di soggetto e oggetto, coscienza e essere, e tutte le altre pretese contrapposizioni. In tale dottrina tutto è concreto. La divinità astratta fa capolino soltanto nelle teorie in cui gli uomini si contrappongono a Dio. Invece nell'ortodossia non è possibile contrapporsi a nulla, perché tutto è interno ad essa, Dio non viene affatto pensato ma avvertito nell'intimo come la verità della Chiesa viene percepita dall'intimo da ognuno dei suoi membri e non è una legge imposta da qualcuno dall'esterno. Ciò è particolarmente chiaro nella questione dell'affermazione dei dogmi: nel cattolicesimo tutto è basato sull'autorità formale della suprema autorità ecclesiastica, nell'ortodossia ciascun fedele è questa autorità quando misteriosamente, in unità *sobornaja*, comunica spiritualmente con gli altri fedeli.

La concezione del mondo dell'antica Russia istituiva un nesso vivo e indistruttibile tra il presente e il passato. Per il russo di quei tempi il passato era ciò che avevano fatto i padri e i nonni, era eternamente vivo, era presente alle sue azioni e le guidava. Egli venerava il misterioso legame dei tempi e avvertiva Dio Perfettissimo egualmente al principio e alla fine del processo storico. L'uomo russo viveva in effetti tra il Natale e la Resurrezione.

Nell'antica Russia il legame con il passato veniva istituito non dall'intelletto, non da una conoscenza razionalistica della storia ma da una conoscenza integrale, da un'appercezione del passato nell'azione, da tutto l'essere dell'uomo russo. Questi era non fuori della storia ma in essa, non la pensava ma la viveva. In ciò stava la forza miracolosa che nonostante la mancata comprensione intellettuale delle sue azioni assicurava il dominio di queste sulla vita circostante. In queste azioni c'era la vita stessa, non era lui a cambiarla dall'esterno ma essa stessa si mutava e trasformava in lui. Il comportamento degli antichi russi è un esempio eloquente di unità e inscindibilità di pensiero e azione. Allora non esisteva la teoria ma solo la realizzazione e questa non era cieca, era spiritualizzata dalla cognizione integrale del Grande Agire che include il piccolo agire dell'uomo singolo. Grande Agire è l'azione dell'integro storico *sobornoe*. Il nesso tra i tempi è la stessa cosa del nesso tra le persone passate e presenti unite in questo integro. La *sobornost'* e la temporalità sono inscindibili.

E che cos'era la persona nell'antica Russia? Si può forse dire che si diluisse nell'integro *sobornoe*? Non si può accostarsi a questo problema senza prima disfarsi dell'opinione falsa e deforme di una supposta contrapposizione tra la persona e l'intero *sobornoe*. Questa contrapposizione esiste in effetti tra l'individualismo, che rinserra tutta la vita nella cornice della sola persona, e il socialismo che distrugge la persona unendo meccanicamente la gente. In quest'ultimo caso non abbiamo un integro *sobornoe* ma semplicemente un gregge o un'orda. La persona viva e l'integro *sobornoe* vivo e concreto sono collegati inscindibilmente, si compenetrano a vicenda e a vicenda s'arricchiscono. Non ha senso paragonare la loro capienza, affermare che l'integro *sobornoe* comprende la persona o viceversa, come vollero fare certi idealisti. Il rapporto tra i due integri non è spaziale ma interiore: la persona conferisce all'intero *sobornoe* il contenuto arricchendolo con la sua specificità che fa traboccare l'intero. A sua volta l'intero allarga gli orizzonti della persona immettendovi tutte le cose, tutti gli uomini, tutto il mondo con il suo presente e il suo passato.

L'ideale più pieno della concezione del mondo dell'antica Russia era il Regno di Dio sulla terra. A questo ideale la coscienza s'accostava contemporaneamente attraverso la Chiesa e attraverso lo Stato, fondendoli nell'immagine di una grande teocrazia, prima russa e poi universale. Le grandi questioni che da sempre agitano l'umanità, che devono risolvere e lo Stato di diritto e la rivoluzione sociale, avrebbero senza dubbio trovato in tale ordinamento sociospirituale una risposta più soddisfacente che in qualsiasi Utopia o Atlantide dei nostri giorni. La pietra d'inciampo dello Stato moderno, e allo stesso tempo l'ostacolo principale della rivoluzione sociale, è l'impossibilità di creare una legge perfetta quando gli uomini sono imperfetti. Ma dove gli uomini vengono alle leggi attraverso la religione, nella loro anima vengono distrutti i semi velenosi che impediscono loro di comunicare con gli altri uomini e di sottomettersi dall'interno, senza costrizione, alla regola comunitaria.

Naturalmente non bisogna credere che questo tipo di concezione del mondo fosse proprietà esclusiva del popolo russo; fu una situazione comune in varia misura a tutti i popoli che vissero una vita attiva e religiosa integrale. Contrapponendo la cultura russa a quella europea nelle sue ultime conseguenze, incominciando dai tempi della Riforma, noi contrapponiamo a questa frazione della cultura europea la cultura dei popoli antichi e orientali. Anche in Europa esiste quasi la stessa divergenza tra la concezione del mondo creata dalla Chiesa cattolica e ciò che trovò espressione dopo il Rinascimento e la Riforma nella filosofia puramente intellettualistica dei secoli XVII, XVIII e XIX.

Quello di cui riviviamo adesso noi, le cosiddette «persone colte», non è l'eredità culturale di tutta l'umanità e nemmeno di tutta la cultura europea, ma solo il frutto del pensiero deforme di una breve epoca soltanto. Nelle epoche di simili deformazioni il pensiero umano in un certo senso devia dal suo giusto letto, comune a tutti i popoli e a tutti i tempi. Questo pensiero si stacca dall'azione e incomincia a vivere del suo proprio gioco, del luccichio spettrale di una vita irreale e apparente; questo pensiero si dipinge di colori inusitati, crea immagini d'arte inimitabili e di bellezza intellettuale, ma è un fiore sterile e tutti questi paludamenti lussuosi portano a risultati pratici che per la loro insignificanza sono totalmente sproporzionati alla magnificenza e varietà della loro fioritura teorica.

3.

Al limite della storia russa s'innalza la figura di Pietro il Grande dividendone l'epoca antica da quella contemporanea. Pietro nel suo grande rivolgimento spirituale incarnò lo spirito massimalista insito da sempre nel popolo russo, volle portare a termine e compiere immediatamente quello che cresceva e maturava gradatamente.

Pietro fu come l'ostetrico nel processo della «europeizzazione» della Russia. Il grande imperatore, facendo volare le teste degli strelcy[5] o tagliando le barbe ai bojari, introdusse l'Europa in Russia e martellò nelle teste moscovite le nuove idee mutuate dall'Occidente al posto di quelle vecchie. La terribile resistenza incontrata da Pietro non fu la resistenza di fanatici singoli e barbari retrogradi ma di tutta la concezione del mondo dell'antica Russia. Naturalmente non fu Pietro da solo a vincerla, perché a quel tempo s'era notevolmente disgregata da se stessa e solo così possiamo spiegare la vittoria finale di Pietro e la europeizzazione della Russia.

È certo che nella prontezza dei russi ad accettare l'influsso occidentale si manifestò anche un tratto fondamentale del loro carattere e cioè il loro ricercare la verità ultima dovunque si trovi. I russi non poterono resistere all'urto di ciò che in questo campo insinuava loro la cultura occidentale; nel loro modo di pensare concreto essa era la verità già per il fatto che s'insediava autorevolmente nella loro vita e in essa si manifestava in immagini e forme sensibili.

Dal tempo di Pietro incomincia il distacco delle classi istruite russe dal popolo e il loro assorbire la nuova concezione del mondo occidentale. Il popolo rimase quello di prima, fino alle soglie del nostro tempo visse della riserva di idee, credenze, abiti psicologici ed operativi che la storia russa aveva accumulato durante il Medioevo. Esso continuò a vivere storicamente percependo gli avvenimenti e partecipandovi in maniera integrale, operativa. Per il nostro popolo fu una tragedia, perché un popolo privo di legami con gli strati istruiti che continuamente produce dal suo seno non può sussistere. Questi sono per il popolo la stessa cosa che il fiore fecondato per la pianta, un organo indispensabile che ne rinnova la vita e ne muove lo sviluppo.

Invece da noi coesistevano due culture e quella parte di popolo che riceveva un'istruzione accoglieva per ciò stesso immediatamente una concezione del mondo estranea al popolo, si staccava dal popolo, viveva senza legami con la storia russa. Per questo motivo la nostra vecchia concezione del mondo non poté evolversi e non evolvendosi doveva intisichire e morire. Resistette per tre secoli nonostante la guerra feroce dichiaratale dall'intelligencija e per tre secoli si resse su di essa lo Stato russo. Finalmente all'inizio del sec. XIX il popolo si venne a trovare senza concezione del mondo, la vecchia era morta e la nuova esso non l'aveva assimilata.

[5] La vecchia guardia di palazzo che si opponeva alle riforme e che Pietro fece sterminare (*ndt*).

Il vecchio regime fu vicino al popolo molto più dell'intelligencija, si appoggiava sul popolo non soltanto meccanicamente; con tutto ciò che la circondava e la nutriva, era quella parte della società russa istruita che conservava un legame con la propria storia. Bisogna riconoscere che il vecchio regime nonostante tutti gli errori rimase al suo posto fino all'ultimo e fece il possibile dal suo punto di vista per salvare i resti dell'eredità spirituale affidatagli dal passato. Ma anch'esso fu vittima della tragedia della realtà russa: un governo non può riempire il vuoto derivante dall'assenza di un'opinione pubblica. E il distacco da quest'ultima ebbe ben presto sul vecchio regime le conseguenze più deleterie; esso cessò d'essere sensibile al progresso, cessò di rinnovarsi per l'afflusso di forze ed idee fresche, s'irrigidì e imputridì. Man mano che moriva la concezione del mondo artificiosamente sostenuta dal regime, anche questo moriva; c'è da meravigliarsi che sia durato tanto a lungo.

Da dove è spuntata l'intelligencija russa? E perché s'è staccata dal popolo? La concezione del mondo dell'intelligencija russa, così come si cristallizzò durante il sec. XIX, è molto precisa. Vi entrò a far parte un complesso di idee che rispecchiavano tutte le principali correnti del pensiero europeo, ma la sua caratteristica distintiva fu che queste idee vennero assimilate con il massimalismo tipico dell'anima russa. Esse vennero portate fino in fondo senza esitare, da esse vennero dedotte freddamente tutte le ultime conseguenze, le più drastiche ed insensate. Gli intellettuali russi rimasero uomini russi e perciò cercarono nelle rivelazioni europee l'ultima verità religiosa e la misero dentro in ciascuna idea, in ciascuna teoria, con impegno, senza esitare minimamente.

Un altro tratto di questa concezione del mondo deriva dal suo contenuto, da quella base fondamentale sulla quale è generalmente costruita la cultura europea più recente. Questo fondamento è un intellettualismo della peggior specie. Il concetto di intellettualismo è più esteso di quello del razionalismo che è applicabile alla corrente filosofica iniziata da Descartes e continuata fino a Kant. I filosofi tedeschi si ribellarono a Leibniz e agli altri razionalisti ma rimasero tuttavia intellettualisti. Ogni ragionamento staccato dall'azione è intellettualismo. Gli uomini pratici, i profeti, gli apostoli, non sono intellettualistici come i filosofi. Soltanto l'elemento profetico che troviamo in certi filosofi ha riscattato quest'ultimi dal loro difetto filosofico fondamentale. La caratteristica principale dell'intellettualismo è lo stacco del pensiero dall'azione. Il pensiero intellettualistico ragiona in generale di concetti, qualità e categorie astratte. Il suo opposto è il pensiero concreto che tiene sempre presente la *hicceitas* dell'oggetto di cui ragiona. Il pensiero concreto è sempre un pensiero storico, che si tratti della storia di una cosa, di un uomo, di una nazione o di Dio. L'essenza del pensiero concreto è di attingere il passato quale unicamente esistente e questa operazione è necessariamente non intellettualistica ma integrale, con tutto l'essere dell'uomo.

Così risulta chiaro perché l'intelligencija si sia staccata dal popolo e abbia rigettata la concezione del mondo dell'antica Russia. La cultura europea è costruita su principi esattamente opposti a quelli della concezione del mondo russa.

A questo riguardo sono estremamente interessanti i pensieri di Čaadaev, scrittore che fu ritenuto uno degli antenati dell'intelligencija russa e talvolta annoverato tra gli occidentalisti. Čaadaev occupa nella nostra storia un posto a parte. Con penetrazione geniale egli già nel suo tempo riconobbe in certo modo il processo che si stava avverando: il distacco della vita ideale russa dalle sue radici religiose e nazionali. Nelle parole di Čaadaev troviamo la descrizione della tragedia russa: «Noi viviamo unicamente del presente, senza passato e futuro... Ogni nuova idea elimina completamente le vecchie perché non deriva da esse ma compare da chi sa dove... Noi ci muoviamo tanto stranamente nel tempo che ad ogni passo avanti l'istante passato scompare per noi senza ritorno» (*Lettere filosofiche*, I).

L'errore di Čaadaev è quello di attribuire a tutto il popolo russo ciò che avrebbe dovuto ascrivere unicamente alla parte istruita del popolo. Secondo Čaadaev ciò avvenne a causa dell'isolamento della Russia, perché questa in certo senso non apparteneva alla famiglia delle nazioni europee. Secondo la sua spiegazione più profonda, le nostre disgrazie derivavano dalla divisione delle Chiese ed egli proponeva che per guarirne noi accettassimo di nuovo i principi universali occidentali mantenutisi nella cristianità tenuta unita dal cattolicesimo. Čaadaev condivideva completamente il punto di vista di una cultura non intellettualistica ma integrale e in sostanza non fu l'antenato ma il nemico dichiarato della concezione del mondo dell'intelligencija. Se uno dei suoi errori profondi fu il non aver compreso che l'antica cultura russa eliminava la maggior parte dei difetti della vita russa da lui rilevati e anzitutto il distacco di quest'ultima dalla storia, un suo secondo errore fu il pensare che la cultura europea contemporanea fosse completamente costruita sul fondamento religioso attivo incarnato dal cattolicesimo. Čaadaev predicava che la Russia accettasse quello che ormai non era più dominante in Occidente, anzi era stato da questo respinto. Il pensiero europeo astratto attuale nacque dalla lotta contro il cristianesimo e il cattolicesimo. È chiaro che non si può parlare di due culture, una ortodossa-orientale russa e l'altra europea-occidentale contemporanea; si può parlare soltanto di una cultura religiosa medioevale con le sue due ramificazioni cattolica e ortodossa e di una cultura attuale areligiosa che ad essa si oppone. L'espressione più consequente di questa cultura areligiosa è, in campo spirituale, l'atteggiamento dell'intelligencija russa e in campo materiale il militarismo germanico. Da un lato sta la religione, l'efficacia storica, dall'altro il pensiero astratto che è egualmente esiziale e distruttivo e quando vuole la rivoluzione sociale e quando tende all'impero militare universale.

La concezione del mondo dell'intelligencija russa è una sistemazione astratta della vita, portata fino in fondo. Alla base del socialismo russo, e in misura notevole anche del liberalismo russo, sta la negazione della storia, la negazione e il ripudio totali della realtà di quanto accadde nel passato. Il pensare dell'intelligencija è un pensiero sull'uomo, il mondo, lo Stato in genere, non su quest'uomo, questo mondo, questo Stato.

Gli errori teorici hanno colpito tutta l'umanità attuale ma nella nostra intelligencija hanno raggiunto uno stadio inaudito. Essi trovarono un terreno favorevole nelle condizioni di sviluppo dell'intelligencija russa staccata dal popolo e dal governo e costretta ad operare nella clandestinità. Questa attività avulsa dall'azione e senza possibilità di verificare nella prassi reale le proprie scoperte educò intere generazioni a un pensare irresponsabile.

Il destino dell'intelligencija ha il suo prototipo poetico nella rovina di Svjatogor, uno dei più antichi paladini dell'epos russo. Svjatogor possedeva una forza mostruosa ma priva di punto d'appoggio: la terra non lo sosteneva. Nella sua grande protervia Svjatogor si vantava di rovesciare il cielo e la terra, solo che avesse potuto infiggere un anello nel cielo. Ma qui si rivela anche la debolezza del più forte dei paladini. Svjatogor non è in grado di spostare la bisaccia che Mikula Seljanovič solleva senza sforzo. Mikula Seljanovič è il popolo russo la cui forza è inscindibile dalla forza della terra. Alla fine Svjatogor accetta volontariamente la tomba dalla quale non potrà più uscire, quasi a predire il vicolo cieco in cui s'è cacciato il pensiero dell'intelligencija a risultato delle sue ricerche materialistiche. Queste la portarono al «limite estremo» e all'eroismo russo non rimase altro che predicare il suicidio, come ai tempi di Egesio. Come Svjatogor giacendo nella tomba alitava un «alito mortale» su chi lo avvicinava, il pensiero progressista russo per decenni emanò la morte spirituale. Da esso si attendeva il rinnovamento del mondo, ma esso poté generare soltanto un orribile feto abortivo – la rivoluzione.

La rivoluzione scoppiò quando il popolo seguì l'intelligencija. Naturalmente il popolo doveva andar da qualche parte per motivi assolutamente indipendenti dall'intelligencija; in ogni caso un grande movimento popolare doveva avvenire data la crisi della vita russa ingigantita dalla guerra. Ma la strada che il popolo imboccò fu quella indicatagli dall'intelligencija. Se la rivoluzione assunse questo volto sono colpevoli non solo i bolscevichi ma tutta l'intelligencija che li ha preparati e ispirati.

In brevissimo tempo il popolo assimilò l'idea dell'intelligencija, però lo fece non astrattamente ma concretamente, alla sua maniera; non poteva cambiare la propria essenza in alcuni mesi, imparare a intendere intellettualisticamente, abbandonare le proprie abitudini psicologiche inveterate. Esso rimase integrale ed attivo nei suoi modi di intendere e di agire e mise in pratica ciò che avevano sognato, pensato, parlato, scritto gli intellettuali.

Allo stesso tempo non si può non ammettere che nel popolo ci fosse un elevato idealismo. Evidentemente gli istinti predatori nelle masse erano forti e spinsero il popolo al tradimento, al saccheggio, alla distruzione della patria. Il popolo non avrebbe tradito la Russia se al fronte non ci fosse stata la paura e la stanchezza, e nelle retrovie l'esca della terra e dell'arricchimento. Ma il popolo non avrebbe dato ascolto a questi sentimenti tenebrosi se insieme ad essi e intrecciandosi ad essi non fosse cresciuto in lui un entusiasmo ideale e non fosse esistita una giustificazione ideale di questi istinti tenebrosi: la fede in una giustizia-verità nuova e improvvisa che la rivoluzione avrebbe dovuto portare. Si trattò di una fede nel miracolo, nel miracolo rigettato con disprezzo dall'intelligencija e da essa riammannito al popolo in altra forma, come predica dell'avvento della rivoluzione mondiale, dell'eguaglianza di tutti gli uomini, ecc. La principale colpa dell'intelligencija sta nell'aver con questa predica canonizzato le inclinazioni più basse. Per la gente semplice il paradiso socialista aveva lo stesso significato dei regni favolosi e delle terre promesse delle leggende religiose e il popolo era disposto a fare ogni cosa per questo regno, come avevano fatto nell'antichità gli asceti e i pellegrini perpetui. In una caricatura estera, che raffigura il popolo russo come un cieco e un mentecatto che incede con lo sguardo verso l'alto mentre in basso lo minacciano le baionette, c'è l'immagine di una vera grandezza.

Tanto maggiore è la colpa di coloro che doppiamente ingannarono il popolo dando per cibo al suo magnifico slancio idee false e insensate. Sono colpevoli la rivoluzione, la concezione del mondo dell'intelligencija che ha creato la rivoluzione, la cultura occidentale moderna che ha creato questa concezione del mondo.

L'inganno venne alla luce quando nella rivoluzione russa s'incontrarono e riunirono le due parti disgregate dell'anima russa – l'anima intellettuale e l'anima attiva. Il popolo mise alla prova l'intelligencija, la giudicò non come essa si giudicava finora rispondendo a teorie con teorie e a ragionamenti con ragionamenti, la prese in parola e la giudicò con l'azione.

L'intelligencija fu nel campo spirituale quello che il fenomeno degli antichi cosacchi fu nel campo statale. Le persone amanti della libertà non sopportando il giogo moscovita fuggivano nella steppa e vi organizzavano la loro libera esistenza. L'intelligencija fece la stessa cosa in campo spirituale. Essa non seppe sopportare il peso della concezione del mondo medioevale; come un figliol prodigo che non comprende il valore e la bellezza del focolare paterno essa non seppe apprezzare il significato della giustizia-verità nazionale russa. Seguendo l'esempio dei pellegrini perpetui russi, andò raminga per il mondo, portò nei paesi stranieri il suo cruccio, percorse i paesi più lontani in cerca dell'acqua viva. Ma la falsa fata morgana della cultura europea la ingannò; simile ai viandanti della favola spagnola che presero per l'Eldorado un'altura di quarzo vile ma luccicante, l'intelligencija prese per l'unica realtà vera dell'umanità l'ammasso dei cattivi valori dell'Europa occidentale. Naturalmente non si può contestare la dignità della cultura europea, specialmente di quella sua parte che aderisce alla civilizzazione cristiana medioevale attiva – alla scienza. La scienza sperimentale si sviluppò dalla magia sperimentale e non è altro che magia bianca realizzata. Ma bisogna essere estremamente critici nei confronti della cultura europea per quanto riguarda la sua parte intellettuale, la filosofia, la quale al posto del concreto insediò l'astratto, al posto dell'azione creativa la teoria mortificante, al posto della singolarità e qualità la vuota generalità e la quantità.

E così l'intelligencija tornò al suo popolo non con l'acqua viva ma con un'acqua morta, ne asperse il popolo e il popolo distrusse la Russia, distruggendo per ciò stesso anche l'intelligencija. Il popolo, simile a Sansone ingannato da Dalila, fece crollare le volte del tempio su tutti i presenti compresa Dalila. Da questo punto l'intelligencija non esiste più, la sua anima s'è dispersa al vento, se n'è andata insieme al fumo delle città incendiate, è scorsa via insieme al sangue dei martiri perdendosi in paludi sconosciute.

Invece dell'intelligencija sono rimaste persone che hanno vissuto questo grande dramma, nella cui anima sono caduti gli idoli del passato ed è avvenuta una grande trasfigurazione. Il grande incontro tra il Pensiero russo e l'Azione russa non poteva avvenire invano; esso mise le fondamenta a una concezione del mondo nuova di cui sanno ancora pochi. E questo è prima di tutto un ritorno all'antica *pravda* del popolo russo.

Il ritorno è anzitutto una penitenza; il rinnovamento della Russia non è possibile senza la penitenza e del popolo e dell'intelligencija. Ma che cos'è la penitenza? È accettare una verità nuova, metterla al di sopra di quella vecchia verità, prima superiore ed esente da ogni giudizio, adesso, diventa un demiurgo subordinato. Per ciò stesso la vecchia verità, prima superiore ed esente da ogni giudizio, adesso viene giudicata alla luce della verità nuova. Ma la natura della penitenza è ancor più profonda ed enigmatica. Qui s'apre davanti ai nostri occhi uno degli abissi vitali che penetrano nelle profondità dell'essere eterno. La penitenza, che della giustizia di ieri fa un peccato, scopre nella verità nuova non solo il nuovo ma anche il vecchio. La penitenza è una rinascita della verità, la sua natura è risurrezione e non a caso penitenza e risurrezione sono misteriosamente collegate nella saggezza della massima religione. La penitenza attinge il futuro nel passato e fa scoppiare il passato nel futuro. Il mistero della vita, cercato invano da scienziati e pensatori, risplende nelle profondità che qui si dischiudono. Improvvisamente appare la scala di Giacobbe e l'uomo attraverso essa, il suo popolo e l'umanità, ascende fino a Dio.

La penitenza del popolo russo si compirà con il suo ritorno al passato russo attraverso il futuro russo, ossia attraverso la sua risurrezione attraverso il passato al futuro, che è la stessa cosa. Alla luce della verità antica che indica la via futura, il popolo russo riconoscerà la sua malvagità interiore, il suo peccato di menzogna, interesse, avidità e divisione.

4.

Il crollo dell'intelligencija è il crollo di una concezione del mondo costruita unicamente sul pensiero. Nella realtà russa è avvenuta la sintesi dell'idea e dell'azione: l'idea voleva guidare l'azione ma l'azione ha distrutto l'idea. Quest'ultima s'è trasformata in fumo, in sogno, ed è rimasta la sola azione senza idea. Al posto dell'intelligencija che subordina il popolo all'ideale ispirato dalla ragione, venne a trovarsi il popolo che subordinò l'intelligencija alla propria azione irrazionale e ne fece dileguare l'ideale con la sua giustizia-verità concreta.

Non è una cosa orribile? Non equivale forse all'insediarsi della barbarie, a un ritorno nella profondità dei secoli inconsci dell'umanità o addirittura a un ritorno a ciò che era prima dell'umanità? Così è per coloro che vissero unicamente di raziocinio; per chi effettivamente coglieva soltanto lo schema astratto della vita ponendolo a fondamento della sua attività, questo è il crollo di tutti i fondamenti della vita o precisamente di quello che riteneva la vita; l'ideale non esiste più ed è rimasto unicamente un vuoto tenebroso.

Ma come stanno le cose per il popolo? È forse così per colui che si sente non distinto dal popolo ma attivo nel popolo e con il popolo? Per costui il crollo del sogno dell'intelligencija non è una perdita ma la liberazione da qualcosa che limita e inceppa, è distruzione dell'armatura esterna che erroneamente veniva ritenuta la struttura interiore, si sostituiva a quest'ultima e impediva così un'attività ulteriore. Lo schema opprimeva e avviliva l'essenza interiore della vita che agognava manifestarsi. Sottomettendosi allo schema, gli uomini vivevano un'esistenza artificiale e la loro vita era in sostanza non vita genuina ma gioco. Il gioco è convenzionale, non reale, non è in grado di definire in maniera integrale le nostre azioni, e si può dire che tutte le azioni ispirate dal pensiero dell'intelligencija sono state un gioco. Per l'intelligencija la parte seria fu sempre l'elucubrazione, la deduzione intellettuale, il lavoro di gabinetto, mentre la messa in pratica era non seria, secondaria, non l'interessava, era roba per gli altri. Il suo compito era quello di pensare, spiegare, ordinare le varie premesse logiche; il contenuto poi delle sue idee doveva diventare una cosa seria per le persone che le avessero non soltanto ripensate ma credute in modo tale da trasformarle in azioni. Tutta l'impostazione interiore fondamentale dell'intelligencija era la seguente: noi creiamo la teoria, il popolo la metterà in pratica. Un'ulteriore deformazione della correlazione tra ragione ed azione portò al loro distacco completo, a scaricare tutta la responsabilità non su chi pensa ma su chi agisce. Già in anticipo il primo rimaneva in certo senso vergine ed esente dal peso delle conseguenze, il secondo portava la croce di tutto il male che necessariamente accompagna ogni azione. Con il suo genio preveggente Dostoevskij lo descrisse nei personaggi di Ivan Karamazov che pensa di uccidere suo padre e di Smerdjakov che compie l'assassinio. Il popolo russo, che si mostrò a noi nella veste di Smerdjakov e compì l'azione malvagia, ha diritto di dire all'intelligencija davanti al cadavere esanime della Russia: il primo assassino sei tu!

Non posso far a meno di addurre due esempi dalla mia vita, esempi che dipingono chiaramente gli atteggiamenti deformi dell'anima russa di ieri. In tempo di guerra durante una ricognizione io caddi in un'imboscata. Stavo disteso in un canale sotto il fuoco violento degli austriaci, provavo una paura fortissima ma insieme alla paura uno strano senso di sorpresa e di sdegno verso chi sparava. «Come, su di me? Dovrebbe essere per gli altri; io sono qui soltanto per caso, io penso soltanto non agisco». La stessa cosa la provai su una nave da guerra colpita da un siluro. Di nuovo ebbi paura ma allo stesso tempo ero sorpreso: è proprio vero che sono legato a questa gabbia di ferro e a questa gente? «Posso forse andare a picco come gli altri?». Mi sembrava assolutamente inverosimile e semplicemente stupido. «È proprio una cosa seria? Io… soltanto nel pensiero». Provavo quello che intendono gli inglesi quando dicono che in un gioco manca il fair play. «Vi prego! Qui non si osservano le regole!». Andavo alla ricerca di sensazioni, volevo esperimentare, ma allo stesso tempo volevo restar libero nel mio desiderio con la possibilità di rinunciare in qualsiasi momento alle conseguenze che l'azione comportava. Non riuscivo a comprendere come una forza esterna, perfettamente al di fuori della cornice del mio desiderio, potesse minacciare di soggiogarmi alla sua legge ineluttabile. Ciò mi trasferiva dal mondo del gioco, del pensiero, in un mondo a me totalmente estraneo di doveri e responsabilità per ogni mia azione.

In ambedue i casi allo stesso tempo io notai come molti che erano con me nel momento del maggior pericolo non provassero niente di simile. Erano liberi da questa dicotomia particolarmente coloro che si trovavano nel pericolo per dovere, perché vi facevano un qualche lavoro. Notai che non si distanziavano da quanto accadeva, che eran parte di un intero e addirittura sentivano di potere influire sul suo corso con le loro azioni, mutarne la direzione. I soldati distesi nel canale rispondevano agli spari, cioè con gli atti tentavano di paralizzare il pericolo; i marinai calavano le scialuppe, tagliavano le gomene, remavano e svuotavano l'acqua.

Ho portato questi esempi perché credo che in essi sia chiaro lo scontro delle due concezioni del mondo intellettualistica e attiva. Quello che io spettatore casuale e civile ho provato in guerra, l'ha provato tutta l'intelligencija russa nella rivoluzione quando il suo gioco mentale si convertì in realtà in seguito al moto spontaneo del popolo. Quando gli operai, contadini e soldati incominciarono a praticare ciò che avevano loro insegnato, teorici e pensatori gemettero: «Per carità! Noi l'abbiamo solo pensato! Voi non osservate le convenzioni e ci trascinate a conseguenze assolutamente impreviste!».

Tutta la condotta dell'intelligencija era appunto diretta dalla convinzione che le proprie idee non fossero impegnative ma irresponsabili. Allevata nel campo delle astrazioni dove manca la resistenza reale della realtà e il correttivo costante della vita, essa s'era creata un mondo che non aveva nulla a che fare con il mondo russo, e quando il mondo russo reale che essa aveva abbandonato in balia della sorte le si scagliò contro, essa rimase esterrefatta e sconcertata.

Adesso invece del biascichio degli intellettuali malaticci noi sentiamo alzarsi «il ruggito del popolo». La Russia pensante ha fatto fiasco. È rimasto soltanto un integro ad agire. Esso, attingendo alle sue profondità segrete, crea una nuova Russia culturale e questa invece di sentirsi nel momento astratto che si contrappone al processo esteriore dell'efficacia, si sente nel momento concreto, legato a questo processo generale e ad esso immanente.

Per noi contemporanei è difficile dire come sarà la futura concezione del mondo russa, ma già fin d'ora sono chiare le sue fondamenta; le pongono l'epoca in cui viviamo, gli eventi che si compiono attorno a noi e in noi stessi. Noi non possiamo dividere ciò che nella nostra esistenza si è unito, e per quanto vogliamo restare solo spettatori, filosofi raziocinanti, siamo obbligati ad essere anzitutto attori, apostoli e profeti.

Per questo motivo la storia e la sociologia, due parti inscindibili della medesima scienza e la *sobornost'*, acquistano per noi un significato preminente. La storia ci fornisce il materiale concreto per la nostra azione e descrive gli elementi che gli sono subordinati; la sociologia ci dà le regole di questa azione, non astratte ma concrete. Queste regole non le percepiamo neanche come regole ma le sentiamo come forze, come obblighi imprescindibili che il passato ci ha trasmesso e che ci sospingono a determinate imprese nel futuro. A questo riguardo la nostra conoscenza parte non da un momento generico, extratemporale, oggettivo, come volevano gli idealisti, non da un momento astratto, staccato dalla realtà oggettiva (la «logical situation» dei pragmatismi) ma dal momento attuale, concreto, «questo», che include egualmente il tempo e l'intemporale.

Dobbiamo finalmente riconoscere il nostro nesso inscindibile con la storia e con il popolo che fa la storia. Ciò che noi proviamo ed esprimiamo è ciò che prova ed esprime nei secoli il popolo russo. Noi siamo i suoi messi ed araldi, attraverso noi egli compie la sua opera e la nostra creazione è la sua creazione passata e futura. Sarebbe per noi il più grande errore prestare solo superficialmente ascolto al popolo, superficialmente studiarlo e per il resto inventare; lo sentiamo dall'interno, rimaniamo nel suo fiume, siamo trasportati interiormente dal suo elemento che proviene dalla profondità dei secoli. In una stanza oscura, con le imposte chiuse, noi abbiamo cercato di liberarci da un'esistenza crudele e fetida nelle pure regioni del pensiero, ma la vita irruppe nella nostra fortezza, sfasciò e portò via la cassetta chiusa di Kant. L'anima che periva nella sua solitudine desertica udì in se stessa il ruggito del popolo e, assetata nel suo deserto senz'acqua, scoprì la sorgente vivificante della storia. D'ora in poi i creatori della nuova realtà russa attingeranno dalle acque forti, dalla potenza sotterranea accumulata nelle viscere della terra patria.

Il significato di quanto è accaduto in Russia e sta accadendo nel mondo è di farci comprendere intimamente che cosa sono l'affinità e la *sobornost'*. Dal tempo dei tempi il mondo si regge sull'affinità e la *sobornost'*. La *sobornost'* è il genere supremo di assembramento, non un assembramento meccanico ma un'unione organica di persone. E alla base dell'unione sta l'affinità, la coscienza di un'unica radice collegante azioni apparentemente divise.

La cultura medioevale nella Chiesa era impregnata dallo spirito della *sobornost'*, mentre la vita privata era impregnata dallo spirito della parentela. Non importa che in Russia l'affinità si esprimesse nella venerazione per i nonni e bisnonni e le usanze stabilite, mentre in Occidente nella consacrazione delle diversità create dalla qualità e dall'ereditarietà. In ambedue le parti il legame con il passato era egualmente vivo nonostante le forme diverse che assumeva. Il prodotto più mostruoso di quella che si chiama la cultura contemporanea è proprio la sua piattezza, la sua negazione del tempo, della parentela e della stirpe. Un'assoluta soppressione dell'affinità non è realizzabile e ciò basta a condannare tutte le correnti di pensiero che sono inficiate da questo ideale. Si tratta proprio del marchio dell'Anticristo e dappertutto, in tutte le idee, in tutte le costruzioni che ne sono segnate possiamo affermare senza errore: «Questo è il regno non della vita, ma della morte, sono ghiacciai immoti la cui morta bellezza viene presa per bellezza di vita, è una ferale assenza di profondità, sbandierata come un'insegna ideale che condanna in anticipo tutti coloro che la seguono alla più terribile fine – l'inaridimento e il distacco esiziale da ogni fonte viva».

La nostra rivoluzione fu il regno di questa limitatezza interiore e unidimensionalità di atteggiamenti e capricci, la sua stupidità ed ignoranza provennero da questo terreno. E chi in essa aveva cercato qualcos'altro è come la gente che s'è persa nella nebbia: nulla si vede all'intorno solo una nebbia fitta e monotona, si sente che esiste da qualche parte lo spazio libero, che basta un passo perché si spalanchi davanti a noi la vita e la luce, la salvezza e il risveglio, ma gli occhi stanchi si accollano invano al grigio velo di nebbia che ci avvolge. Essa sta immota, piena di minacce mortali e sembra che la sua profondità cessi di essere tale, che incomba sull'uomo, che perda le sue tre dimensioni, che diventi una superficie opprimente e assassina come in un orribile sogno.

È il regno dei cadaveri seppelliti senza esequie e uscenti dalle tombe, cadaveri ciechi e sordi con i cervelli putridi. Essi odiano la vita e vorrebbero infettarla con il loro veleno cadaverico; odiano ugualmente ciò che di grande vive e ciò che è morto, perché vengono da laggiù e sanno che la morte non esiste e che i morti sono spesso più potenti dei vivi.

La morte non esiste, è una somiglianza ributtante della vita, un integro esteriore che all'interno non è più integro, parti collegate artificialmente e desiderose di dissolversi, di separarsi ai quattro venti. Una falsa pretesa, falso nome, è l'elemento basilare della morte, il cadavere è l'imitazione sacrilega dell'uomo.

Il regno realizzato dell'intellettualismo è il regno delle false pretese, perché vi trionfa l'apparenza falsa che si dichiara vita vera, l'idea che copre una vuotezza esiziale. Questo è esattamente il regno dell'Anticristo, del Figlio della Perdizione che si sostituisce al Regno luminoso del Logos.

Noi siamo circondati da ogni parte da questa menzogna, e non potremo liberarcene finché non abbandoneremo il cerchio ristretto delle contese attuali. Bisogna tornare indietro, agli strati profondi che dal tempo dei tempi rappresentano la ricchezza della coscienza russa, bisogna riscoprire il passato russo. Là nella severa concentrazione di un unico pensiero popolare nacque una cultura possente e feconda. Da essa apostatò per lo splendore dell'orpello straniero la nostra vagabonda, la nostra Sofia Supersaggia, l'intelligencija. Ma dalle pene appassionate del peccato, riconosciuto come tale, nasce l'Eone salvifico e la Sofia torna pentita al seno paterno per riscoprire nei forzieri dello spirito russo la saggezza che aveva rigettata.

Presto il popolo russo si presenterà al mondo in grande unità e integrità, contro la Russia dei saccheggi, delle violenze e delle sfrenatezze si ergerà in esercito minaccioso la Russia del sacrificio di sé, della serietà e dell'ascetismo, contro la Russia svergognata e predatrice la Russia cavalleresca. La Russia cavalleresca sarà la nuova intelligencija russa rinata; il popolo come un campo di grano si piegherà sotto il peso delle sue spighe dopo un temporale di primavera. L'orribile uragano che ha investito il bosco dell'anima popolare, ha abbattuto gli alberi secchi per far posto ai giovani virgulti, ai migliori figli del bosco della *sobornost'*. Essi si protendono verso l'alto, verso l'universale, ma la loro forza sta nella sana radice che succhia il terreno della storia. Così si creerà il vincolo tra il pensiero individuale e il pensiero universale attraverso il pensiero della patria e del popolo.

Che i portatori di questo pensiero russo nuovo, nazionale e allo stesso tempo universale, siano condottieri e profeti, che il loro eroismo sia un eroismo di vera costruzione spirituale e di edificazione efficiente. Che nel realizzarlo non abbiano paura del ruggito sovrumano, del ruggito della nazione che lo edifica. Se si sentiranno a disagio per la forza del torrente che li trascina, come un uomo che improvvisamente scopre in sé il Leviathan o Rachab, ricordino che «Egli li minacciò e fuggirono lontano e furono dispersi come la polvere sui monti e la pula dal vento». Ma questa è l'unica vita possibile quando un uomo s'è scoperto popolo e ha eretto le sue membra, deboli e mortali nel presente, nel tempo immortale dei secoli.

Mosca, giugno 1918

VII

LE STRADE E I COMPITI DELL'INTELLIGENCIJA RUSSA

Pavel Ivanovič Novgorodcev

1.

Nel 1909 apparve *Vechi*[1], una raccolta di articoli sull'intelligencija russa. Come si legge nell'introduzione, i collaboratori avevano redatto i loro articoli non con altezzoso disprezzo verso il passato dell'intelligencija russa ma «con dolore per questo passato e nell'ansia bruciante per il futuro della patria». Volevano invitare l'intelligencija russa a rivedere le credenze di cui era vissuta fino allora, credenze che l'avevano portata alle grandi delusioni del 1905 e che, come essi prevedevano, dovevano portarla a delusioni ancora più cocenti in futuro. Essendo essi stessi rappresentanti eminenti dell'intelligencija russa, non si proponevano di distogliere questa dal compito specifico di organizzare coscientemente l'esistenza, non la chiamavano a rinunciare né al lavoro intellettuale creativo né alla fede nella propria vocazione vitale; volevano soltanto mostrare che la strada percorsa fino allora dalla corrente dominante dell'intelligencija russa era sbagliata ed esiziale e che era possibile e indispensabile una strada diversa, quella cui da tempo l'invitavano i suoi massimi rappresentanti come Čaadaev, Dostoevskij, Vlad. Solov'ëv. Se essa aveva invece scelto per guide Bakunin e Černyševskij, Lavrov[2] e Michajlovskij, ciò costitui-

[1] Vedi nota 1, p. IX (*ndt*).

[2] Pëtr Lavrovič Lavrov (1823-1909), scienziato, positivista e moralista, guida spirituale del movimento rivoluzionario russo fino all'avvento del marxismo in Russia (*ndt*).

va una grande disgrazia e per l'intelligencija e per la nostra patria; perché quella era la strada della decadenza e del rinnegamento dei principi positivi della vita. Invece il compito che doveva porsi l'intelligencija era di rompere con questa tradizione portante all'abisso e alla perdizione e di tornare ai fondamenti oggettivi della storia. Le due strade che le si aprivano dinnanzi si presentavano come la strada della vita e la strada della morte: bisognava scegliere e ciò avrebbe condizionato anche il destino della Russia. Queste, in sostanza, le conclusioni di *Vechi*.

Che cosa rispose l'intelligencija russa a questi appelli fatidici? Purtroppo bisogna dire che la sua risposta fu una condanna unanime del cerchio di idee di *Vechi*. «L'intelligencija non ha nulla da rivedere e nulla da cambiare» – fu la voce comune della critica – «l'intelligencija deve continuare la sua opera senza rinunciare a niente e tenendo ben presente il suo fine». Tutti furono d'accordo nell'affermare che la tendenza generale di *Vechi* era frutto della reazione, conseguenza di rassegnazione e stanchezza. Ma il giudizio generale su *Vechi* forse non fu mai espresso con così dura chiarezza come in un articolo del prof. Vipper, che senza dubbio è un critico sottile. Egli, secondo l'abitudine degli storici, cercando esempi nel passato trovò già nell'antica Grecia un'analogia perfetta dello scisma che divide la nostra intelligencija. «I due tipi d'intelligencija rilevati dai nostri giudizi attuali si ritrovano 2400 anni or sono: il primo accende la fiaccola del sapere per tutti e consacra le proprie forze alla causa della massa innumerevole degli sconosciuti operatori della vita; il secondo tiene in serbo solo per sé il suo rivoletto di luce, all'unico scopo di autoperfezionarsi e di elaborare i tesori interiori della propria anima. Ogni volta che nella storia della società civile s'è ripetuto questo avvicendarsi dei due tipi di intelligencija, s'è anche ripetuto il fenomeno cui abbiamo or ora assistito da noi: l'intelligencija del secondo tipo, comparsa sulla scena dopo la distruzione della prima [...] s'è messa a maledire i suoi predecessori, a deriderli, a dichiarare atea e deleteria la loro opera». E come conclusione pratica il prof. Vipper ripeteva ciò che allora dicevano molti: «Il nostro grande paese, per tante ragioni profondamente disgraziato, una cosa possiede di sano, forte e foriero di soluzione e liberazione: il pensiero e l'entusiasmo della sua intelligencija»[3].

Non vogliamo qui discutere se sia giusta la caratterizzazione dei due tipi d'intelligencija applicata all'antica Grecia e in che misura So-

[3] Prof. R. Vipper, *Dve intelligencii i drugie očerki*, Moskva 1912, pp. 24-25.

crate e Platone entrino nella cornice delineata dal prof. Vipper. Qui c'interessa un'altra cosa: in che modo «l'ansia bruciante per il futuro della patria» che guidò i collaboratori di *Vechi* abbia potuto essere scambiata per desiderio di «tener in serbo solo per sé il proprio rivoletto di luce, all'unico scopo di autoperfezionarsi». E come è potuto accadere che il prof. Vipper dopo i colpi forti e crudeli inferti da *Vechi* all'intelligencija nella sua fiducia in se stessa abbia potuto affermare che nel nostro grande ed infelice paese sono forti e sani soltanto il pensiero e l'entusiasmo della nostra intelligencija?

Riflettendo su questi problemi devo dire che si tratta di un evidente malinteso e non solo da parte del prof. Vipper. Anche certi collaboratori di *Vechi* furono per certi loro dissensi responsabili del fatto che i loro sforzi venissero interpretati in maniera tanto sbagliata, che pur essendo ardenti patrioti fossero annoverati tra i propugnatori della teoria dell'autoperfezionamento spirituale. Basta leggere l'articolo di P.B. Struve per capire che la sua aspirazione più ardente è trovare nuove vie per la politica, scoprire metodi di costruzione sociale più giusti e più solidi. Ma esaminando l'articolo di Geršenzon siamo disposti ad ammettere che il prof. Vipper aveva certi dati per trarre le sue conclusioni, che in detto articolo si possono effettivamente trovare motivi di protesta contro la psicologia dell'individualismo, la quale deriva da un senso morale ed estetico scosso dal suo isolamento. E quando il medesimo Geršenzon nell'introduzione a *Vechi* parla del «primato della vita spirituale sulle forme esteriori della vita comunitaria», quando facendola passare per convinzione comune dei collaboratori di *Vechi* afferma che «la vita interiore della persona è l'unica forma creativa dell'essere umano e che essa, e non i principi autosufficienti dell'ordine politico, è l'unica base sicura per ogni costruzione sociale», abbiamo qualcosa di più che un malinteso: in queste poche parole è racchiusa anche una dose notevole di quella medesima apostasia e alienazione dallo Stato che P.B. Struve in *Vechi* condanna quale peccato capitale dell'intelligencija russa. Contrapporre la vita spirituale della persona alle forme esterne della vita comunitaria e ai principi autosufficienti dell'ordine politico significa ripetere per altro verso l'errore in cui cadono i predicatori dell'onnipotenza delle forme politiche. Nella realtà non esistono principi autosufficienti di ordine politico: li si può pensare tali soltanto in astratto, e coloro che ne parlano o per magnificare la loro importanza o per contrapporvi come unica base solida la vita interiore della persona risultano egualmente in errore, perché egualmente peccano contro la verità elementare della scienza dello Stato, secondo la quale le forme sociali dell'esistenza costituiscono solo una parte della vita spirituale della persona, il suo simbolo e risultato.

Nelle affermazioni di alcuni dei collaboratori di *Vechi* ci furono altri malintesi che senza volerlo provocarono giuste obiezioni e disapprovazione. In *Vechi* si parla continuamente dei peccati ed errori dell'intelligencija *russa* e nel caratterizzare i metodi e le aspirazioni della medesima i collaboratori della raccolta rivelano grande acume critico. Però non si pongono un quesito naturale e inevitabile, se cioè solo l'intelligencija russa sia colpevole d'aver deviato dalla giusta via. Il crollo dei suoi ideali non è un caso particolare della crisi generale della coscienza intellettuale che sempre e dappertutto perviene ai medesimi risultati e vede sempre fallire le sue speranze ed aspettative? Per un eloquente concorso di circostanze, cinque anni dopo la comparsa in Russia di *Vechi*, venne pubblicata in Francia una raccolta similare, *Les méfaits des intellectuels* di Edouard Berte con un'ampia introduzione di George Sorel (1914). Anche qui, come nei nostri *Vechi*, gli autori erano ex-rappresentanti eminenti del socialismo i quali avevano provato di persona tutte le attrattive dell'intelligencija e compreso tutta la vanità e l'insufficienza della medesima. Sorel esige che da Descartes si passi a Pascal, come all'incirca le parole programmatiche di Struve e Bulgakov, e mette in evidenza due correnti nella coscienza del pensiero francese, una proveniente dalla radice razionalista e l'altra dalla radice mistica. Come in *Vechi*, la raccolta francese condanna recisamente la corrente razionalistica dell'intelligencija e propone una corrente spirituale assolutamente diversa con punti di partenza nuovi.

Se tali svolte e fratture della coscienza dell'intelligencija costituiscono un fenomeno generale e non specificamente russo, non si deve forse trovare una qualche definizione più ampia di quella corrente intellettualistica dell'intelligencija che sempre e in generale porta la medesima alla rovina? E non si deve forse tracciare una linea divisoria più precisa tra le varie correnti in seno all'intelligencija? Se non rispondiamo a queste domande, rischiamo di dare a tutta la nostra argomentazione un carattere pubblicistico, di condizionarla a difficoltà e delusioni contingenti invece che elevarla a fondamento filosofico generale; rischiamo anche di perdere il filo conduttore che ci fa conoscere quale intelligencija stiamo condannando e perché la condanniamo. I collaboratori di *Vechi* che si riconoscono discendenti di Čaadaev, Dostoevskij e Vlad. Solov'ëv, possono con lo stesso diritto essere ritenuti rappresentanti di una delle correnti dell'intelligencija russa, come i loro avversari rappresentano un'altra corrente che si collega nella tradizione comune a Bakunin, Lavrov e Michajlovskij. Dove sta la linea divisoria? E quale è la via dell'intelligencija che bisogna ritenere necessariamente sbagliata ed esiziale?

2.

Mi sembra che soprattutto l'articolo di P.B. Struve fornisca con la maggior precisione la caratteristica dell'intelligencija che costituisce la ragione del fallimento della medesima: è un'apostasia areligiosa dallo Stato. Per esprimere questa idea nelle formule filosofiche correnti, dovremmo dire che si tratta di un utopismo razionalistico, di un tentativo di organizzare l'esistenza secondo la ragione staccandola dai principi oggettivi della storia, dai fondamenti organici dell'ordinamento sociale, dal sacrario vivificante dell'essere popolare. Se supremo fondamento e sacrario dell'esistenza è la religione, cioè il legame dell'uomo con Dio e il nesso della coscienza personale con la legge suprema ed oggettiva del bene come legge di Dio, l'utopismo razionalistico è la negazione di questo legame, è la defezione o apostasia della ragione umana dalla ragione divina. In questo senso la crisi della coscienza dell'intelligencija non è un fenomeno tipicamente russo ma storico-universale. La ragione umana, che attratta dalla forza del proprio movimento perviene alla presuntuosa convinzione di potere riformare l'esistenza a modo suo e di portarla alla perfezione assoluta con la forza del pensiero umano, cade nell'utopismo, nell'apostasia areligiosa, nell'autoincensazione. Il moto della coscienza che critica le vecchie strutture e s'interroga sulla veracità di quanto esiste ed è stabilito, è una manifestazione necessaria del pensiero e un grande pegno di progresso; nella storia dell'evoluzione umana esso rappresenta il momento dinamico che porta la coscienza a definizioni nuove e superiori. A questo riguardo l'importanza del pensiero critico è grande e indiscussa. Ma quando, allettato dal proprio volo, il pensiero umano si stacca dalle sue radici vitali, quando aspira a creare tutta la realtà partendo da se stesso, sostituendo alle leggi organiche della realtà medesima le sue esigenze astratte, invece di essere una forza costruttrice e progressista diventa un principio distruttore e rivoluzionario. Allora si avvera la parola evangelica: «Voi siete il sale della terra, ma se il sale perde il sapore come restituirglielo? Non serve ad altro che ad essere gettato via e calpestato dagli uomini».

Quando Socrate e Platone attaccavano i sofisti per la loro attività atea e deleteria intendevano proprio questa defezione della ragione umana dal suo fondamento eterno ed universale. Anch'essi erano esponenti del pensiero critico e sottoponevano al suo tribunale quanto esisteva ed era stabilito, ma lo facevano nella consapevolezza di quell'ordine divino superiore che domina nel mondo e lega «il cielo e la terra, gli uomini e gli dei». Al contrario l'attività pedagogica dei sofisti rappresenta il classico esempio d'una coscienza utopistica che vuole costruire la filosofia e la vita sui principi del soggettivismo razionalistico. Nel campo della filosofia queste aspirazioni portano al relativismo e allo scetticismo che rappresentano una crisi della coscienza filosofica; nel campo della vita sociale portano all'apostasia e all'autoesaltazione, al distacco della coscienza individuale dai principi oggettivi della storia e questo comporta una crisi della società. Il diritto e lo Stato – dicevano i sofisti – esistono non per natura ma per istituzione umana e quindi tutto l'ordinamento sociale è opera dell'arte umana: un uomo forte può spezzare tutti i legami sociali, può respingere tutti gli incantesimi e gli scongiuri con i quali si vuole trattenerlo nell'ordinamento comune e creare una sua giustizia per se medesimo. In tal modo la ragione umana individuale viene proclamata onnipotente ed autosufficiente e non esiste forza superiore davanti alla quale essa debba piegarsi. La sconfitta dei sofisti è uno degli esempi più illustri di crisi dell'autoesaltazione dell'intelligencija e la lotta di Socrate e Platone con i sofisti è un sublime modello di ribellione della coscienza filosofico-religiosa contro l'utopismo dell'intelligencija. Non c'è da meravigliarsi che il pensiero positivistico-razionalista attuale esalti l'attività pedagogica dei sofisti e cerchi di presentare Socrate e Platone come reazionari. Cito come esempio la *Storia della Grecia* di Beloch, la sua presentazione della scuola di Socrate. Per chi vede il progresso nella creazione di qualcosa di nuovo staccato dal passato, nella critica razionalistica demolitrice, nei tentativi di trasformare totalmente l'esistenza, la predicazione riformatrice della scuola socratica è naturalmente pura reazione. Ma esiste un'altra concezione del progresso basata sullo sforzo di mantenere i nessi dei secoli e delle generazioni; per essa il movimento progressista deve contemperare il nuovo e il vecchio, la creazione della vita nuova e la venerazione dei tesori della storia. Alla luce di questa definizione del progresso Socrate e Platone appaiono portatori di quella superiore coscienza progressista che fa di loro maestri eterni dell'umanità. L'esperienza spirituale dell'umanità in questi 2400 anni ha risolto la contesa tra i sofisti e la scuola socratica in favore di quest'ultima. Il pathos dell'eterno, l'umiltà davanti ai supremi nessi oggettivi dell'esistenza sono le aspirazioni spirituali che costituiscono le radici vitali della filosofia socratica e le hanno assicurato il significato di fonte eternamente giovane della conoscenza filosofica, mentre «la sfacciata autoadulazione» del soggettivismo sofista rimane semplicemente un esempio di sconfitta del pensiero razionalistico che tenta di spiegare e costruire tutto da se stesso.

3.

Se sono valide le definizioni generali che abbiamo qui formulato, è evidente che le sorgenti ideali della coscienza utopistica dell'intelligencija russa stanno al di là della realtà russa. Non è necessario uno sforzo per trovarle: esse risalgono indubbiamente alle dottrine socialiste ed anarchiche che nel pensiero europeo del sec. XIX rappresentano l'esempio più chiaro di utopismo razionalistico e di apostasia areligiosa. Le dottrine utopistiche del socialismo e dell'anarchismo hanno a loro volta i prototipi nell'utopismo della dottrina rivoluzionaria francese del sec. XVIII con la sua fede nel valore onnipotente delle istituzioni, nella forza taumaturgica della ragione umana, nel prossimo avvento del paradiso in terra. Da qui si può tracciare una lunga linea genealogica che risale a dottrine nazionalistiche e utopistiche ancor più antiche. Radici altrettanto antiche possiede l'altra corrente dell'intelligencija russa che allaccia la sua genealogia a Čaadaev, Dostoevskij e Vlad. Solov'ëv. Non sarebbe difficile trovarne i prototipi nella produzione letteraria dell'antica Russia e non c'è dubbio che nel cercarne le fonti originarie dobbiamo risalire fino alla religione cristiana e alla filosofia greca. L'immensa disgrazia del popolo russo sta nel fatto che questa corrente dell'intelligencija russa, legata da radici profonde a tutto il corso della storia russa, non assunse da noi un'importanza direttiva mentre invece risultò dominante l'altra corrente che doveva portare ad un'inevitabile rovina. La disgrazia è che il veleno delle dottrine socialiste ed anarchiche ha intossicato non solo la coscienza socialista e populista nel significato preciso del termine ma è penetrato profondamente in tutta la concezione del mondo della società russa istruita. Quanto spesso anche chi stava al di fuori dei partiti socialisti e populisti per le proprie convinzioni e la propria tattica ritenne possibile mantenere un certo legame ideale con il socialismo, con il populismo e talvolta anche con l'anarchismo! Quanto tenace fu l'aspirazione a mantenersi alleate ed amiche le cosiddette correnti di sinistra dell'intelligencija! «Anch'io sono un poco socialista», «naturalmente anch'io penso che il futuro appartenga al socialismo», «idealmente io ammetto l'anarchismo»: queste e simili espressioni correnti rivelano con piena chiarezza come la nostra intelligencija non socialista mancasse di idee chiare sul socialismo e l'anarchismo. Non aveva l'idea che queste dottrine, per dirla con Stirner, vogliono costruire l'esistenza «su niente», che elevano le loro costruzioni al di fuori dei fondamenti della cultura in quell'ambito del razionalismo astratto dove vengono negati tutti i nessi organici dell'esistenza e scalzate tutte le radici della storia. Il socialismo e l'anarchismo nella loro espressione pura ed assoluta sono atei, cosmopoliti e astatali, e in questo senso non possono costruire nulla senza abdicare alla propria essenza: il loro sforzo fondamentale può essere soltanto distruttivo.

Il pensiero liberale dell'Europa occidentale, forgiato da una lunga esperienza di responsabilità nell'esercizio delle sue funzioni nell'ambito dello Stato trovò in sé la forza e l'apertura necessarie a superare il socialismo, a separare le premesse morali del socialismo dalle conseguenze velenose del suo utopismo rivoluzionario e includere queste premesse nella sua propria dottrina dello Stato e della libertà. In Russia il pensiero non socialista non poté raggiungere questo grado di maturità, brancolava nel buio e fu attratto inconsciamente dal socialismo non sospettando che il fondamento morale del socialismo – il rispetto della persona umana – è un principio liberale e non socialista, e che nelle dottrine socialiste questo fondamento viene oscurato invece che sviluppato[4].

L'intelligencija russa assorbì insieme al veleno del socialismo una dose mortale di tossico populista. Per tossico populista intendo la credenza populista che il popolo è sempre pronto, maturo e perfetto, che bisogna solo distruggere il vecchio ordinamento statale perché al popolo risulti immediatamente possibile realizzare le riforme più radicali e il lavoro più grandioso di edificazione sociale. Il primo apostolo di questa fede fu Bakunin con il suo insegnamento sulla forza costruttiva della distruzione. Non accorgendosi delle radici anarchiche di questa fede, l'intelligencija russa si propose come compito politico fondamentale la lotta totale contro il potere, la distruzione dell'ordinamento statale esistente, nella fiducia che tutto si sarebbe messo a posto da sé quando in seguito a questa lotta il vecchio regime fosse caduto. La duplice esperienza della rivoluzione russa ha dimostrato che questa fede populista era la più pura illusione anarchista, assolutamente errata nella teoria ed esiziale nella pratica.

Naturalmente si può spiegare come e perché l'intelligencija russa nelle passate circostanze sia stata così com'era; si può perfino tentar di

4 Giustifico dettagliatamente le mie idee sul socialismo e l'anarchismo nello studio *Ob obščestvennom ideale*.

dimostrare che non poteva essere altrimenti. Ammessa la possibilità e utilità di simili spiegazioni storiche, non intendo occuparmene nel presente caso: mio scopo è rilevare il nesso logico delle idee. Ammettiamo pure che la direzione dominante della nostra società istruita fosse una disgrazia oggettivamente inevitabile della vita russa, ma anche così dobbiamo con tutta sincerità e franchezza mettere in luce non solo le cause di questa disgrazia ma anche le sue conseguenze. È importante riconoscere che l'apostasia dell'intelligencija russa dallo Stato ebbe conseguenze fatali per quanto riguarda l'influenza sullo sviluppo dello Stato medesimo; anche per l'opinione pubblica russa spiegare questo aspetto di una questione così importante per il futuro non ha meno importanza del cercare spiegazioni per il passato. È importante che si affermi la convinzione che l'apostasia dallo Stato – frutto spirituale degli influssi socialisti ed anarchici – deve essere strappata in radice dalla coscienza generale e che ciò costituisce la garanzia indispensabile per la rinascita della Russia.

4.

Ho detto all'inizio del coro unanime di biasimi con cui la società russa accolse la pubblicazione di *Vechi*. Lo si spiega con il fatto che i collaboratori di *Vechi* avanzavano principi che si staccavano recisamente dalle credenze socialiste, anarchiste e populiste dell'intelligencija russa. L'attuazione di queste credenze venne stroncata nel 1905 da un'azione governativa dall'alto e chi nutriva illusioni utopistiche si ritirò in disparte, convinto che le sue aspirazioni fossero essenzialmente giuste e che solo la violenza esterna del potere ne avesse impedito la realizzazione. La schiacciante maggioranza della società russa si associò a questa concezione; soltanto pochi, tra cui i collaboratori di *Vechi*, previdero già allora che dalle sementi avvelenate dell'utopismo non poteva scaturire nulla di buono e che queste sementi portavano con sé perdizione e morte. I grandi torbidi dei nostri giorni hanno dimostrato quanto avessero ragione questi pochi e quanto si sbagliassero coloro che attendevano la rivoluzione russa come un trionfo e una fortuna del popolo russo. Venne distrutto non soltanto il nostro Stato, ma anche si disintegrò la nazione; il turbine rivoluzionario spazzò via e disperse tutto il popolo, lo suddivise in parti avverse e isolate; la nostra patria si dissangua nelle lotte intestine. Questa scompagine inaudita dell'esistenza minaccia le conseguenze più orribili, più esiziali. Le conquiste e occupazioni del nemico non incontrano quasi resistenza e pare che chiunque possa fare della Russia ciò che vuole. Solo i giorni più neri della nostra storia possono venire paragonati a quanto stiamo vivendo nel momento attuale.

In queste circostanze di universale tormento e dolore anche i ciechi acquistano la vista. Ciò che dieci anni fa affermavano pochi, oggi incominciano a esprimere tutti. Sempre più di frequente si odono dubbi sulla via che abbiamo percorsa e oggi non c'è questione più scottante di quella dei destini della nostra intelligencija. La marcia elementare della storia l'ha già messa in disparte, la sua posizione da dominante è diventata servile; immersa in amare riflessioni, essa sta adesso di fronte al proprio futuro e a quello del paese. Chi non lo vide prima, adesso con insistenza crescente ripete che la disgrazia dell'intelligencija sta nel suo distacco dal popolo, dal vero lavoro e dalle vere necessità del medesimo: è vissuta nell'astrazione, ha creato teorie artificiali e perfino il suo concetto di popolo era artificiale e astratto. Immersa nei propri sogni e nelle proprie dispute teoriche, essa è vissuta nel suo eremo e quando venne il tempo di agire antepose la responsabilità di fronte alla sua conventicola, alle sue teorie e ai suoi dogmi, alla responsabilità di fronte allo Stato e ai compiti nazionali del paese. Ne risultò che lo Stato venne distrutto e l'eremo non fu risparmiato.

Queste considerazioni, che ho avuto l'occasione di udire da rappresentanti dichiarati dell'intelligencija socialista, vanno abbastanza vicino alla vecchia formula di P.B. Struve sull'apostasia dell'intelligencija dallo Stato; manca un passo solo per raggiungere la filosofia di *Vechi*. Tutte le considerazioni che ci tocca udire adesso sull'intelligencija parlano della rovinosità del suo distacco dal popolo e della necessità di avvicinarsi al medesimo. In questo contesto vengono ammessi di buon grado i vizi organici della coscienza intellettuale staccata dalla vita comune del popolo: la superbia, l'aspirazione a render felice l'umanità con sistemi inventati di sana pianta, le esagerazioni della critica astratta, la sterilità dei piani e delle decisioni, «l'attività febbrile a vuoto»[5]. Si riconosce che il modo più naturale di liberarsi da queste disgrazie del pensiero astratto è avvicinarsi al popolo nel suo lavoro, nelle sue necessità e nella sua vita, che per risolvere veramente il problema del destino dell'intelligencija bisogna eliminare la sua chiusura e il suo isolamento e associarla all'azione pratica immediata: così parlano molti oggi, ma non è difficile vedere come questa soluzione sia

[5] Uno dei più interessanti tentativi di discutere le proprietà della coscienza dell'intelligencija è costituito dagli articoli del prof. Vipper, intitolati «Sol' zemli» nel periodico *Utro Rossii*.

puramente formale e perciò assolutamente insufficiente. Il problema viene impostato come se tutto questo compito avesse un carattere puramente meccanico: il distacco meccanico deve essere sanato con un ravvicinamento meccanico e tutto sta nel fatto che intelligencija e popolo stiano insieme e non ognuno per conto suo. Invece la questione è appunto di vedere quale tipo di opera il popolo e l'intelligencija debbano compiere insieme. Quando, come nei nostri giorni, si sta perdendo il concetto stesso dell'opera comune che tutti riunisce, quando gli elementi distruttori delle aspirazioni egoistiche tagliano a pezzi l'organismo popolare e vi soffocano l'anima vivente, diventa evidente che siamo di fronte non a una disintegrazione meccanica ma a una profonda crisi spirituale. Tutto sta nel capire correttamente e definire la natura di questa crisi e allora anche il modo di uscirne verrà definito in maniera adeguata alla profondità del pericolo mortale che stiamo attraversando.

5.

Quando dopo i torbidi dell'inizio del sec. XVII Trubeckoj e Požarskij inviarono dappertutto lettere circolari pregando che venissero mandati al concilio «le persone migliori e ragionevoli e solide, perché potessero a nome di tutti voi... parlare con libertà e coraggio degli affari dello Stato», convocarono queste persone a Mosca «per la grande causa di Dio e della terra». Essi concepivano l'organizzazione statale della patria come una grande opera di Dio e l'atto dell'elezione dello zar, per cui veniva convocato il concilio, come un fondamento organico necessario all'organizzazione dello Stato: «Poi vi rendiamo noto, e voi stessi lo sapete, che presto da noi nello Stato moscovita non ci sarà più zar mentre noi non possiamo assolutamente rimanere senza zar. Eppoi in nessun luogo uno Stato si regge senza zar»[6]. Ecco un'espressione chiara e semplice dell'idea che concepisce il lavoro statale come opera divina e cerca di impostare lo Stato sui solidi fondamenti dell'esperienza storica. A tale idea è assolutamente estraneo il pensiero che gli affari dello Stato non hanno rapporti con la vita spirituale della persona. Ancor più estranea è l'aspirazione a organizzare tutto in modo nuovo, ad agire come non s'è mai fatto «in nessun altro Stato». Qui si manifestano rispettosa venerazione dell'opera di Dio e dell'e-

6 Da *Novye akty Smutnogo vremeni*, n. 82, Moskva 1911, raccolti da S.B. Veselovskij.

sperienza dell'uomo e sottomissione alle leggi organiche superiori dell'esistenza e ai principi oggettivi della storia.

Se applichiamo questo punto di vista ai problemi del nostro tempo, dovremmo dire che popolo e intelligencija sono obbligati ad unirsi nel servire a una qualche causa comune che trascende sia i desideri del popolo che le teorie dell'intelligencija. A questo servizio si contrappongono egualmente sia la trasformazione radicale della vita del popolo conforme alle esigenze astratte delle teorie dell'intelligencija che l'elevazione dei desideri popolari a ideali supremi dell'organizzazione dello Stato. Il lavoro della coscienza istruita è indispensabile, ma deve avvenire nell'accettazione dei fondamenti oggettivi ed universali dell'edificazione sociale. La cura per il popolo è doverosa e sacra, ma solo a condizione che non faccia del popolo un idolo e che colleghi questa cura con l'opera di Dio cui devono egualmente servire tanto il popolo che l'intelligencija. Solo in questo caso il pensiero progressista dell'intelligencija acquista il suo contenuto genuino e solido e la vita popolare si stabilisce sul fermo fondamento dell'edificazione organica. È la simbiosi del vecchio con il nuovo, del mutevole con il costante ed eterno, di cui disse tanto bene lo scrittore liberale inglese Burke: «Conservare il vecchio cambiando continuamente è la legge generale di ogni corpo stabile costituito di parti transitorie. In questo modo l'intero non è mai giovane né vecchio né di mezza età, ma si muove nello spazio immutato attraverso le diverse fasi della decadenza, del rinnovamento e del progresso. Seguendo nel reggere lo Stato questa legge stabilita dalla natura, noi abbiamo il risultato che i miglioramenti mai sono completamente nuovi e che mai diventa completamente desueto ciò che si conserva. Agendo sempre come in presenza dei santi antenati, lo spirito della libertà, che per sé può portare a sconfinamenti, è frenato dalla pietà. L'idea della sua libera origine ispira all'uomo un senso della propria dignità ben diverso dalla audacia sfrontata che quasi sempre abbrutisce i conquistatori di ogni privilegio».

Ogni popolo che s'è costituito in un tutto spirituale, che possiede la sua storia, la sua cultura, la sua vocazione, porta in sé una forza viva la quale consolida in uno le sue membra singole, la quale di questi atomi, di questa polvere umana, fa un organismo vivo e gli ispira un'anima unica. È questa la grande forza della fusione spirituale che avviene attorno ai sacrari popolari, la forza dell'opera divina che il popolo realizza nella sua storia. Sono i sacrari religiosi, statali e nazionali, non come dogmi obbligatori per tutti e forme monotipiche al di fuori delle quali viene spazzato via e schiacciato ciò che appartiene a questo Stato e a questa nazione, ma nel significato generico di principi oggettivi direttivi di fronte ai quali s'inchina la coscienza individuale e di cui riconosce il dominio. Nell'ambito di tale Stato possono convivere varie fedi e possono lottare varie concezioni politiche, possono coesistere l'uno accanto all'altro vari popoli e dialetti. Ma per costituire una stabile unità spirituale lo Stato deve fondarsi sul comune rispetto e il comune amore verso la sua eredità comune e nel suo profondo deve nutrire venerazione verso la propria opera come opera di Dio. Anche i non-credenti possono a loro modo condividere questa venerazione, questo culto della propria patria, in quanto ammettono che servirla è cosa degna e giusta e in quanto per difendere quest'opera sono disposti a qualunque sacrificio, compreso quello della propria vita e della vita dei loro cari: ciò appunto significa che essi strappano fino in fondo dal loro cuore la radice dell'egoismo in nome di un nesso ideale superiore davanti al quale s'inchinano riverenti e dimentichi di sé. Lo Stato non può costringere tutti a un unico culto, l'attaccamento filiale dei cittadini verso lo Stato quale loro patria e opera dei loro padri non può concretarsi in una forma di sottomissione servile di certi gruppi a certi altri dominanti e magnificati. Il vero patriottismo si basa sulla sottomissione comune di tutte le parti del popolo all'idea dello Stato come opera di Dio. Il vero patriottismo presuppone una madre-patria che non conosce differenze tra figli legittimi e illegittimi, presuppone una patria-famiglia nella quale tutti gli uomini sono fratelli che si distinguono tra loro non per caratteristiche artificiali ma per talenti naturali e meriti personali.

Le popolazioni e i gruppi singoli convivendo nell'associazione concorde dell'unità statale, ciascuno a suo modo possono venerare rispettosamente la patria e innalzare preghiere a Dio perché la protegga. Ma se nessuna popolazione eleva tali preghiere per il proprio Stato, se nessuno più crede nel proprio Stato, non lo ama e rispetta, questo Stato non può esistere. Senza questo, per dirla con l'antica lettera circolare, «in nessun paese si regge alcuno Stato». Anche adesso, quando il turbine rivoluzionario ha disperso ai quattro venti la potenza russa, quando l'ha consegnata in mani straniere, soltanto un risveglio della coscienza religiosa e del sentimento nazionale-statale può far rinascere la Russia. La vecchia Russia (occorre ancora dirlo?) non seppe portare l'idea statale russa a quell'altezza che costituisce il connubio di solidi fondamenti nazionali, statali e religiosi con le idee dell'eguaglianza e della libertà. La formula del vecchio Stato russo «autocrazia, ortodossia e popolo» conferiva una spiegazione dogmatica e isolante a questi fondamenti necessari dell'essere statale. Ma l'intelligencija russa che cosa ha fatto per favorire la vittoria di formule maggiormente onnicomprensive agendo in maniera viva ed irresistibile su una coscienza sociale largamente diffusa? Si possono fare soltanto pochi nomi, soprattutto quello di Vlad. Solov'ëv, cui spetta il merito di aver lavorato intensamente in questa direzione. Invece all'opinione pubblica russa nelle sue correnti dominanti spetta il triste ruolo di forza deleteria che nella lotta contro il dogmatismo dei vecchi fondamenti rigettò tutti i fondamenti concreti e reali della storia, sostituendovi il vuoto astratto dei principi dell'astatalità, areligione e internazionalismo; e quando ebbe la libertà di agire e regnare, portò la Russia sull'orlo della rovina. Alla coscienza statale russa dei nostri giorni si presenta un compito di importanza vitale: riconoscere e consolidare nell'interazione immediata dell'autorità e del popolo i fondamenti indispensabili dell'essere statale. Sarebbe una grandissima disgrazia per la Russia se il nuovo potere nazionale che il paese attende non trovasse in sé l'energia creatrice sufficiente per imboccare una strada nuova nella ricostruzione statale. Ma sarebbe una disgrazia ancor più grande e assolutamente irrimediabile se la nostra intelligencija decidesse ancora una volta di non aver nulla da rivedere e nulla da cambiare. Infatti solo nell'esperienza spirituale della parte istruita della società vengono elaborati i fondamenti ideali dello Stato. E se la società istruita russa risultasse di nuovo prigioniera delle credenze socialiste, populiste e anarchiche, e di nuovo scegliesse per principio l'opposizione al governo, quest'ultimo su chi si potrebbe appoggiare nei suoi sforzi progressisti? In tal caso noi ci verremmo ancora a trovare nel circolo vizioso dal quale prima non abbiamo potuto uscire: una concezione angusta dello Stato in alto e una piena negazione dello Stato in basso. Compito del nostro tempo è spezzare questo cerchio fatale per risuscitare e risollevare le forze prostrate della terra russa con azione concorde dell'autorità e del popolo. Ma per questa grande opera statale bisogna rinunciare a ogni slogan privato, partitico, di gruppo. Solo i principi nazionali comuni che s'elevano su tutto il resto, solo le forze organiche che uniscono tutti in un nesso interiore comune rinsaldano e vivificano, mentre invece gli slogan e i programmi partitici solo dividono. Unicamente la forza guaritrice proveniente dai sacrari della vita e della cultura popolare può rinsaldare in uno le parti staccate della terra russa. Ecco l'opera comune cui intelligencija e popolo devono prender parte insieme e nella quale la contrapposizione stessa di intelligencija e popolo deve scomparire o perlomeno perdere la sua asprezza.

E quando alla luce di quest'opera comune che deve unire tra loro intelligencija e popolo noi analizziamo il distacco dell'intelligencija dal popolo, che è la causa del disastro della coscienza dell'intelligencija, veniamo alla seguente conclusione: qui si tratta semplicemente di un isolarsi dal popolo che era viceversa facile aiutare avvicinandolo e fondendosi con esso; questa è una caduta nell'abisso da cui ci si può salvare solo con l'autorinuncia, solo con l'eroismo della liberazione spirituale dalle illusioni dell'utopismo razionalistico.

6.

Alla corrente di pensiero che causò la crisi della coscienza dell'intelligencija abbiamo dato il nome di utopismo razionalistico. Ora dobbiamo fornire una definizione più precisa di questo stato della coscienza per mostrare come le aspirazioni più sincere e generose del pensiero utopistico portino il male invece del bene, perché, tentando di creare una vita nuova, in effetti soltanto distruggano e uccidano, perché, promettendo agli uomini il paradiso in terra, conducano spesso all'inferno sulla terra e invece di instaurare la felicità e il benessere generale precipitino tutti nel terrore e nel caos dell'anarchia e della desolazione.

La legge fondamentale della vita sociale poggia sul nesso dell'ordinamento sociale con i fondamenti oggettivi superiori della storia. Quando il pensiero umano si stacca da questo nesso e cerca di edificare la vita sociale su principi inventati e astratti, capovolge e deforma tutti i rapporti naturali. Da qui il disordine e la distruzione inevitabili che esso comporta.

Ogni utopia promette all'umanità di eliminare le contraddizioni sociali, d'installare l'armonia tra persona e società e l'unità della vita, ogni utopia presuppone di conoscere il mezzo universale che porterà a questa situazione beata di armonia universale e di pace. Ma proprio per questo ogni utopia costituisce il sogno di un assetto integrale e insieme di una semplificazione della vita; presuppone che sia possibile trovare una parola, un mezzo, un principio, forniti di un significato onnipotente e onnisalvifico, che sia possibile in armonia con questo principio organizzare la vita secondo la ragione, liberarla dalle contraddizioni, dal disordine, dalla complicazione, ridurla all'unità, alla concordia, alla semplicità armonica.

La storia umana ha sempre avanzato ed avanza, attraverso contraddizioni crescenti, attraverso la lotta di principi contrapposti, verso una maggiore complessità. L'unità che essa può raggiungere è una simbiosi relativa delle varie differenze e dei nessi crescenti, non un'eliminazione assoluta delle contraddizioni. La luce della ragione guida il cammino della storia ma non ne elimina le profondità creatrici, le possibilità innumerevoli, i fondamenti irrazionali. Ecco perché ogni utopia presuppone un'interruzione della storia, un miracolo di trasfigurazione sociale, e nella sua realizzazione violenta così la storia, mette in atto esperimenti malvagi di ciarlataneria e stregoneria sociale.

Il presupposto che sia possibile sistemare razionalmente e semplificare l'esistenza nasconde un secondo presupposto ancor più lontano e profondo: che il male e la sofferenza possano essere vinti dalla ragione umana in un tipo di società perfetta, che dipendano soltanto dall'imperfezione delle istituzioni e dall'irrazionalità dei rapporti; si vuole risolvere il problema cosmologico del male e della sofferenza in termini sociologici, vincere il male universale con l'organizzare i rapporti sociali. Ma se la lotta con il male sociale è il compito supremo dell'azione statale, il tentativo di sradicare completamente e immediatamente questo male è un'autoillusione dell'intelletto umano e quindi un male anche peggiore che porta a disgrazie ancor più gravi e insopportabili.

Infine tutti i presupposti e le premesse dell'utopismo razionalistico celano ancora un presupposto ad essi logicamente connesso: la negazione di Dio e della religione. Affermare che si può organizzare l'esistenza secondo la ragione umana, che con la forza della ragione e della volontà umane è possibile vincere le contraddizioni della storia e le dissonanze del mondo, le singole aspirazioni e le passioni della persona, equivale ad ammettere che questa ragione e questa volontà sono nella loro perfezione suprema assolute e onnipotenti, attribuire loro un valore divino, metterle al posto della ragione e della volontà divine. Non è un caso la circostanza che i massimi rappresentanti del socialismo e dell'anarchismo si allontanino interiormente dalla religione e la combattano. Qui si manifesta la logica inevitabile del pensiero: le utopie del paradiso in terra riconoscendo possibili l'onnipotenza e il dominio della ragione umana sulla vita non possono allo stesso tempo ammettere i misteri ineffabili della Provvidenza Divina. Voler sistemarsi secondo ragione in modo che la ragione umana sia l'unica signora onnipotente della vita, significa anche credere che ci si può sistemare senza Dio, senza religione.

Ecco che cosa significa il distacco della coscienza dell'intelligencija che imbocca la strada dell'utopismo razionalistico. È la superba autoillusione della ragione umana che sogna la propria onnipotenza e decade dalle forze e dai principi organici del processo mondiale. L'unico risultato di questa autoadulazione sono le contraddizioni inestricabili e la rovina inevitabile. Tutto proteso verso il futuro, l'utopismo vuole spezzare tutti i legami con il passato; invitando l'uomo a cercare il proprio benessere qui sulla terra, l'utopismo lo distoglie da tutto ciò che è trascendente e ultraterreno. Ma questa critica generale che distrugge la storia e la religione e scuote il terreno e il celeste, crea in ultima analisi attorno all'uomo il vuoto della distruzione, il caos del disordine, dove non è possibile scorgere un'uscita verso la luce agognata. In definitiva questi distruttori tonanti sono costretti non di rado a postulare il determinismo (*Gesetzmässigkeit*) della storia, la necessità di una preparazione graduale del futuro, le leggi supreme della vita, in una parola a ritornare ai presupposti dell'idealismo oggettivo che l'utopismo razionalistico rigetta per principio. Qui l'utopismo trova i suoi limiti e la sua confutazione. La vita fa ritornare la coscienza utopistica sul terreno storico, la rimette a posto, la subordina al suo corso e alle sue leggi. Abbiamo qui il crollo dell'utopia, il che caratterizza la crisi della coscienza dell'intelligencija[7].

Ma perché questa crisi, questa grave malattia dello spirito, possa veramente guarire evidentemente non basta che il pensiero utopistico ammetta solo formalmente l'esistenza di leggi superiori nella storia. Finché queste leggi spalancano alla coscienza soggettiva la porta all'esaltazione di se stessa, all'autoillusione dell'utopismo, l'ammetterle resta un fatto puramente esteriore e verbale. Non basta nemmeno che l'intelligencija s'impegni nell'azione pratica e si riavvicini al popolo. Se essa entrerà nella vita pratica con tutti i peccati e le malattie della coscienza utopistica, se la sua attività verrà guidata dalle idee distruttrici della sua apostasia, avremo solamente un'ulteriore disgregazione dell'esistenza. Noi tutti, figli dell'unica Russia, conformemente all'appello degli antichi condottieri del popolo russo dobbiamo metterci a servire «la grande causa di Dio e della patria». Solo l'amore verso il nostro patrimonio comune, verso la nostra cultura, verso il nostro Stato, preserverà tutti noi e la Russia dalle sue durissime prove.

7 Per uno sviluppo più dettagliato di questi principi cfr. il mio studio *Ob obščestvennom ideale*, quaderno II.

VIII

LA MALEDIZIONE DI PERUN

Iosif Alekseevič Pokrovskij

I.

Un'antica leggenda racconta che quando i cittadini di Novgorod al tempo di san Vladimir gettarono l'idolo di Perun[1] nel Volchov, il dio in collera nuotò fino al ponte e vi lanciò un bastone esclamando: «Cittadini di Novgorod, eccovi il mio ricordo!». Da allora gli abitanti di Novgorod nei tempi fissati si radunano armati di bastone sul ponte del Volchov e incominciano a pestarsi come invasati.

Ključevskij[2] ricorda questa leggenda quando descrive il carattere della *veče* dell'antica Russia, questo fondamento del nostro diritto popolare antico. Egli scrive[3]: «Nella *veče* per la sua stessa composizione non ci poteva essere né una vera discussione delle questioni né una vera votazione. Le decisioni venivano prese ad occhio, o meglio a orecchio, più secondo l'intensità delle grida che secondo la maggioranza dei voti. Quando la *veče* si frazionava in partiti, la sentenza veniva elaborata in maniera violenta per mezzo di una rissa e la parte che aveva la meglio veniva considerata la maggioranza... Talvolta tutta la città si schierava a favore dell'uno o dell'altro partito in lotta e allora si raccoglievano contemporaneamente due *veče*... Più volte avveniva che le due *veče* marciando l'una contro l'altra, si scontrassero sul gran-

1 Dio del tuono e uno degli dei più importanti della mitologia slava (*ndt*).
2 Il maggiore storico russo. Nacque nel 1841, morì nel 1911 (*ndt*).
3 *Kurs russkoj istorii*, vol. II, pp. 83-84.

de ponte del Volchov e incominciassero a massacrarsi, se il clero non riusciva a separare per tempo i contendenti».

Così Perun rovesciato si vendicò degli abitanti di Novgorod e questi ultimi dopo averlo rovesciato incominciarono a governarsi in ultima analisi con la legge del bastone.

Ma la vendetta di Perun s'è limitata ai soli cittadini di Novgorod? Adesso sappiamo che purtroppo non fu così: la maledizione gravò su tutto il popolo russo e su tutta la sua storia fino al presente. Noi sappiamo che ai bastoni della *veče* popolare si sostituì il bastone dell'autocrazia, lo scettro di Ivan il Terribile, il manganello di Pietro il Grande, la frusta di Nicola I. La recente «liberazione» è culminata con la «dittatura del proletariato» e già si ripete, questa volta su grande scala panrussa, lo spettacolo sopra delineato del «diritto popolare» vecchiorusso. Non è forse vero che anche adesso non esiste una vera discussione delle questioni e una vera votazione? Non è forse vero che anche adesso si prendono le decisioni «più secondo l'intensità delle grida che secondo la maggioranza dei voti»? Non è forse vero che quando si formano dei partiti «la sentenza viene elaborata in maniera violenta per mezzo di una rissa»? Naturalmente la differenza sta nel fatto che invece dei modesti ed arcaici bastoni oggi agiscono le armi e le mitragliatrici, e invece dell'umile ponte sul Volchov abbiamo una quantità di grandi fronti interni...

Il bastone di Perun imperversa. O siamo noi a pestarci violentemente, o ci pestano violentemente gli altri: sembra che non conosciamo altro modo di vivere insieme e di realizzare la nostra «autodeterminazione» nazionale.

II.

Il passaggio dalla monarchia alla repubblica è in genere un momento critico e pericoloso. Perché l'autorità della monarchia e del monarca si basa sempre su un certo fondamento *irrazionale*. Nella psiche popolare l'autorità del monarca è sempre più o meno rivestita di una qualche sanzione extra-razionale, per cui è più facile e semplice piegarsi a detta autorità, soprattutto quando essa ha alle spalle secoli di storia. Invece il potere democratico elettivo è assolutamente privo di simile sostegno irrazionale, deve appoggiarsi unicamente su motivi *razionali* e anzitutto sulla consapevolezza civica della necessità generale dell'ordine e dell'autorità. Ma questi motivi razionali non sono affatto potenti come i primi e quindi non c'è da meravigliarsi se i sociologhi attuali rilevano come la democratizzazione dello Stato porti frequentemente a un indebolimento dell'influenza psicologica dell'autorità e della forza psicologica della legge. Infatti chi riveste gli uomini di autorità e chi emette le leggi? I nostri stessi rappresentanti, cioè in ultima analisi noi stessi. Ed ecco che il potere e la legge vengono privati della loro autorità mistica d'un tempo. Così, come dice Cruest[4], l'idea della sovranità popolare che conferisce alla legge il fondamento *giuridico* più solido, allo stesso tempo ne indebolisce *psicologicamente* l'autorità morale! Perché in sostanza ogni regime democratico e parlamentare non è altro che il dominio dello spirito critico («le gouvernement de l'ésprit critique») e questo è quanto possiede di meglio e di peggio...

In queste condizioni è perfettamente comprensibile che il nostro passaggio rivoluzionario russo dalla monarchia alla sovranità popolare comportasse straordinari pericoli in tale senso. Tutta la questione era se il nostro popolo sarebbe stato capace di passare subito e velocemente, in una situazione straordinariamente difficile, da un fondamento irrazionale a un fondamento razionale per quanto riguarda l'ordine e l'obbedienza, se avrebbe saputo cogliere i suoi veri interessi nazionali e ristabilire nelle sue file la disciplina dovuta.

Sappiamo che la storia non gli fu benigna a questo riguardo perché non gli diede la possibilità di una preparazione graduale e sufficiente: l'ignoranza intellettuale e politica delle masse popolari non erano un segreto per nessuno. Se si potevano nutrire speranze, era soltanto nel sano istinto del popolo e... *in una guida ragionevole del medesimo da parte dell'intelligencija.*

Ma come si comportò quest'ultima?

III.

Già da tempo fu rilevato lo scarso interesse della nostra intelligencija verso i problemi del diritto. È vero che negli ultimissimi tempi la situazione sembrò migliorare, ma vasti settori della società russa istruita sono rimasti poco informati e poco sensibili a questo riguardo. Questo vale anche, nelle stesse misure, per ambedue gli schieramenti che da tempo si combattono: quello idealista e quello materialista.

4 *La vie du droit et l'impuissance des lois*, 1908, p. 219.

L'intelligencija del primo schieramento (*idealista*) con passione e, credo, con sincerità cerca il bene e la giustizia assoluti; in queste ricerche si suddivide in circoli e sette, rivela un'enorme carica di sentimento morale e spesso attinge al più profondo pathos religioso; ma allo stesso tempo quando si tratta di organizzare praticamente resistenza, essa appare impacciata e talvolta, si deve proprio dirlo, insensibile. Cercando la giustizia assoluta, essa non presta nessuna attenzione al mondo relativo nel quale viviamo; agognando il bene assoluto, attende scarsamente alle vie pratiche che necessariamente siamo costretti a percorrere. Di conseguenza succede spesso che quasi accecati dalla nostra visione interiore noi procediamo come un rullo compressore distruggendo senza pietà una moltitudine di quei valori che noi stessi vorremmo rinsaldare. Per amore del «lontano» noi soffochiamo il «vicino», per amore della libertà compiamo un abisso di violenze. Così risulta che, immersi nel sogno di instaurare il regno di Dio sulla terra, siamo perfettamente incapaci di organizzare questo nostro comune regno terreno; sognando l'assoluta giustizia viviamo in un'orrenda ingiustizia; sognando la purezza eterea rimaniamo in un pantano morale senza via d'uscita.

Per questa stessa ragione guardiamo con sufficienza e disprezzo al diritto; siamo totalmente assorbiti nelle sfere supreme dell'etica, nel mondo dell'assoluto e perciò non c'interessa affatto quell'ordine tanto relativo ed imperfetto della comunità umana che si chiama «diritto».

Ma non è tutto. A molti sembra necessario addirittura *negare* il diritto per rimanere coerenti. Ogni ordinamento di diritto – affermano – si basa sull'autorità e la costrizione, per la sua stessa concezione esclude la libertà di scelta e perciò contraddice alle esigenze fondamentali della moralità. Ed infatti noi russi com'è noto siamo inclini all'*anarchismo* e a nessuna corrente ideale nel mondo abbiamo fornito tanti teorici eminenti come all'anarchismo (L. Tolstoj, Bakunin, Kropotkin).

Naturalmente noi pensiamo a una società di santi e in tale società (lo dicono perfino i giuristi) non sarà affatto necessario avere un diritto; il diritto marcia verso la propria autodistruzione e perciò lasciamo che i morti seppelliscano i loro morti.

Ma anche per l'altro schieramento della nostra intelligencija, quello *materialista*, il diritto non possiede un valore autonomo: la storia dell'umanità non è mossa da queste o quelle idee sulla verità e la giustizia ma puramente da forze materiali – dagli *interessi* dei gruppi e delle classi sociali, e il diritto non fa che sanzionare l'effettivo rapporto reciproco delle forze creato dalla lotta di questi interessi. In tal modo esso non contiene nulla di creativo, si limita a constatare ciò che è, ciò che è stato creato da fattori che esorbitano assolutamente dal suo ambito di competenza. In queste circostanze è naturale che la nostra attenzione si rivolga prevalentemente verso questi fattori; comunque essi vengano definiti, il risultato per il diritto è sempre lo stesso – lo si ignora.

Ma anche in questo caso non basta: dietro a questo ignorare si cela spesso una *negazione* più o meno definita. Non parliamo della negazione di queste o quelle norme o istituti particolari (sia pure molto importanti) come ad esempio la proprietà privata, ma di un atteggiamento negativo verso *l'idea stessa del diritto.*

In effetti se il criterio supremo della politica è la piena realizzazione degli interessi classisti del proletariato o dei contadini[5], da questo punto di vista ogni norma o garanzia giuridiche possono in certe circostanze risultare addirittura dannose. Ciò avviene quando queste garanzie (per esempio di una giusta amministrazione della giustizia, dell'abolizione della pena capitale, ecc.) rallentano l'azione del proletariato o dei contadini o delle autorità da essi costituite. In questo caso sono indesiderabili, nocive e frenanti, in questo caso il diritto si riduce semplicemente a una specie di barriera dietro la quale ci si nasconde quando bisogna difendersi ma che rappresenta un ostacolo appena si sente di avere forza sufficiente per passare all'attacco. Perciò nella bocca dei rappresentanti di questo schieramento i discorsi sul diritto hanno sempre un carattere insincero: se sono vinti invocano il diritto a gran voce, ma lo dimenticano immediatamente da vincitori. In realtà essi riconoscono e s'inchinano solo davanti alla forza: hai ragione in quanto sei forte. L'esperienza della rivoluzione russa con le sue «dittature», la sua «coscienza giuridica rivoluzionaria», la sua «creatività giuridica dal basso» e altre cose analoghe, conferma nella maniera più vistosa e sensibile quanto abbiamo detto.

IV.

Dato questo suo atteggiamento, che cosa poteva insegnare al popolo l'intelligencija, soprattutto in un momento tanto critico della sua storia? Poteva forse insegnargli a rispettare il diritto quando essa stes-

5 Allusione alle due varianti materialistico-rivoluzionarie dei marxisti e dei populisti (*ndt*).

sa non lo rispettava? Poteva forse fornire al popolo un fondamento razionale della subordinazione all'autorità e alla legge, quando essa stessa non la sentiva?

Evidentemente no.

Ma poteva fare peggio. Poteva inondare le masse ignoranti e non istruite di slogan capaci di distruggere anche quel poco che era rimasto, di scatenare gli istinti più bassi e di portare alla distruzione delle basi più elementari della convivenza. E l'intelligencija lo fece...

Non intendiamo affermare che se ne rese colpevole *tutta* l'intelligencija russa. Sappiamo che fin dall'inizio della rivoluzione non poche persone misero in guardia contro un atteggiamento troppo disinvolto nei riguardi del diritto, che invitarono il popolo alla disciplina e alla stretta osservanza dell'ordine e della legge; ma le loro voci vennero presto soffocate. La «forza del grido» rimase privilegio delle ali estreme d'ambedue gli schieramenti di cui abbiamo detto sopra e nei quali l'indifferenza verso il diritto diventava negazione diretta.

Non occorre parlare dell'*anarchismo*: i suoi fondamenti teorici e le sue conseguenze socio-psicologiche non lasciano dubbi. Se c'è una dottrina che presuppone uomini santi è proprio l'anarchismo, il quale senza di questo degenera in un belluino *bellum omnium contra omnes*. Distruggendo gli ultimi argini giuridici, l'anarchismo consegna la convivenza umana all'arbitrio dell'egoismo individuale e degli appetiti egoistici. Una mente ignorante che non penetra nel profondo di questa dottrina, dove nonostante tutto esistono anche certi correttivi, ne assimila soltanto gli slogan semplificati e battaglieri e scorge in essi una cosa sola: la liberazione del suo egoismo da ogni limitazione. La conseguenza inevitabile sulla psiche sconvolta del popolo è l'imperversare di ogni genere di delitti. Siccome né la vita né la proprietà del prossimo sono garantiti, io posso guardare a tutto semplicemente come a un mezzo per soddisfare i miei interessi; l'unica cosa che mi può ancora frenare e mantenere entro certi limiti è il primo bastone che mi si para davanti.

Non meno veleno ha inoculato nelle intelligenze un'altra dottrina estremista: *il socialismo materialistico*. Affermando che il diritto e la moralità sono soltanto «sovrastrutture ideologiche», con ciò stesso il socialismo ha distrutto ogni loro significato normativo, li ha destituiti come istanze al di sopra degli interessi e in grado di giudicarli. Non c'è né ci può essere una valutazione diversa da quella del punto di vista degli interessi di classe, perciò la lotta per i propri interessi di classe è legittima sempre e con tutti i mezzi. Ogni interesse della mia classe è un interesse legittimo perché non esiste alcuna istanza superiore al di fuori del campo degli interessi e sopra di esso. D'altra parte ogni mezzo per difendere questo interesse è lecito, perché che cosa può costringerci a rinunciarvi se non il fatto che è tecnicamente inadatto? Già in anticipo si potevano prevedere i riflessi di tali dottrine sull'anima popolare non istruita e sconvolta all'estremo, ma la realtà ha superato le previsioni più nere.

La «concezione materialistica della storia» si è trasformata nella più rozza comprensione materialistica della vita. Tutte le manifestazioni superiori dello spirito umano – la coscienza, l'onore, l'esigenza di verità e di giustizia, ecc. – sono scomparse sotto la pressione delle passioni più elementari del corpo. La «economia» della teoria si è trasformata nella pratica in un orrendo baccanale di istinti belluini sfrenati, in un'orgia di assassinii, di ludibrio e di saccheggio. Il disprezzo per le «sovrastrutture ideologiche» è diventato una mostruosa inimicizia per tutto ciò che porta il marchio della cultura e dell'educazione.

L'egoismo classista ha sradicato definitivamente la concezione dello Stato e del popolo come di un tutto integrale. Il «proletariato» come classe particolare, i cui limiti del resto sono rimasti poco chiari, s'è isolato dal corpo comune del popolo e ha preso una posizione intollerante e militante verso tutto il resto. La lotta di classe s'è concretata nell'odio più feroce verso tutto ciò «che non è con noi». Non c'è il popolo ma soltanto noi «proletari», tutti gli altri o non devono esistere affatto o devono servire a noi senza discutere. Con questi tratti è stata descritta la «dittatura del proletariato» d'ora in poi famosa nella storia: la rabbia e l'odio ne costituiscono l'anima, la distruzione l'elemento naturale, la schiavitù generale il risultato.

Nella sua rabbia questa «dittatura» non va per il sottile riguardo ai mezzi. Tutti i principi più elementari di ogni convivenza sociale in qualche modo civile vengono dichiarati invenzioni borghesi e spazzati via con sorprendente audacia, visto che sono di ostacolo alle brame più scatenate. Ciò vale per tutti i diritti umani, semplicemente umani; infatti da noi oggi non esiste più l'uomo, semplicemente l'uomo, ma solamente il «proletario» (da aggiungere «che accetta la piattaforma sovietica»), membro della classe illimitatamente dominante, o il «borghese» che è un essere assolutamente senza diritti. Non esistono «diritti», ma non c'è nemmeno «il diritto» e al suo posto c'è solo la «coscienza giuridica rivoluzionaria» dei vincitori, cioè il loro arbitrio più manifesto.

Quando lo spirito dello sfrenato egoismo classista suscitato dalla generale predicazione socialista incominciò a dare i suoi terribili frutti, una parte della stessa intelligencija socialista si turbò ed esortò a un ritorno all'idea della patria, all'ordine, alla disciplina sul lavoro. Ma il popolo non le diede ascolto, tanto più che l'altra parte del medesimo schieramento socialista continuò la sua attività tenebrosa. Eccitando le masse, e a sua volta eccitata da loro, questa parte raggiunge un vero pathos nell'odio per l'umanità, una rabbia isterica. Forse in certi «sprazzi di lucidità» alcuni singoli capi del bolscevismo ebbero per un istante l'idea che bisognava fermarsi e incominciare a fare qualcosa di positivo (in tali momenti noi udiamo anche da loro appelli al proletariato in favore del lavoro e della disciplina), ma su questa strada dell'edificazione positiva erano fatalmente condannati all'insuccesso. Allora si scoprì che non erano loro a trascinare le masse, ma le masse a spingerli. Essi hanno successo finché invitano alle distruzioni, alle confische, agli espropri, ecc., ma perdono decisamente ogni autorità quando osano andare contro corrente: un ruggito inequivocabile ha risposto al loro appello all'ordine ed essi hanno rinunciato ai loro tentativi e si sono lanciati di nuovo sulla vecchia strada del delirio sociale, degli incitamenti rabbiosi e dei linciaggi.

E questo tuttora continua. Invece di contribuire al risanamento morale del popolo continuano sistematicamente a corromperlo. Invece di invitare tutti all'unione in nome della salvezza comune dal giogo straniero consegnano direttamente o indirettamente il popolo a questo giogo pur di portare fino in fondo la loro mostruosa formula della «pace al fronte, guerra nelle retrovie»[6]. Ma la «pace al fronte» si fa ancora attendere e la «guerra nelle retrovie» s'è trasformata in un eccidio panrusso generale. La storia probabilmente non ha mai visto una stupidità più grande e una più grande vergogna nazionale.

Ecco a che cosa ha portato la «scuola» della nostra intelligencija socialista! Chiamata in un grande momento di eroismo a guidare il suo popolo attraverso tutte le tentazioni e gli ostacoli storici, essa stessa lo ha precipitato nel baratro e consegnato al nemico. Tenuta ad aiutare il popolo nella costruzione creativa di un nuovo ordine sociale, essa ha provocato invece una guerra civile generale e l'anarchia. Simile a un giocatore di borsa che ha perso la tramontana, impegnata nella ricerca di un ordinamento sociale mai visto sulla terra, l'intelligencija ha perso il dono della libertà che il popolo già possedeva. Invece della nobile grandezza del genio liberato, essa ha rivelato al mondo la bassezza di uno schiavo ribelle ed esposto il popolo russo, Calibano ubriaco, al disonore di fronte a tutto il mondo e a tutti i secoli.

6 Formula propagandistica dei bolscevichi (*ndt*).

V.

Quando il peccato è grande deve essere grande anche la redenzione. Ai mesi di peccato devono seguire lunghi decenni di penitenza e di duro lavoro per edificare la patria caduta a pezzi.

L'intelligencija deve anzitutto riconoscere e sentire la propria responsabilità per ciascuna parola con cui va al popolo. Non dirò della necessità di un'assoluta probità e sincerità nel predicare le proprie idee; anche a questa condizione noi dobbiamo ricordare che un pensiero espresso provoca spesso nella psicologia collettiva delle masse effetti assolutamente diversi da quelli derivanti dal contenuto oggettivo del pensiero stesso. Ogni generalizzazione intellettuale ha una duplicità di carattere che dipende dalla proprietà e specificità dell'apparato psichico di ambedue le parti: se vogliamo che il nostro pensiero venga inteso rettamente, dobbiamo considerare anche le proprietà specifiche dell'apparato che lo percepisce. In caso contrario si possono ottenere i più spiacevoli riflessi psicologici concomitanti, come è adesso avvenuto con concetti come democrazia, socialismo, borghesia, ecc. Dobbiamo in genere ricordare che la psicologia collettiva è qualcosa di sommamente complesso, denso, di fenomeni irrazionali e capricciosi, che è facile suscitarvi la tempesta ma è difficile poi sedarla.

Tuttavia la prima cosa che deve fare la nostra intelligencija è rivedere con probità e scrupolo il proprio bagaglio ideale. Deve riconoscere di essersi dimostrata inconsistente nelle dure prove attuali perfino dal proprio punto di vista, cioè dal punto di vista delle sue conoscenze e della sua concezione. S'è dimostrata semi-istruita e talvolta assolutamente ignorante nei riguardi di quello che s'era accinta con tanta baldanza a risolvere. Quindi prima di insegnare agli altri deve essa stessa imparare con cura. E anzitutto, secondo me, bisogna che l'intelligencija cambi il suo atteggiamento verso l'*idea del diritto*.

In particolare lo schieramento *materialistico* della nostra intelligencija deve riflettere su quanto segue. Affermando che il proletariato o i contadini hanno diritto di realizzare i loro interessi classisti solo perché sono i loro interessi, voi mettete sullo stesso piano etico gli interessi da voi difesi con gli interessi diametralmente opposti. In questa impostazione l'interesse del capitalista o del latifondista è eticamente legittimo come l'interesse del lavoratore. Sia l'una che l'altra sono classi e ambedue hanno eguale diritto di lottare per i loro interessi. Non riconoscendo nessuna istanza etica superiore che si elevi sugli interessi e le classi, voi lasciate la soluzione di tale conflitto di interessi unicamente alla lotta, cioè al fatto, alla forza. In queste condizioni anche il vostro avversario può dire: «Se è così, stiamo a vedere chi la spunterà, voi o io». In altre parole voi stessi con la vostra dottrina giustificate anche la lotta contro di voi, infondete nell'anima dell'avversario l'energia morale e la coscienza del proprio diritto.

In realtà voi non concedete simile parità di valore morale al capitalista o al proprietario terriero e ritenete più giuste e degne di approvazione e incoraggiamento le esigenze della classe operaia o contadina. Perché? Quali che siano i motivi da voi avanzati, dovete riconoscere che ricorrendo ad essi voi abbandonate la vostra nuda teoria degli interessi come tali e subordinate mentalmente la lotta in favore dei medesimi a una qualche valutazione morale superiore. Senza volerlo, voi pensate al di sopra degli interessi contrastanti una certa istanza superiore extraclassista che una cosa approva e l'altra respinge indipendentemente da chi vince nella lotta pratica. Passando mentalmente in rassegna le pretese dell'avversario, voi senza volerlo pensate che egli *ha il diritto* di imporne alcune mentre *non ha il diritto* di imporne delle altre.

Così contro la stessa vostra volontà operate con i concetti di «*diritto*» e «*non diritto*», e del resto non è possibile altrimenti. Infatti voi non riconoscete legittimo e realizzabile ogni vostro interesse personale, voi stessi rigettate alcuni vostri interessi come illeciti per un motivo o l'altro. Ma bisogna dire la stessa cosa anche riguardo agli interessi di interi gruppi sociali o classi, perché anche questi possono avere interessi che bisogna riconoscere illeciti, per esempio l'interesse a possedere una posizione privilegiata sfruttatrice rispetto agli altri gruppi. Se a questo riguardo finora hanno peccato le classi dei capitalisti o dei latifondisti, in futuro possono far capolino analoghe velleità sfruttatrici nella classe degli operai specializzati rispetto ai generici o viceversa e così via. Finché il genere umano sarà imperfetto, su questo terreno sono inevitabili ogni sorta di conflitti e perciò anche nei riguardi di interi gruppi, classi e società, è necessario tener bene in mente la regola che *noi non abbiamo diritto a tutto quello per cui abbiamo interesse*. Il criterio del diritto domina così sul criterio dell'interesse e costituisce un concetto senza il quale non possiamo né pensare né agire.

In qualsiasi modo noi definiamo in seguito questo criterio del diritto e il principio fondamentale di quest'ultimo ci troviamo in ogni caso sul piano di determinate valutazioni *etiche*, sul piano dei giudizi sul *dovere*. Ora, su questo piano nessuna concezione materialistica della storia ha necessariamente valore per noi: quello che è stato e che è non deve in linea di principio determinare quello che deve essere.

Dopo quanto s'è detto, per ogni persona onestamente pensante diventa obbligatorio un atteggiamento più accurato e un maggior rispetto nei riguardi del diritto. L'insoddisfazione per l'ordinamento giuridico esistente non giustifica affatto il disprezzo per il diritto in generale: se le valutazioni attuali di ciò che è legittimo e di ciò che è illegittimo sono errate, tanto più è necessario elaborarne di nuove e di giuste. In qualsiasi modo si delinei il futuro ordine sociale esso deve anzitutto essere giustificato come ordine giuridico e giusto; senza di ciò lo sentiranno come pura violenza tutti, anche quelli che ne saranno avvantaggiati. Se non scomparirà la differenziazione del lavoro non scomparirà nemmeno nella società una data divisione in gruppi, ognuno con i suoi interessi specifici, e se non vogliamo che la convivenza di questi gruppi diventi una continua guerra fratricida dobbiamo regolare la loro collaborazione secondo fondamenti giuridici equi. Ma per questo dobbiamo decidere che cosa sia legittimo e che cosa illegittimo.

Se per lo schieramento materialistico della nostra intelligencija diventa indispensabile assimilare un certo grado di idealismo, è necessario altresì che lo schieramento *idealistico* rivolga una maggiore attenzione verso le cose terrene e relative. E questo porterà di nuovo al diritto.

Il diritto è certamente un ordine esteriore e convenzionale, ma ciò non vuol dire che sia qualcosa di inutile nella sostanza per la comunità umana. Non pensiamo che sia il caso di fornire in questo ambito una confutazione dell'anarchismo, dottrina che si regge non in forza dei suoi argomenti ma degli stati d'animo che suscita. Diremo soltanto che se anche tutti gli uomini si lasciassero guidare nella vita dalle aspirazioni morali, neppure in tal caso potrebbero far a meno di determinate regole esteriori convenzionali per la loro convivenza. Perché la moralità, come noto, è qualcosa che si regge soltanto in forza di una convinzione interiore individuale: se grazie alla mia concezione del mondo io mi ritengo obbligato a comportarmi in un determinato modo, io devo agire di conseguenza anche se gli altri la pensano diversamente; se agissi come ritengono necessario gli altri, io rinuncerei in loro favore al mio comandamento morale interiore e per amor di pace mi piegherei a un idolo. Di conseguenza le esigenze morali possono essere molto varie e inconciliabili. Ora, poiché gli uomini in un modo o nell'altro devono convivere è necessario creare un ordine convenzionale di rapporti reciproci tale che a ciascuno sia in egual misura garantita la possibilità dell'esistenza fisica e spirituale e del perfezionamento morale.

Per questo motivo non è vera l'affermazione frequente (anche tra i giuristi) che il diritto porti alla sua autoeliminazione, che in una società di persone morali e sante esso diventi del tutto superfluo: gli uomini possono anche essere santi, ma ciascuno a suo modo e per la loro convivenza è necessario che abbiano qualcosa in comune.

Inoltre anche se immaginassimo persone sante unite da un'*unica* fede e che si amino a vicenda d'un *unico* amore senza limiti, nemmeno in questo caso esse potrebbero fare a meno di determinate regole di convivenza puramente esterne e convenzionali, perlomeno finché resteranno uomini e vivranno nelle solite condizioni dell'esistenza terrena. Infatti ogni convivenza è senz'altro collaborazione e ogni collaborazione presuppone un'organizzazione e una applicazione regolamentata delle forme. Anche se in una società molto compatta tutti i membri si amano l'un l'altro e sono pronti ad aiutarsi in tutti i modi, per svolgere congiuntamente un'opera comune è necessario che dispongano di un'organizzazione del lavoro regolamentata, altrimenti gli sforzi generosi ma discordi di tutti risulterebbero sterili. Se avranno bisogno di sollevare una trave, dovranno afferrarla tutti insieme contemporaneamente e qualcuno dovrà pure dare il via. Il diritto garantisce questa organizzazione e, in questo senso, non perderà mai la sua funzione necessaria per ogni convivenza umana.

Infine se l'atteggiamento negativo verso il diritto si nutre della convinzione che esso sia necessariamente legato alla violenza e da questa sostenuto, ad una più attenta verifica di questa concezione si constaterà che è falsa. Già adesso esiste una quantità non indifferente di norme giuridiche – delle più essenziali – che non prevedono sanzioni penali (per esempio la legge costituzionale). E anche in quei casi in cui si stabiliscano pene per le infrazioni della legge, queste pene con lo sviluppo della cultura diventano sempre più miti. In effetti si può affermare che la *violenza* giuridica tende ad autoeliminarsi. Il diritto tende a diventare un ordinamento accettato da tutti non per paura del castigo, ma per la coscienza della sua necessità e razionalità, come avviene già al presente nei circoli ristretti.

In questo modo, una meditazione più attenta deve convincere i nostri idealisti che la negazione o l'abbandono del diritto non derivano dalla loro visione idealistica del mondo ma al contrario si spiegano soltanto con una insufficiente attenzione nei riguardi di alcuni aspetti del mondo medesimo. Quando questo errore verrà corretto, essi stessi vedranno quanto di valido e di importante per una organizzazione giuridica dell'esistenza potranno dire dal loro punto di vista.

VI.

L'organizzazione giuridica statale viene formata, come è noto, dall'attività collettiva, *sobornaja*, nel senso lato, e psichica del popolo. Ci sono popoli cui quest'opera riesce in modo relativamente facile e semplice; sembrano avere nel sangue la capacità di autorganizzarsi razionalmente. Altri popoli vi riescono con molta fatica attraverso prove dure e tormentose. Noi russi apparteniamo evidentemente a questa seconda categoria. Quante pagine penose e vergognose abbiamo scritto nella nostra storia unicamente a causa della nostra incapacità di intenderci su una base ragionevole, a causa della nostra fatale inclinazione a «lacerarci in partiti»! Oggi stiamo forse scrivendo la pagina più vergognosa.

Con le nostre stesse mani abbiamo fatto a pezzi il nostro Stato e il nostro popolo, non soltanto in frazioni territoriali «autodeterminatesi», ma anche in classi sociali «autodeterminantisi». Con le nostre mani abbiamo distrutto la nostra difesa – l'esercito e la flotta, il nostro apparato amministrativo, produttivo e logistico, ecc., in una parola tutto ciò di cui nessun popolo, nelle condizioni attuali, può fare a meno. Abbiamo distrutto tutto, ma a quanto pare, non siamo ancora sazi. Ogni giorno porta convulsioni sempre nuove in questo senso e sembra che ci fermeremo solo quando di tutto il popolo russo avremo davanti a noi unicamente un cadavere straziato e irrigidito.

Ma non vogliono crederci! Non vogliono credere che ciò che stiamo sperimentando è la morte sicura del popolo e dello Stato russo, la fine, nel vero senso della parola, la tomba.

Ci si guarda attorno con angoscia: dov'è il salvatore? E una voce suggerisce che egli si trovi proprio in quello stesso popolo russo che adesso con tanta rabbia fa a pezzi se medesimo, nel suo sano istinto e nel suo buon senso ora tanto offuscati e deformati dagli slogan roboanti che lo bombardano. Il salvatore è nel popolo, perché egli stesso non ha ancora detto la *sua* parola; finora altri hanno parlato per lui. Stupito dal subitaneo e colossale rivolgimento avvenuto, egli ha finora taciuto, atteso e pensato, ed ecco altri accorrere a ribaltare i suoi pensieri e risvegliare la belva che è in lui.

Mentre sognava di organizzare l'esistenza secondo giustizia e secondo il volere di Dio hanno incominciato a raccontargli che tutta la giustizia e Dio stesso consistono nel difendere i propri interessi materiali classisti e che al di fuori di questi interessi non esiste verità, né giustizia.

Mentre con grande fatica s'era raccolto attraverso la storia in un unico grande insieme sentendo istintivamente che solo a questa condizione sarebbe stato in grado di scoprire tutta la ricchezza delle proprie forze spirituali, hanno incominciato a suggerirgli l'idea di un'illimitata «autodeterminazione» delle parti, cioè la divisione fino all'autodistruzione.

Mentre era assetato di pace in generale, hanno cominciato a raccomandargli insistentemente «la guerra nelle retrovie», a sollecitare con tutti i mezzi nella sua anima lo spirito della malvagità, dell'interesse e della distruzione! Gli hanno fatto provare il sapore del sangue fraterno russo... ed ecco che avvelenato da questo si dimena da una parte all'altra, da un omicidio o saccheggio all'altro in una pazza disperazione e *quelli* prendono per «socialità» questa disperazione morale!...

Mentre gli era necessario tornare in se stesso al più presto possibile e riaversi per rimettere in ordine i frammenti dello Stato nel buon senso e con memoria tenace, gli hanno iniettato sempre nuove dosi di veleno: singole persone e intere categorie sono state dichiarate «nemici del popolo» e «fuori legge», ciò che naturalmente equivalse ad un invito diretto a commettere nuovi assassinii e linciaggi.

L'incubo per ora sta aumentando ed estendendosi, ma dovrà immancabilmente sopraggiungere una svolta: un popolo che nonostante le condizioni più sfavorevoli e quindi essenzialmente grazie solo al suo buon senso ha costruito tenacemente il proprio Stato, non può perire. Esso si risveglierà certamente e di nuovo riparerà nei secoli ciò che fu distrutto in così pochi giorni e mesi. Il popolo deve ancora dire la sua parola!

Ma come continuerete a vivere voi responsabili spirituali di tutto questo orrore morale senza precedenti? Che cosa vi sentirete dire da ogni parte?

Quando penserete al popolo che avete stordito e condotto nel baratro non udirete forse le parole fatali: «Guai a chi scandalizzerà uno solo di questi piccoli; sarebbe meglio per lui che si appendesse una pietra al collo e si gettasse nell'abisso»?

Quando vi ricorderete di tutto il sangue sparso a causa della connivenza del vostro spirito, quando vi ricorderete degli eccidi dei vostri stessi fratelli nell'intelligencija, non udrete forse risuonare le parole: «Caino, Caino, che cosa hai fatto di tuo fratello?»?

Luglio 1918

IX

IL SIGNIFICATO STORICO DELLA RIVOLUZIONE RUSSA E I COMPITI NAZIONALI

Pëtr Bergnardovič Struve

«Una calamità indicibile ha colpito lo Stato Moscovita e tutta la Grande Terra Russa, con la permissione divina, a causa della moltitudine innumerevole dei peccati di tutto il popolo».

Dalla *Lettera enciclica del patriarca Germogen*

«Dio vi domanderà ragione della vostra malvagità per la quale non vi siete uniti a noi e tutti gli Stati circonvicini vi chiameranno traditori della fede e della patria; ma sopra di tutto che cosa risponderete al giusto Giudice nella sua seconda venuta?».

Dalla *Missiva dei cittadini di Jaroslav' a quelli di Vologdá* (1612)

I.

La rivoluzione russa si è rivelata un fallimento e una vergogna universale: questo è il risultato politico-morale incontestabile degli avvenimenti cui abbiamo assistito dal febbraio 1917. Cercare le cause di quella sorprendente catastrofe che va sotto il nome di rivoluzione russa e che a differenza delle crisi interne attraversate da altri popoli comporta la massima caduta del nostro popolo in tutti i sensi, ha un'importanza di primo piano per il futuro del popolo russo. Naturalmente i destini dei popoli non prendono le mosse né vengono decisi dalle discussioni, ma da aspirazioni alla cui base stanno sentimenti e passioni. Ma tutte queste aspirazioni trovano la loro espressione nelle idee e da queste vengono formulate. Una passione può diventare una potente forza motrice e creatrice del processo storico solo se si affina in idea e l'idea deve a sua volta concretizzarsi nella passione[1]. Per creare un'*idea-passione* chiamata a conquistare i nostri sentimenti e la nostra vo-

[1] Per chi lottava per la liberazione dei contadini quel pensiero non fu soltanto un «pensiero» ma una «passione», come testifica Nikolaj Turgenev nella nota giustificativa ed esplicativa sulla sua partecipazione al moto dei decabristi.

lontà, a contagiarci fino all'entusiasmo e all'oblio di noi stessi, dobbiamo in primo luogo misurare tutta la profondità della nostra caduta, sentire e meditare la nostra umiliazione integralmente e fino in fondo. È un'importante opera purificatrice di autocoscienza. Tuttavia per la rinascita della nazione non basta una conoscenza negativa di sé, un miscuglio di riflessione, penitenza e sdegno; occorrono idee chiare e positive e la trasformazione di queste idee in forti passioni creatrici.

Voglio delineare come io intendo le condizioni psicologiche reali che ci hanno portato al fallimento nazionale e alla vergogna universale e poi esplicare le idee-passioni che possono e devono purificare con il loro fuoco la Russia e salvarla.

II.

La spiegazione abituale corrente della catastrofe che d'ora in poi verrà probabilmente chiamata *rivoluzione russa* (benché sia abbastanza dubbio il suo diritto a questo titolo pur sempre *moralmente* significativo) si rifà anzitutto all'ignoranza e inciviltà del popolo. Però questa spiegazione non può soddisfare né il politico, che partecipando in maniera attiva e responsabile agli avvenimenti ne giudica il significato reale, né lo storico che li analizza oggettivamente confrontandoli con il passato degli altri popoli e del proprio. Il popolo russo era molto più ignorante ed incivile ai tempi di Sten'ka Razin ed Emel'jan Pugačëv[2]; in tutti i suoi strati era per così dire meno civile di adesso. D'altra parte non si può dire che il popolo russo sia oggi *nel complesso* meno civile dei popoli francese ed inglese all'epoca delle loro rivoluzioni genuine e genuinamente grandi. Da noi dimenticano molto facilmente che la «civiltà» delle masse popolari, dove esiste e per quanto la possiamo effettivamente rilevare, è una conquista quasi esclusiva del secolo XIX e che nei secoli XVII e XVIII non se ne può parlare nemmeno per i popoli più progrediti dell'Occidente.

Così dobbiamo decisamente respingere questo richiamarsi all'inciviltà delle masse popolari, perché superficiale e, per parlar chiaro, stupido.

Analogo è il rifarsi al «regime» («il vecchio ordine», ecc.). Invece la rivoluzione russa ci ha dato una delle lezioni più notevoli in quanto a contenuto politico-pratico e per valore teorico-sociologico, rivelan-

2 Avventurieri che riuscirono a raccogliere migliaia di adepti e lanciarli contro il governo. Sconfitti, vennero giustiziati, il primo nel 1671, il secondo nel 1775 (*ndt*).

do come da un lato il «regime» della esautorata monarchia fosse *tecnicamente* soddisfacente e dall'altro le deficienze del regime medesimo si radicassero non negli ordinamenti e istituzioni, non nella «burocrazia», «polizia» e «autocrazia», come dichiarano le spiegazioni correnti, ma nei costumi del popolo, ossia di tutto l'ambiente sociale, i quali in parte ed entro certi limiti venivano addirittura arginati dalle istituzioni e ordinamenti ricordati.

La rivoluzione, avendo abbattuto il «regime», mise a nudo e scatenò la Russia gogoliana ficcandole in testa il colbacco rosso, e il potere sovietico è in sostanza il poliziotto tradizionale elevato al supremo comando di un grande Stato. Durante l'epoca rivoluzionaria Chlestakov, come simbolo del costume, venne promosso da scribacchino a persona d'alto rango e *Il Revisore* si trasformò da commedia dei costumi di provincia in tragedia della concezione statale. I ceffi creati da Gogol' e Ščedrin[3] sono diventati il volto della grande rivoluzione russa e questo è un fatto storico incontestabile.

Al presente, mentre viviamo sotto il dominio della burocrazia sovietica e il tallone della guardia rossa, incominciano a capire quali furono in realtà e quale ruolo civile detennero la burocrazia e la polizia della monarchia. Quello che in Gogol' e Ščedrin era esagerazione, s'incarnò nell'orribile realtà della democrazia rivoluzionaria russa.

III.

Lo scontro tra l'educazione ideologica deforme che l'intelligencija russa ricevette durante quasi tutto il sec. XIX e l'azione della grande guerra mondiale sulle masse popolari spiega il fenomeno della rivoluzione russa; la guerra mise il popolo in condizioni che lo resero particolarmente sensibile alla predica demoralizzatrice delle idee dell'intelligencija. A sua volta l'educazione ideologica deforme dell'intelligencija risale all'insistenza miope e gelosa della monarchia e della ristretta cerchia di persone che la circondava nel mantenere indiviso tutto il potere, un fatto che alienò allo Stato un vasto strato di persone istruite, le accecò d'odio verso l'autorità storica e allo stesso tempo rese questa intelligencija insensibile e cieca riguardo alle forze anticivili e belluine che sonnecchiavano nelle masse popolari. Per secoli il vec-

[3] Scrittore che sferzò i costumi della Russia all'epoca della servitù della gleba (1826-1889) (*ndt*).

chio regime dell'autocrazia s'era sostenuto sull'autorità sociale e la docilità politica di quella classe che creò la cultura russa e senza il cui lavoro creativo non esisterebbe nemmeno la nazione – la classe della nobiltà terriera. Col negare sistematicamente a questa classe, e poi all'intelligencija sviluppatasi su quest'albero, una partecipazione autorevole nell'organizzazione e governo dello Stato, l'autocrazia creò nell'anima, nei pensieri e nelle abitudini dei russi istruiti la psicologia e la tradizione dell'apostasia dallo Stato. Proprio questa apostasia è la forza deleteria che, diffusasi in tutto il popolo e in unione alle brame e passioni materiali di questo, distrusse uno Stato grande e pluristratificato.

IV.

A suo tempo io ho fornito in *Vechi* la genesi e la genealogia di questa apostasia nelle sue linee generali. Da questo punto di vista potrà e dovrà un giorno essere scritta una storia conseguente e integra della Russia dei secoli XIX e XX. Qui non m'è possibile fornire neppure gli spunti di un tale lavoro storico generalizzante; tuttavia vorrei illustrare alcuni momenti decisivi di questo processo di alienazione e apostasia dallo Stato da parte delle classi colte russe, il quale portò alla catastrofe rivoluzionaria dell'anno 1917 e seguenti.

Vladimir Il'ič Ul'janov-Lenin poté finire di distruggere la grande potenza russa e sulle sue rovine innalzare la sanguinaria e spettrale Repsovia[4] perché nel 1730 un rampollo della dinastia dei Romanov, la nipote di Pietro il Grande e marchesa di Curlandia Anna Ioannovna, sconfisse il principe Dmitrij Michajlovič Golicyn con i suoi amici aristocratici e la media nobiltà che voleva libertà ma temeva i «personaggi potenti», e con ciò impostò definitivamente una tradizione della monarchia russa basata sulla docilità delle classi istruite di fronte a un potere supremo indipendente dalle medesime. Gli eventi del 1730 per il loro fondamentale contenuto e carattere ebbero una portata predeterminante, fatale per i destini della Russia[5].

[4] Così l'autore chiama sarcasticamente la Repubblica Sovietica (*ndt*).

[5] Per gli avvenimenti dell'anno 1730 cfr. le opere di storia russa in genere, tra cui particolarmente validi sono il vol. XIX della *Istorija Rossii* di Solov'ëv e la monografia di Kostomarov su Anna Ioannovna. Per una vasta scelta e analisi dei materiali sugli avvenimenti suddetti cfr. *Vocarenie imperatricy Anny Ioannovny*, Kazan' 1880, di D.A. Korsakov, l'articolo «Verchovniki i šljachetstvo» di P.N. Miljukov nella raccolta

Il potere monarchico, l'autocrazia, vinse allora le aspirazioni costituzionali dell'aristocrazia bojara («i personaggi potenti») e della media nobiltà. E come fece l'autocrazia a vincere queste forze sociali? Appoggiandosi alla forza fisica militare della guardia nobile, cioè sulla soldatesca direttamente interessata al trionfo del monarca sui personaggi potenti e la media nobiltà[6]. Come è noto, venne sfruttata l'inimicizia tra le due componenti sociali. D'altra parte è molto importante anche come furono attutite e superate le aspirazioni costituzionalistiche della nobiltà: soddisfacendo alcuni dei suoi interessi vitali. Il rivolgimento del 1730 non diede risultati politici, fu un fiasco politico per la media nobiltà ma condizionò indubbiamente la legislazione imperiale dell'epoca successiva che venne largamente incontro agli interessi della nobiltà medesima[7]. Così l'autocrazia negando alla classe istruita una partecipazione autorevole nella direzione dello Stato, legò di nuovo questa classe a sé con le catene degli interessi materiali facendole per ciò stesso dimenticare le aspirazioni e gli strumenti politici e insegnandole a difendere i propri interessi senza impostare e risolvere la *questione politica*.

Gli avvenimenti del 1730 determinarono l'ulteriore corso dell'evoluzione politica in Russia. Durante i secoli XVIII e XIX il potere supremo si convinse definitivamente di essere una forza indipendente dagli elementi «sociali» (che allora erano determinati ceti) e si trasformò in tale forza. Contemporaneamente gli elementi sociali in parte si abituarono a pensare il potere statale esclusivamente nella forma suesposta e adattarono e umiliarono tutta la loro psicologia a questo tipo di statalità, in parte si estraniarono sempre più dallo Stato concreto conducendo contro di esso una lotta rivoluzionaria continua, nascosta, clandestina e talvolta aperta. Questa apostasia dallo Stato acquistò una formulazione ideologica a partire dalla seconda metà del sec. XIX grazie all'accettazione delle idee occidentali del radicalismo e del socialismo da parte dell'intelligencija russa.

Iz istorii russkoj intelligencii, St. Peterburg 1902, l'opuscolo *Konstitucionnoe dviženie 1730 g.*, Moskva 1906, di M.M. Bogoslovskij.

6 «La guardia si schierò decisamente in favore dell'autocrazia: favorita in ogni modo dall'imperatrice, essa poteva sperare in una attenzione ancor maggiore nei propri riguardi dopo aver servito l'imperatrice in circostanze difficili» (Kostomarov). La compagnia di granatieri del reggimento Preobraženskij fece la rivoluzione di palazzo del 25 novembre 1740, elevò al trono Elizaveta Petrovna e ricevette il titolo di «lejb-kampanija».

7 Cfr. Korsakov, p. 297 e Miljukov, pp. 49-51.

V.

Tappe concrete della storia politica della Russia nella direzione suindicata furono la rivolta dei decabristi e la liberazione dei servi della gleba[8].

La rivolta dei decabristi fu in sostanza il tentativo di tradurre nella lingua del pensiero politico europeo progressista del sec. XIX i piani della nobiltà del sec. XVIII, complicando e completando la problematica dei compiti politici con problemi sociali (la liberazione dei contadini).

La liberazione dei contadini era già stata impostata nel sec. XVIII col problema della liberazione personale dei contadini-servi, della creazione della piccola proprietà privata contadina e della riforma agraria quali presupposti per uno sfruttamento razionale della terra[9]. La liberazione personale dei contadini era un problema maturo già nella seconda metà del sec. XVIII quando venne abolito il servizio obbligatorio della nobiltà verso lo Stato; perciò detta liberazione *venne con un secolo di ritardo e questo rimandò e fece trascinare fino ai nostri giorni l'impostazione e la soluzione degli altri due aspetti della questione contadina* – l'istituzione della proprietà agricola e la razionalizzazione dello sfruttamento della terra[10].

8 Rispettivamente negli anni 1825 e 1861 (*ndt*).

9 Ricordiamo che anche per Radiščev (1749-1802) la questione contadina si riduceva in primo luogo a dare la libertà personale e poi a istituire la proprietà contadina sulla terra per la quale i contadini dovevano pagare una tassa personale. Così egli s'immaginava la realizzazione graduale della riforma.

10 La riforma contadina del 1861, ritardata e per così dire ibrida, riproduce in forma indebolita e «statalizzata» il proclama di Pugačev del 1774. Per questa ragione nella riforma del 1861 il posto centrale venne dato all'assegnazione della terra ai contadini. Gli altri due momenti – i diritti personali e l'istituzione della proprietà terriera sulla base di una riforma agraria –, non ebbero il riconoscimento e il rilievo dovuti né da parte del governo né da parte dell'opinione pubblica. Mentre si stava preparando la riforma, questo si manifestò con particolare chiarezza nella formulazione che diede dei suoi compiti Jurij Samarin (1819-1876). Il proclama di Pugačev del 31-VII-1774 che proclamò la liberazione dei contadini impostò in una sola volta i due compiti: l'eliminazione della servitù personale e la riforma agraria (nel senso di assegnare la terra ai contadini), il primo con una coloratura patriarcale «autocratico-statale», il secondo con tinte «socialistico-populiste». Questo proclama suonava: «Col presente ukaz conferiamo per la nostra clemenza regale e paterna a tutti quelli che prima erano contadini e sottomessi ai proprietari terrieri di essere servi fedeli della nostra corona e concediamo ai cosacchi per sempre la croce e la preghiera antiche [*la libertà cioè di essere vecchi-credenti. ndt*], le teste e le barbe, la libertà e i diritti, senza esigere re-

Il ritardo secolare o perlomeno semisecolare della liberazione dei contadini fu semplicemente espressione e conseguenza nel settore sociale della vittoria dell'autocrazia sul costituzionalismo, riportata dalla monarchia russa nel 1730. Col mantenere la servitù della gleba la monarchia russa si esimeva dalla riforma politica. Il ritardo nell'accordare la libertà personale ai contadini rimandò anche il consolidarsi della piccola proprietà agricola e la riforma agraria[11]. Adesso deve essere perfettamente chiaro per noi che la monarchia russa cadde nel 1917 perché troppo a lungo s'era retta sull'assenza di diritti politici della nobiltà e di diritti civili dei contadini. L'assenza di diritti politici nella nobiltà e nelle altre classi istruite generò la defezione dell'intelligencija nei riguardi dello Stato e questa apostasia elaborò a sua volta i veleni spirituali che penetrarono nei contadini, vissuti senza diritti fino al 1861 senza poter sviluppare in se stessi né la coscienza né l'istinto della proprietà, e spinsero la massa contadina in divisa a rovesciare lo Stato e la civilizzazione economica.

Nella società russa fino a poco tempo fa era prevalentemente diffusa la concezione secondo la quale sarebbe una fortuna per la Russia che la liberazione dei contadini non sia stata preceduta da una costituzione nobile o signorile. Questa concezione populista, sia nella variante radicale che in quella conservatrice (monarchica), è assolutamente sbagliata. La disgrazia storica della Russia, cui risale la tragica catastrofe del 1917, dipende invece dal fatto che la riforma politica abbia tanto tardato: nell'interesse di un sano sviluppo nazionale e culturale avrebbe dovuto avvenire non più tardi dell'inizio del sec. XIX. In tal caso sarebbe presto seguita la liberazione personale dei contadi-

clutamenti, tasse animatiche e pecuniarie d'altro genere, conferiamo il possesso delle terre arative, dei boschi, dei prati, delle pescagioni, delle saline senza compera e senza pagar l'affitto e liberiamo da tutte le contribuzioni e balzelli imposti nel passato dai malfattori nobili e dai venali giudici cittadini ai contadini e a tutto il popolo, e vi auguriamo salvezza dell'anima e nel mondo una vita tranquilla per la quale noi abbiamo sperimentato e sofferto da questi e altri malfattori nobili esilio e non piccole calamità». (Cito secondo *Krest'janskij vopros*, vol. I, St. Peterburg 1888 di V.I. Sernevskij. Detto proclama venne stampato per la prima volta nella raccolta di Grot *Materialy dlja istorii pugačëvskogo bunta*, St. Peterburg 1875).

11 È ancora da scrivere la storia critica della questione contadina con i suoi tre problemi fondamentali distinti: la liberazione personale, l'istituzione della proprietà terriera dei contadini, la riforma agraria. Nella riforma contadina russa questi tre problemi fondamentali vennero in parte emarginati in parte assorbiti dal problema della «assegnazione della terra ai contadini». La deformazione di tutta la riforma contadina attraverso l'idea della «assegnazione» portò alla rivoluzione agraria del 1917 e al paese costerà enormi difficoltà e sacrifici superarla.

ni e tutta l'evoluzione dei rapporti sociali e politici si sarebbe svolta normalmente. Invece la concezione populista, inseguendo l'utopia di salvare la Russia dalla «piaga del proletariato», ritenne e ritiene una fortuna per la Russia la forma in cui avvenne da noi la liberazione dei contadini. Oggi, al contrario, è assolutamente evidente quanto segue: la rivoluzione ha distrutto lo Stato e danneggiato gravemente la cultura non perché da noi esisteva un proletariato industriale, e in genere cittadino, troppo numeroso, ma perché il nostro contadino non era diventato proprietario-borghese come lo deve essere ogni agricoltore medio istruito che risiede sulla sua terra e conduce la sua azienda. Per paura di creare un proletariato agricolo, da noi non s'è saputo creare una borghesia agricola. Soltanto in piena decadenza dell'autocrazia il potere statale nella persona di Stolypin imboccò questa strada che è l'unica giusta; ma tenace nella sua diffidenza reazionaria verso le classi istruite e geloso di preservare le sue prerogative, continuò sistematicamente a spingere queste classi all'opposizione. Questa opposizione si andò permeando sempre più dello spirito di apostasia dallo Stato. Così la rivoluzione s'andò preparando e realizzando ad opera dei due estremi – la monarchia storica col suo geloso negare agli elementi istruiti e colti ogni partecipazione autorevole nell'organizzare lo Stato, e la intelligencija del paese con la sua miope lotta contro lo Stato. L'intelligencija, nonostante il terribile preavviso degli anni 1905-1907, in questa lotta si lasciò guidare quasi dal motto: *Flectere si nequeo superos, Acheronta movebo*[12], aizzò la bassa plebe contro lo Stato e la monarchia storica, la quale nonostante tutti i suoi errori, vizi e delitti esprimeva e sosteneva l'unità e la potenza dello Stato.

Solo poche persone che vivamente sentivano la fatale corresponsabilità dei vizi dello statalismo russo e della opinione pubblica russa[13] pugnarono invano sia contro la pazzia dell'intelligencija che contro la cecità del governo.

VI.

Il trionfo del socialismo o comunismo segnò in Russia la distruzione dello Stato e della cultura economica, l'orgia delle passioni distrug-

[12] «Se non posso piegare gli dei, metterò in moto l'inferno» (Virgilio).

[13] «Tra i vizi dell'opinione pubblica russa e i vizi dello statalismo russo esiste un fatale nesso interiore, una specie di responsabilità storica in solido» (Dalla prefazione all'antologia *Patriotica* di P.B. Struve).

gitrici e in ultima analisi pose decine di milioni di persone nel reale pericolo di morir di fame.

In quanto avvenne è caratteristica ed essenziale una singolare simbiosi: da una parte l'orgoglio razionalistico smisurato dell'insignificante manipolo dei capi, dall'altra gli istinti, le brame scatenate d'una moltitudine senza numero, delle masse.

Questa è l'incarnazione reale nella vita della predica del socialismo rivoluzionario che si appoggia sull'idea della lotta di classe. I capi si prefigurano un'organizzazione della società conforme agli ideali del comunismo come fine, la recisione dei nessi spirituali esistenti e la distruzione dei rapporti e istituti sociali ereditati come mezzo. Invece le masse non percepiscono, non capiscono e non possono capire il fine costruttivo del socialismo, ma in compenso accolgono avidamente e applicano con trasporto il mezzo distruttore.

Per questa ragione l'idea del socialismo come organizzazione della vita economica (prescindendo dal fatto se l'idea sia giusta o sbagliata) non viene affatto avvertita dalle masse: esse pensano il socialismo (o il comunismo) unicamente o come spartizione della proprietà personale, o come diritto a ricevere una razione sufficiente ed egualitaria con la minima spesa di lavoro e il minimo di obblighi. La spartizione della proprietà personale, egualitaria o no, che riconosce o meno il diritto alla proprietà privata, non ha assolutamente niente a che fare con il socialismo come idea di organizzazione della vita economica, non è costruttivo-socialista ma una manipolazione negativo-individualista, una semplice ridistribuzione o dislocazione dei beni o della proprietà dalle mani degli uni in quelle degli altri.

«L'equa distribuzione» nel senso che ogni cittadino riceva una razione sufficiente ed egualitaria con il minimo sacrificio, è nel miglior dei casi il risultato finale consumistico del socialismo; senza l'organizzazione socialista dell'economia questo risultato è senza vita ed è campato in aria, è un puro «consumo» senza produzione.

In tal maniera il socialismo, come idea di organizzazione pianificata dell'economia, nella vita russa s'è rivelato costruzione razionalistica di un insignificante manipolo di dottrinari portati sugli scudi dall'onda delle passioni e brame popolari ma incapaci di guidare l'onda medesima. Invece il socialismo come idea di spartizione o trasformazione delle proprietà significa in concreto la distruzione di una moltitudine di valori capitali, si basa sul consumo passivo o dilapidazione e «consumazione» dei beni; al di là non si scorge che la fame e la lotta degli affamati per una magra e sempre più magra provvista di beni.

VII.

Il principio sociologico astratto della lotta di classe venne lanciato nelle masse russe e da esse accolto in duplice maniera: in maniera puramente psicologica come avversione ai «borghesi», ai «signori», alla «intelligencija», ai «costituzional-democratici», agli «junker», alle signore «col cappello» e simili categorie che non possiedono nessun significato produttivo o economico; in maniera meccanico-distruttiva nella sua natura di direttiva dell'azione politico-sociale come slogan di sterminio, di offesa e spoliazione dei «borghesi». Per questo nella rivoluzione russa la portata organizzativa dell'idea della lotta di classe fu e continua ad essere nulla, la sua portata distruttiva fu e continua ad essere immensa. Così le due idee fondamentali del moto sociale più recente (le idee del socialismo e della lotta di classe) sono penetrate nell'evoluzione russa non come forze organizzatrici dell'edificazione ma unicamente come forze dissolvitrici e distruttrici della negazione.

La «classe» viene da un lato pensata come una categoria per distinguere la quale si evidenzia una certa caratteristica oggettiva economico-sociale come l'occupazione (una professione, ad esempio l'agricoltura), la posizione nella professione (padrone, impiegato, operaio), il tipo e la misura del reddito (paga, salario, percentuale sul capitale, ecc., reddito fino a 1000 rubli, da 1000 a 2000, ecc.) e simili; d'altro lato viene pensata come una categoria di persone la cui caratteristica oggettiva combacia necessariamente con una determinata coscienza o prassi costante di tutti gli individui appartenenti a questa classe. La dottrina della lotta di classe parte appunto dall'idea che un raggruppamento oggettivo, una classe nel significato oggettivo, combaci necessariamente con un'unità psicologica, con la classe in senso spirituale-sociale. Invece sia per lo studioso della realtà che per il politico è egualmente importante ricordare che proprio il nesso tra il momento oggettivo e quello psicologico (la presenza di questo nesso, il suo grado, il suo carattere e le sue espressioni reali) costituisce il contenuto del problema reale della divisione in classi e della lotta di classe nella storia e nella politica. La dottrina corrente (marxista) della lotta di classe e la fraseologia che da essa s'è sviluppata operano con un concetto di classe non distinto nei momenti oggettivo e soggettivo e confuso, e perciò non rilevano il vero problema. Siccome considera fenomeno primario il fatto della lotta tra le classi, questa dottrina presuppone inconsciamente che a ciascuna classe (la quale è un raggruppamento in seguito a una certa caratteristica oggettiva) corrisponda necessariamente un'unità o per lo meno un determinato atteggiamento unificante di questo raggruppamento, i quali contrappongono il medesimo agli altri raggruppamenti.

Ma la consapevolezza di tale unità come fatto (fattore) psicologico è un momento soggettivo che nella coscienza sociale può esistere indipendentemente dalla presenza e dal grado del nesso tra lo stesso e il momento oggettivo. Perciò il fatto psicologico della coscienza sociale può in qualche individuo anticipare il combaciare di questa coscienza con l'atteggiamento sociale di un intero gruppo. E avviene così nella maggior parte dei casi quando la coscienza sociale e la lotta di classe, che su di essa si basa, assumono forme decise e recise. Ciò significa che il costituirsi di una classe come grandezza sociologica avviene attraverso il processo di instillazione di una determinata coscienza classista in un determinato raggruppamento oggettivo di persone, a una classe come strato. Perciò si può affermare a pieno diritto che non è la classe come strato oggettivo a far nascere la coscienza classista ma invece la coscienza classista previa costituisce oggettivamente una classe come fenomeno psichico-sociale, come grandezza sociologica. Questa affermazione, che io vado continuamente sviluppando e illustrando nelle mie lezioni sulla storia del costume economico, è semplicemente un'altra espressione della tesi che appunto il nesso (presenza, grado e carattere del nesso) tra la classe come strato oggettivo e la classe come unità psichico-sociale è il problema dell'analisi scientifica[14]. Senza questa distinzione nel concetto di classe la dottrina della lotta di clas-

14 Come esempio di «formazione classista» avvenuta sotto i nostri occhi e illustrante la mia idea fondamentale, si può citare la classe dei cosiddetti «giovani insegnanti» (accademici), per utilizzare un'informazione fornitami da D.M. Petruševskij. I liberi docenti, gli assistenti, il personale dei laboratori esistevano da molti decenni ma soltanto dopo la rivoluzione del 1905-1906 presero coscienza di essere una speciale unità psichico-sociale (o meglio lo fecero per loro i loro capi), contrapposta ai cosiddetti insegnanti anziani. Abbiamo qui un caso chiaro di imitazione sociale e del suo ruolo nel processo del frazionamento in classi. Infatti non ci può esser dubbio che la classe o gruppo dei giovani insegnanti s'è specificata secondo il modello di altri raggruppamenti professionali-classisti e coll'ausilio di metodi puramente russi di pensare (l'Occidente non possiede simili raggruppamenti). Nei secoli di mezzo il processo di frazionamento dell'artigianato e le controversie artigianali che ne risultarono sono «formalmente» casi di lotta di gruppo entro raggruppamenti più ampi e illustrano questo medesimo pensiero. La differenziazione dei gruppi artigianali era ben lungi dal corrispondere dappertutto alla differenziazione dell'industria stessa: nella prima c'era un elemento puramente psicologico che in un certo senso può essere definito «artificiale», tanto più che il frazionamento dei gruppi artigianali risaliva geneticamente alle concezioni fiscali dell'autorità che presiedeva all'artigianato.

se è un cattivo cliché propagandistico, buono soltanto per l'uso demagogico.

VIII.

In generale non esistono e non si scorgono potenzialità costruttive nella rivoluzione russa. Ciò fu inevitabile perché nella nostra rivoluzione del 1917 le idee svolsero il ruolo di decorazioni casuali, di sovrastrutture ornamentali rispetto agli istinti e le passioni della distruzione. I socialisti (comunisti) volevano servirsi di questi istinti e passioni come leva per realizzare il proprio ideale, e le masse accolsero l'idea del socialismo come sanzione delle proprie aspirazioni, per nulla disposte a limitare queste ultime in nome dell'ideale.

Qui si manifestò la profondissima contraddizione interna insita nelle due idee del socialismo e della lotta di classe quali forze psichico-sociali reali.

L'idea del socialismo è da una parte l'idea di una organizzazione transindividuale della vita economica che dall'individuo esige la subordinazione dei fini, interessi ed atti personali agli interessi, compiti e funzioni vitali del tutto sociale; il socialismo, come idea o principio di un determinato ordine, detta all'individuo l'autolimitazione. D'altra parte il presupposto psicologico conscio od inconscio del socialismo come fede delle masse è la realizzazione degli interessi e fini dell'individuo. Il pathos del socialismo, in particolare del socialismo rivoluzionario, sta *per le masse* nella realizzazione del benessere, anzitutto materiale, degli individui, è un pathos puramente materialista e allo stesso tempo individualistico o atomistico. Così i motivi psicologici reali delle masse «socialiste» sono in profondissima contraddizione con il significato ideale astratto del socialismo come idea di organizzazione della società e di subordinazione dell'individuo agli interessi del tutto sociale.

La stessa cosa si deve dire del principio della lotta di classe. La classe è una categoria astratta nella quale viene espresso un reale contenuto psicologico di conio per niente collettivo ma puramente individuale. Dicono «lotta di classe» e sentono come movente reale e compito vitale l'affermazione degli interessi individuali. Allo stesso modo, una folla che inscena un *pogrom*, pur essendo un collettivo, forse addirittura organizzato, è mossa in questa sua azione dai motivi individuali di arraffare e arricchire. In questo sta la differenza più profonda tra una folla, anche evidentemente organizzata, che inscena un *po-*

grom e un reparto militare tenuto insieme non da motivi individuali comuni ma dall'unità di una volontà collettiva indipendente dalle persone che si esprime nella disciplina. Ecco perché l'idea della lotta di classe poté spingere a distruggere l'esercito e la sua disciplina, a distruggere la civilizzazione economica in un turbine da *pogrom*, ed è tanto miseramente incapace ed impotente perfino nel creare un'armata rossa e nel porre le fondamenta dell'organizzazione economica della società sul principio del socialismo. Ciò significa appunto che le idee del socialismo e della lotta di classe come idee rivoluzionarie hanno sulle masse russe forza ed autorità soltanto in quanto individualistiche e distruttrici e non in quanto collettivistiche e costruttive.

Questa contraddizione interiore, questa maledizione, incombono su di esse in quanto idee rivoluzionarie, perché in generale il concetto stesso di rivoluzione è un concetto distruttore-negativo e non può associarsi saldamente alle potenze costruttive, cioè all'edificazione. L'edificazione della vita può avere soltanto natura evoluzionistica e in quanto azione collettiva può e deve basarsi sull'appello a moventi non individualistici ma collettivi. Per quanto possa sembrare paradossale in un primo momento, la società «borghese» e le forme sociali «borghesi» (lo Stato, l'esercito, la chiesa, ecc.) sono permeati di spirito collettivo (se volete, di socialismo), esprimono il principio della socializzazione e dell'azione sociale molto più del socialismo rivoluzionario militante, profondamente permeato di materialismo e individualismo (atomismo). È la stessa frontiera che sussiste tra la guerra esterna e la guerra civile: la prima riunisce le classi e gli individui in un'azione comune, li riunisce richiamandoli ai motivi morali, all'autolimitazione e al sacrificio di sé in favore dell'intero; la seconda divide le classi negando l'intero e la solidarietà delle sue parti. Ma siccome la classe è praticamente un concetto puramente psicologico e soggettivo (Lenin e Rakovskij[15] appartengono alla classe del proletariato soltanto perché se lo sono psicologicamente imposto), la linea divisoria tra le persone di classi diverse viene tracciata dai loro sentimenti: gli uomini si sentono appartenere a classi differenti in misura della loro avversione vicendevole. Le classi vengono create dai sentimenti avversi delle persone e perciò la guerra civile divide la società rendendone tra loro nemici i membri.

[15] Un rivoluzionario collaboratore di Lenin (*ndt*).

IX.

In linea di principio il concetto di nazione è essenzialmente una categoria simile al concetto di classe. L'appartenenza a una nazione viene determinata anzitutto da una qualche caratteristica oggettiva, di solito dalla lingua. Ma per la formazione e l'esistenza della nazione ha una portata decisiva quell'atteggiamento unificante, che si esprime nella coscienza sociale, il quale dei gruppi di persone di un'unica origine, di un'unica fede, di un'unica lingua, ecc., fa una certa unità spirituale. La nazione viene costituita e creata dalla coscienza nazionale.

Non c'è alcun dubbio che la rivoluzione russa rappresenti nella storia mondiale il primo caso di trionfo dell'internazionalismo e dell'idea classista sul nazionalismo e l'idea nazionale. Parlo di «internazionalismo» e di «idea classista» e con piena coscienza metto questi due concetti su un unico piano. L'internazionalismo può essere di due tipi: pacifico ossia pacifista, che invita le nazioni all'accordo e all'unione in nome di una qualche unità superiore, e militante o classista che invita a dividere il mondo non in nazioni ma in classi avverse. Si può valutare in modo diverso il primo internazionalismo nelle sue manifestazioni e aspirazioni concrete; in linea di principio esso si pone un grande compito morale e il modello supremo, per contenuto spirituale, di questo internazionalismo è stato il cristianesimo con il suo ideale di riunione ecclesiale universale attraverso la predicazione dello spirito dell'amore e della fratellanza degli uomini in Cristo.

Un significato diverso ha l'internazionalismo militante classista. Esso è intimamente legato all'idea della lotta di classe e alla mentalità della guerra civile. Come ho già detto, la guerra esterna si distingue da quella civile nella cosa più essenziale: questi due tipi di guerra sono direttamente opposti per il loro significato morale. La guerra esterna riunisce le persone che appartengono al medesimo popolo, la guerra civile, che è soltanto un'espressione acuita della lotta di classe, li divide. La guerra esterna è limitata nel tempo; deve in un modo o nell'altro finire; la guerra civile è pensata nelle varie forme come qualcosa di costante o almeno prolungato. Perché l'idea della lotta di classe s'è impadronita tanto facilmente dell'anima del popolo russo e ha devastato la vita russa? Lo spiegano alcuni vizi morali di vecchia data annidatisi nel nostro popolo, la diffidenza e l'avversione interclassiste e interpersonali spesso surriscaldate fino all'odio. La rivoluzione troncò nel popolo russo i vecchi legami che riunivano gli uomini, i legami nazionali, statali e religiosi, e al loro posto non ne creò di nuovi. L'idea della lotta di classe nel costume russo risultò una forza esclusivamente disgregante e distruggitrice, niente affatto riunificante e costruttiva.

La Russia e il popolo russo conoscono il socialismo internazionalista che si basa sull'idea della lotta di classe, l'hanno adesso sperimentato nella pratica. Esso portò alla distruzione dello Stato, all'odio più intenso tra gli uomini, ad abdicare a tutto ciò che eleva l'uomo singolo sulla bestia. Questa scuola negativa vissuta dal popolo russo nell'epoca rivoluzionaria ci offre allo stesso tempo lezioni positive e presenta allo spirito popolare compiti creativi; bisogna trasformare queste lezioni positive e questi compiti creativi in un'azione vitale.

X.

L'azione vitale del nostro tempo e delle generazioni venture deve essere compiuta all'insegna e in nome della *nazione*. Come ho già detto, la nazione è un concetto formale come quello di classe. La coscienza nazionale forma una nazione così come la coscienza classista la classe. La nazione è un'unità spirituale creata e sorretta da una comunanza di cultura e di contenuto spirituale ereditato dal passato, vivente nel presente e in questo operante per il futuro. Se la caratteristica classista viene attribuita a un misero contenuto economico-sociale privo di un qualsiasi valore morale o spirituale, la caratteristica nazionale richiama per contro tutta l'enorme e immarcescibile ricchezza che possiede ciascun membro e partecipe della nazione e che in sostanza forma il concetto stesso di nazione. «Alla base della nazione sta sempre una comunanza culturale nel passato, presente e futuro, una comune eredità culturale, un lavoro culturale comune, aspirazioni culturali comuni»[16].

Così tutti i compiti del nostro futuro si riducono e riuniscono in uno solo: educare gli individui e le masse nello spirito nazionale. Si tratta di un compito educativo, ma ogni vera educazione (e autoeducazione) non è soltanto una preparazione alla vita ma vita e attività vitale essa stessa. Perciò il compito di cui parlo non è un semplice lavo-

16 Cfr. *Patriotica*, p. 103, dove per spiegare questo pensiero io scrivo: «È una cosa già chiara nell'antichità classica, dove l'ellenismo fu una vasta idea nazionale che non si lasciava imbrigliare nelle cornici statali. Isocrate collegava l'idea stessa della cultura greca (παίδευσις) ai successi "nel pensiero e nell'eloquenza": "Si chiamano elleni coloro che partecipano alla nostra cultura, piuttosto che quelli che hanno in comune con noi l'origine"».

ro preparatorio, ha una portata vitale e definitiva in questa sua proprietà. La nazione russa e la sua cultura sono il prodotto spontaneo di tutta la nostra storia dura e crudele.

Essa deve ora diventare oggetto di cure amorose e consapevoli, il valore supremo dal quale come unità di misura devono partire e al quale devono pervenire le generazioni innumerevoli degli uomini russi. Per preparare il posto a questa creazione amorosamente consapevole di una cultura nazionale i russi istruiti devono anzitutto liberarsi nel loro spirito dal falso ideale di cui ora si conosce definitivamente l'azione deleteria sullo spirito e la vita del popolo: il socialismo internazionalistico classista. Poi devono sbarazzarsi dall'adorazione di qualsiasi forma politica e sociale: né gli interessi classisti del proletariato internazionale, né queste o quelle forme politiche e sociali (per esempio la repubblica, la *obščina*, il socialismo) possono pretendere la qualifica di ideali o valori supremi. La cultura nazionale non è subordinata a interessi classisti e non può essere imprigionata in nessuna forma politica o sociale determinata. Nella vita del popolo il posto di ciascuna classe è definito dalla sua partecipazione alla cultura nazionale e ogni forma sociale e politica, per potersi giustificare nella storia, deve rivelarsi come il contenitore più adatto per la cultura nazionale nelle circostanze storiche date, per il contenuto spirituale cioè, il cui valore e significato trascendono ogni cornice classista e ogni forma politica e sociale.

La rivoluzione russa è andata fino in fondo nella sua azione distruggitrice e in questo c'è un lato buono. Essa ha posto fine all'ascendente del socialismo e della politica sulle intelligenze dei russi istruiti. Sulle rovine della Russia, di fronte al Cremlino profanato e alle chiese di Jaroslav distrutte, noi diremo a ogni giovane russo: «Non ha importanza per la Russia che tu creda nel socialismo, nella repubblica o nella *obscina*, ma importa che tu veneri la grandezza del suo passato e brami ed esiga la grandezza del suo futuro, che la pietà di Sergio di Radonež, il coraggio del metropolita Filippo, il patriottismo di Pietro il Grande, l'eroismo di Suvorov, la poesia di Puškin, Gogol', Tolstoj, il sacrificio di Nachimov, Kornilov[17] e di tutti i milioni di proprietari terrieri e contadini, di ricchi e poveri, morti per la Russia senza recriminazioni e senza interesse, siano per te sacri. Perché sono queste cose sacre che hanno creato e sorretto la Russia come personalità *soborna-*

[17] Il primo era un ammiraglio che si trasformò in artigliere e morì difendendo Sebastopoli assediata durante la guerra di Crimea (1855), il secondo morì sul campo combattendo contro i bolscevichi (1918) (*ndt*).

ja vivente e come forza spirituale, solo con queste, con il loro spirito e la loro possanza, noi potremo far rinascere la Russia. In questo senso il passato della Russia, e solo esso, è il pegno del suo futuro. Sulle rovine fumanti in cui hanno trasformato un grande paese il fanatismo feroce dei capi socialisti e la furia delle masse da loro sedotte, soltanto l'idea nazionale unita alla passione nazionale opereranno un rinnovamento delle forze creatrici. È questa l'idea-passione che deve diventare il voto di ogni russo, tutta la vita russa deve d'ora in poi esserne ripiena e professarla. Questa idea-passione deve conquistare i sentimenti e le volontà dei russi istruiti e, fondendosi saldamente a tutto il contenuto spirituale del loro essere, deve incarnarsi nella vita in un tenace lavoro quotidiano. Se esiste una «intelligencija» russa come il complesso delle persone istruite capaci di crearsi degli ideali e di agire in loro nome, se questa «intelligencija» ha un «debito verso il popolo», il suo debito è immettere con passione e tenacia nelle vaste masse popolari l'idea nazionale come forza risanante e organizzante senza la quale non sono possibili né la rinascita del popolo né il ripristino dello Stato. Questo è tutto un programma di rinascita spirituale, culturale e politica della Russia, programma che si basa sull'educazione e la rieducazione ideale delle persone istruite e delle masse popolari. Noi invitiamo a meditare e a mettere in pratica questo programma tutti coloro la cui anima è sconvolta dalla nostra bancarotta nazionale e dalla nostra vergogna di proporzioni mondiali.

«*Tutti noi cristiani ortodossi, restiamo nell'amore e nell'unione. E voi ricordate la causa comune... Per la nostra trascuratezza si compirà la distruzione definitiva dello Stato Moscovita... del che dovremo rispondere nel Giorno Terribile del Cristo*»: in queste parole della ingenua missiva del 1612 degli abitanti di Nižnij-Novgorod a quelli di Vologdá e in altri documenti analoghi del Periodo dei Torbidi è stata proclamata di fronte al paese e al popolo, in condizioni storiche completamente diverse, forse meno complesse ma non meno minacciose, la forza salvifica dell'idea nazionale e dell'unione politico-spirituale nel suo nome. *In hoc vinces!*

Agosto 1918

X
LA NOSTRA LINGUA RUSSA
Vjačeslav Ivanovič Ivanov

«La Russia esiste nello Spirito... Essa fu pensata nella mente di Dio e l'arbitrio malvagio dell'uomo non è in grado di distruggere il piano di Dio»[1]. Così scrisse poco tempo fa uno di quei patrioti. Solo la fede nella tunica intera ed inconsutile che si può giocare ai dadi ma non dividere[2]... La nostra lingua russa testifica esattamente la verità di quelle parole.

I.

Secondo l'intuizione profondamente significativa di Wilhelm Humboldt, la lingua è allo stesso tempo un'opera e una forza operante (ἔργου e ἐυέργεια), l'ambiente *sobornyj* che tutti incessantemente creano e che insieme predispone e condiziona ogni azione creativa già nel suo germe, la simbiosi antinomica di necessità e libertà, del divino e dell'umano, una creazione dello spirito del popolo e un dono di Dio al popolo stesso. La lingua, secondo Humboldt, è un dono dato al popolo in sorte, una certa predestinazione del suo essere spirituale venturo.

Grande e magnifico è il dono dato dalla Provvidenza al nostro popolo nella sua lingua. Degne di ammirazione sono la ricchezza di questa lingua, la sua duttilità, magnificenza e armoniosità, la sua plasticità sonora e ritmica, la sua concisione diretta, multicomprensiva, precisa e possente, la sua espressività artistica, la sua libertà nel comporre e disporre le parole, la sua vasta gamma nella tonalità e nel ritmo del discorso che rispecchia le sfumature inafferrabili del sentimento. Come le forme dell'organismo totale, sono degni di ammirazione anche i tessuti che lo costituiscono, le proprietà e particolarità connaturali al suo stesso effettivo verbale: la compattezza e il rilievo della sua

[1] Parole di N.A. Berdjaev.
[2] Dal Vangelo di Giovanni, XIX, 23-24.

composizione morfologica, la trasparenza delle radici originarie, la ricchezza e delicatezza dei suffissi e prefissi, l'eleganza antica delle declinazioni, la varietà degli aspetti del verbo, la forza dell'aoristo verbale ignota alle altre lingue vive.

Ma tutto questo è ancora poco! Una lingua che ebbe un destino tanto ricco di grazia alla sua nascita, fu una seconda volta graziata nella sua fanciullezza dal battesimo misterioso nelle acque della lingua slavo-ecclesiastica. Esse trasformarono in parte la sua carne e trasfigurarono spiritualmente la sua anima, la sua «forma interiore». Ed ecco davanti a noi non più un semplice dono di Dio ma quasi un dono ripetuto e raddoppiato, una misura piena e traboccante. La parlata slavo-ecclesiastica, sotto le dita dei santi Cirillo e Metodio plasmatori ispirati dell'anima slava, diventò un calco vivo «della divina lingua ellenica», la cui immagine e somiglianza i santi Protoilluminatori riprodussero nella loro opera.

La loro impresa inattingibile ci appare invero teurgica, perché vediamo come il fondo elementare stesso della parola slava si apra spontaneamente e amorevolmente a incontrare la spirazione che lo feconda, liberamente si pieghi alle forme superiori e spirituali che gli venivano imposte, respingendone alcune perché estranee e in compenso generando da se stesso le forme corrispondenti richieste, senza perdere né la sua purezza lessicale né le particolarità ingenite della sua costituzione originaria ma anzi acquistando, in felice e benedetto connubio con la parola ellenica, la sua finitura interiore e la pienezza delle forze vitali insieme con il dono della fecondità storica spirituale.

II.

La nostra lingua russa, per aver ben presto assimilato numerosi influssi e sedimenti della parlata slavo-ecclesiastica, oggi fra le lingue moderne è unica per la profondità degli elementi autonomi schietti e infuocati che porta impressi, per lo spirito, l'immagine, l'ordine e la «cultura» veramente greci. Per essa noi partecipiamo invisibilmente all'antichità stessa, il pensiero e la bellezza greci non sono distanti ed estrapolati per il nostro popolo ma intimamente connaturali, noi non siamo più barbari perché possediamo una lingua nostra e in essa l'eredità della tradizione ortodossa, che per noi è la tradizione dell'ellenismo.

E come traboccante e poliedrica è la lingua onnicomprensiva, «ecumenica», «cattolica», dell'ellenismo, nella stessa misura diventa universale e panumana nello spirito la nostra lingua e acquista la possibilità di unire alla chiarezza la profondità, alla corporeità tangibile la spiritualità più sottile e magniloquente...

«E bagnandosi nella mistica nebbia
pensare con buon senso alla terra».

Sarebbe naturale per una lingua simile quasi debordare dalle proprie rive, larghe sì ma tuttavia storicamente definite, in un'indefinita ricerca di spazio universale. Essa avrebbe in germe la volontà di espansione e di raccolta, porterebbe impresso il segno di una destinazione transnazionale, sintetica, purificante. Nulla di ciò che è slavo le è estraneo; essa è stata posta tra le lingue slave come un comprensorio centrale, aperto a tutto ciò che costituisce l'eredità generica di una grande stirpe.

Con questa lingua crebbe facile e spontanea la potenza russa, segnando la misura della sua graduale crescita organica con l'accendere alla periferia dell'impero le simboliche costellazioni dei templi. Con questa lingua il nostro popolo non poteva non accendersi di fede in una grande impresa religiosa universale che doveva attenderlo.

A Schopenhauer è sembrato che un vero verso sia *ab aeterno* predeterminato e concepito negli elementi della lingua; così a noi pare che nel fondo primordiale della lingua siano posti *ab aeterno* i semi di ogni concezione geniale, caratteristica e distintiva per la nazione, e ogni santità che in essa dovrà fiorire. E Puškin e san Sergio di Radonež trovano non solo le strutture della loro esperienza spirituale, ma anche ricevono la prima misteriosa chiamata all'eroica impresa che li attende, sotto lo stormire vivo del patrio «albero della parola-logos», il quale affonda le sue radici nella Madre-Terra e svetta nell'etere sottile dell'azzurro sofianico[3].

III.

Ma in questi giorni di scatenata cecità, di ossessione e di delirio, che cosa vediamo?

La nostra lingua è santa: la profanano sacrilegamente con un demonismo blasfemo, con la creazione di parole incredibili, insensate,

3 L'azzurro è il colore distintivo e il simbolo della Sofia-Sapienza di Dio (*ndt*).

anodine che sono quasi unicamente suoni appena alle soglie della parlata distinta, e comprensibili soltanto come urli d'intesa tra complici, come il «saryn' na kičku»[4] di Razin. La nostra lingua è ricca: da tempo la vogliono immiserire, ridurre all'indispensabile, all'utile, all'utilitario-meccanico; da tempo la vanno dimenticando e perdendo e per una buona metà l'hanno già dimenticata e persa. La nostra lingua è libera: la castrano e asserviscono; con una disciplina estranea imposta spezzano la sua linea naturale e ne deformano l'andatura. La nostra lingua è maestosa e alata: con quanta cura le tarpano le ali, come si gettano spaventati da parte ad ogni battito libero delle sue ali memori!

Nella parlata corrente degli strati istruiti della società la nostra lingua ha perso da tempo quella dignità originaria che Potebnja[5] chiamava «la forma interiore della parola». Questa forma s'è disseccata nella parola, svuotata nel suo nucleo come una noce infracidita, trasformata in una moneta convenzionale di scambio coperta da un deposito di concetti correnti. Strumento dei bisogni dello scambio quotidiano di concetti e di frasi fatte la lingua dei nostri semiletterati ormai non è più il vivo querceto della parlata popolare ma il piombo del tipografo.

Il sentire la lingua nella categoria della strumentalità costituisce il fondo psicologico anche della decantata riforma ortografica.

IV.

La nostra lingua è fissata in un magnifico alfabeto: adesso vanno inventando un'ortografia semplificata, che in realtà è più difficoltosa perché meno distinguibile, come una moneta sdruscita, un'ortografia che delle sue forme grafiche andate formandosi nella tradizione e rispecchianti fedelmente la sua struttura morfologica distrugge la commisura e la compiutezza. Ma il senso della forma ci disturba: la varietà delle forme è contraria al principio dell'eguaglianza che tutto livella. E un'attitudine mentale che vede nell'odio l'unico metro dell'azione efficace e nello stacco la prima condizione della creatività può forse apprezzare la tradizione?

Le divine parole «il Sabato è per l'Uomo e non l'Uomo per il Sabato» noi le interpretiamo in maniera servile, non in armonia con Dio e

[4] L'espressione ha oggi per i russi un significato incerto; dovrebbe voler dire all'incirca: «canaglia, a prora!». Erano le parole con cui i predoni di Sten'ka Razin ordinavano all'equipaggio di far largo per poter depredare l'imbarcazione catturata (*ndt*).

[5] Noto linguista russo (*ndt*).

con l'uomo. Se queste parole togliessero all'Uomo il Sabato, sarebbe sminuita la personalità dell'Uomo; esse invece per la prima volta donano all'Uomo il Sabato del Signore e soltanto nella sua personalità divina l'Uomo si eleva anche sul Sabato. Così ogni obbedienza spirituale si trasfigura in autorità spirituale. La legge dei giusti rapporti nel grande resta fedele a se stessa anche nel piccolo: quanto più numerose sono le regole tanto minori sono l'arbitrio distruttore e la violenza costringente.

È insensato partire dal presupposto che un dato determinato, che la scuola deve apprendere, possa essere cambiato in dipendenza dalle condizioni di questo apprendimento o che debba adattarsi al medesimo: il dato è eteronomo alla scuola e quest'ultima è libera nel determinare il proprio rapporto al dato e di trovare le misure atte ad apprenderlo. Parlando figuratamente, solo ai correttori di bozze è richiesta una conoscenza pratica completa dell'ortografia della lingua, come l'arte della calligrafia è cosa dei calligrafi; ma ambedue le arti sono valori a sé stanti. Insensata è anche l'idea che la miglior scuola per giudicare della grammatica sia una scuola assolutamente scevra da ogni preoccupazione ortografica. Perché l'ortografia (rettamente insegnata, s'intende) è un mezzo per una conoscenza più profonda della lingua, è il principio per diventarne coscienti attraverso la riflessione, è lo stimolo a un apprezzamento estetico della bellezza. Lo studio delle regole dell'ortografia può essere paragonato in un certo senso alle esercitazioni anatomiche negli studi di scultura o di pittura. Quindi è anche educativo, se uno dei compiti dell'educazione deve essere quello di sviluppare il patriottismo.

Per quanto riguarda l'estetica, un elementare senso musicale prescrive, ad esempio, che si mantenga il segno duro (*tverdyj znak*) per indicare la semivocale inconscia, simile all'ultrasuono o alla pausa brevissima, nelle parole della nostra lingua, le quali aspirano a una completezza lapidaria, sono oberate di suoni consonantici che spesso terminano con tutto un nido di consonanti e perciò hanno bisogno del sostegno di una lettera muta semivocale cui senza dubbio spetta anche un certo valore fonetico. In genere le condanne pronunciate sulla composizione fonetica di una parlata popolare viva (per esempio negare la differenza fonica tra je e jat') sarebbero legittime solo se basate su ricerche severissime ed estese assolutamente a tutte le regioni, coll'impiego di registratori che automaticamente riproducano le specificità e differenze più sottili.

Per quanto riguarda gli interessi della cultura, la quale per la sua caratteristica essenziale deve essere intesa anzitutto come trasmissione ed ereditarietà, se è auspicabile il perfezionamento dell'ortografia (per esempio la fissazione della grafia di «vremja» = tempo) sono altrettanto pericolose le pretese di fissare in anticipo il corso delle trasformazioni sottoponendole a una determinata tendenza (utilitaria o d'altro genere). Proviamo soltanto ad immaginare quali conseguenze per la vita spirituale di tutta l'umanità avrebbe comportato il cambiamento dell'ortografia ellenica nel periodo bizantino, un'eventuale fissazione ortografica della fonetica allora dominante (cioè lo jotacismo): la chiave che ci apre l'accesso ai tesori dell'umanità sarebbe andata persa per lungo tempo se non per sempre, e forse soltanto le conquiste più recenti dell'epigrafia ci avrebbero permesso di scoprire in qualche modo a tastoni i cunicoli segreti nella zona fatata delle sacre rovine. E la trascrizione fonetica della parlata inglese attuale farebbe dei negri anglofoni gli eredi a pieno diritto e i portatori del nome britannico, per lo meno in linea di principio.

V.

La nostra lingua è cresciuta in simbiosi indivisibile con il verbo della Chiesa: noi vorremmo secolarizzarla[6]. Alla stessa maniera gli artigiani dilettanti della più recente linguistica ucraina prendono parole polacche a manate pur di emarginare e sradicare le espressioni slavo-ecclesiastiche dal dialetto che essi vogliono trasformare in parlata autosufficiente. I nostri linguisti naturalmente hanno motivo di gloriarsi per aver risolto con successo il compito puramente scientifico di isolare le parti costruttive russe originarie della nostra lingua biipostatica. Ma la divisione teorica degli elementi russi da quelli slavo-ecclesiastici non giustifica affatto le innovazioni arbitrarie all'insegna di una pretesa «ispirazione russa»[7] e l'infatuazione generale per quello che è in pratica un provincialismo, come lo dimostra il desiderio di restringere il grande comprensorio della nostra gloria ecumenica e «russificare» (ridicolo a dirsi!) la parlata russa viva. Loro stessi sanno troppo bene che finché risuonerà la parlata russa viva in essa conserveranno un suono caramente familiare e insopprimibile anche parole lontane

6 Il prof. P.N. Sakulin, nel libro scritto in difesa della nuova ortografia semplificata, giustifica la riforma appunto come una secolarizzazione dell'ortografia.

7 Nel libro del prof. Sakulin si possono leggere esempi ammirevoli per volo «creativo» di tali innovazioni; cfr. anche solo la soluzione del problema dell'ortografia degli aggettivi nei casi nominativo e accusativo del plurale dei tre generi.

come «roždenie» e «voskresenie», «vlast'» e «slava», «blaženstvo» e «sladost'», «blagodarnost'» e «nadežda»[8] che un tempo furono cantate alla sua culla.

No, la lingua russa non può venire secolarizzata nelle sue profondità! Il popolo russo tace del suo e chiacchiera soltanto dell'estraneo che ha appena imparato a sillabare; ma basta che incominci a parlare del suo, a parlare russo, perché ricordi e la Madre-umida-Terra con la sua profonda verità e Dio negli eccelsi con la Sua legge.

8 Parole di radice e grafia slavo-ecclesiastica che significano nell'ordine: «nascita, resurrezione, autorità, gloria, beatitudine, dolcezza, riconoscenza, speranza». Abolite al tempo in cui scriveva Vjač. Ivanov, oggi hanno riguadagnato in gran parte nell'URSS il diritto di cittadinanza attraverso l'uso ininterrotto che ne ha fatto e fa il popolo (*ndt*).

XI

DE PROFUNDIS

Semën Ljudvigovič Frank

«The air is cut away before
And closed from behind.
Fly, brother, fly! more high, more high!
Or we shall be belated».

Coleridge

I.

Se solo qualche anno fa qualcuno avesse predetto l'abisso in cui oggi siamo precipitati e in cui ci dibattiamo impotenti, nessuno gli avrebbe creduto. I più grandi pessimisti non andarono tanto lontano nelle loro predizioni e nella loro immaginazione non arrivarono a quest'estremo limite di disperazione cui ci ha condotto il destino. Alla ricerca degli ultimi barlumi di speranza, senza volerlo tenti di trovare analogie storiche per attingervi conforto e fiducia e quasi non ne trovi. Perfino nel Periodo dei Torbidi la dissoluzione del paese non fu così generale, la perdita della volontà statale-nazionale così totale come ai nostri giorni; e come unici esempi adatti vengono alla mente i terribili eventi mondiali pieni di biblico orrore che videro la distruzione improvvisa dei grandi imperi antichi. L'orrore di questo spettacolo aumenta per il fatto che si tratta non dell'assassinio ma del suicidio di un grande popolo, che lo spirito deleterio della putrefazione di cui è infettato tutto il paese venne istillato volontariamente in un selvaggio e cieco entusiasmo di autodistruzione e assimilato dall'organismo popolare.

Se noi, cellule di questo corpo statale un tempo possente ed oggi agonizzante, continuiamo a vivere fisicamente e moralmente, si tratta in misura notevole di quella vita per inerzia che continua a consumarsi nel morente e che è apparentemente possibile per un certo tempo anche in un corpo morto. Torna alla memoria la fantasia cupa e mostruosa del massimo profeta russo: Dostoevskij. I cadaveri nelle loro tombe prima di tacere per sempre vivono ancora, quasi semiaddormentati, dei frammenti ed echi di sentimenti, passioni e vizi del passato; il cadavere quasi totalmente decomposto a lunghi intervalli sussurra un «bobok»[1] senza senso – ciò che resta della parlata e del pensiero d'un tempo. Non sono forse analoghi a questo «bobok» tutti gli eventi piccini, spesso incubi insensati, della nostra vita, tutta questa insensata febbrile attività, ora sterilmente verbale ora causa soltanto di sangue e distruzione, dei vari «sovdepy» e «ispolkomy»[2], tutti questi frammenti caotici di discorsi, pensieri ed azioni che sono rimasti di ciò che furono lo Stato e la cultura già possente della Russia dopo la danza sfrenata degli spettri rivoluzionari, simili ai fuocherelli che guizzano spegnendosi dopo il sabba diabolico? E se noi, soffocando e morendo tra queste tenebre di tomba, nelle nostre angosce e speranze continuiamo per inerzia a balbettare dei «sacri principi della rivoluzione», dei «bolscevichi e menscevichi», della «Assemblea Costituente», se ci aggrappiamo febbrilmente ai miseri resti, moribondi nella nostra coscienza, delle vecchie idee, dei vecchi concetti e ideali e scambiamo per vita politica questo sterile e inerte trascinare sentimenti, desideri e parole nell'ombra della morte, tutto ciò è appunto il «bobok» del cadavere in decomposizione.

Tuttavia una sete organica insopprimibile di vita genuina, d'aria e di luce, ci spinge a strapparci convulsamente dalla tenebra della tomba, ci chiama a svegliarci dal torpore sepolcrale e da questo assurdo balbettare di morti. Se alla Russia è dato rinascere – un miracolo in cui nonostante tutto vogliamo credere, anzi *dobbiamo* credere finché siamo in vita – questa rinascita ora può essere soltanto una vera e propria risurrezione, un sorgere dai morti con un'anima nuova a una vita nuova completamente diversa. La prima condizione di questa rinascita deve essere una consapevolezza piena, definitiva, di tutta la profondità della nostra caduta nonché delle sue cause spirituali ultime, genuinamente reali, e non soltanto della condizione spettrale e fantastica e della concatenazione caleidoscopicamente insensata dei singoli fatti di questa caduta i quali ci turbinano attorno dal momento in cui abbiamo perso il terreno sotto i piedi. Simili a chi annega e tenta ancora di mettere la testa fuori dell'acqua, noi dobbiamo strapparci alle nebbie sottomarine che stordiscono la coscienza, e *costringere* noi stessi a capire dove ci troviamo e come e perché siamo caduti in questo baratro.

1 Per sé significa «piccola fava», ma anche «schiocchezza, stupidaggine» (*ndt*).
2 Neologismi sovietici risultanti dalle abbreviazioni di sovet*skie deputaty* (deputati sovietici) e *ispolnitel'nye komitety* (comitati esecutivi) (*ndt*).

Ma anche se siamo destinati a perire, lo spirito della vita ci chiama a perire non in un estinguersi sonnolento del pensiero e della volontà ma con chiara coscienza trasmettendo ai secoli e ai popoli una parola comprensibile e premunitrice e una pura penitenza profondamente consapevole. Con la forza del libero pensiero e della libera coscienza che nessuna calamità esterna, nessuna oppressione ed arbitrio ci possono togliere – dobbiamo innalzarci sopra il momento che passa, comprendere e valutare l'incubo del presente in nesso con tutto il nostro passato, alla luce non dei fuocherelli incerti e fatui delle esalazioni mefitiche ma delle illuminazioni intranseunti e transtemporali della vita umana e nazionale.

II.

Apparentemente l'ossessione diabolica che ci ha sedotti sta per finire e già da tempo ha cantato il gallo che disperde il sabba delle streghe sul Monte Calvo. Ma noi non ci siamo ancora riavuti, stiamo immobili come stregati, non comprendiamo da dove sia venuta questa ossessione. Già comprendiamo perfettamente che il vortice del quale siamo preda dal marzo dell'anno scorso non è stato un risveglio di forze politiche creatrici ma qualcosa che ha portato solo distruzione, ci ha accecato con il fango e la polvere innalzatisi dai bassifondi dell'esistenza per sfociare nella danza sfrenata e distruttrice di tutti gli spiriti della morte, del male e della corruzione. Ma non siamo ancora in grado di comprendere come ciò sia potuto avvenire e continuiamo ad illuderci che l'orribile sostituzione del bene da parte del male sia stata operata indipendentemente dalla nostra volontà e contro di essa. Per la prima volta la patria era diventata veramente libera per realizzare i suoi ideali più cari, i russi migliori erano ascesi al potere e persone ancor migliori, più energiche e accese, li spingevano a conseguire gli scopi desiderati; all'improvviso tutto questo scomparve e noi ci ritrovammo davanti a un desco fatto a pezzi, anzi senza nessun desco e addirittura senza la nostra vecchia *izba* pericolante ma pure cara. Nonostante tutta la minacciosità dei segni e dei castighi divini, il pensiero dei più continua ad aggrapparsi a spiegazioni esteriori, meschine e del tutto speciose, tenta di scaricare la responsabilità su forze ed istanze imprevedibili e indipendenti da noi, su qualcun altro o qualcos'altro, e non vede il nesso tra quanto è avvenuto e l'essenza stessa della coscienza sociale russa.

L'intellettuale medio russo «pentito» è per lo più propenso a spiegare tutto col semplice rimandare alla «impreparazione del popolo». Secondo questa spiegazione, «il popolo» grazie alla sua ignoranza e mancata educazione civica di cui in ultima analisi è colpevole sempre il «vecchio regime», non fu in grado di assimilare e realizzare le meravigliose riforme pensate dall'intelligencija rivoluzionaria e con il suo comportamento rozzo e ignorante rovinò «il paese e la rivoluzione». Questa «spiegazione», a ragionarci sopra, contiene la critica più feroce e definitiva di tutta la prassi politica dei nostri partiti rivoluzionari e radicali. Che razza di politici sono coloro che nei loro programmi e nel loro modo di agire considerano non il popolo reale ma un popolo ideale frutto di fantasia! Tuttavia questa spiegazione, perfino con tutte le conseguenze logiche che ne derivano, rimane superficiale, estremamente unilaterale e perciò teoreticamente sbagliata e moralmente falsa come tentativo di autogiustificazione. È certo che il popolo, tanto celebrato per la sua santità, ha dato tale prova della sua vera statura morale da far passare per lungo tempo ai nostri populisti la voglia di adorare le classi inferiori. Tuttavia, prescindendo da ogni falso sentimentalismo nei riguardi del «popolo», si può dire che il popolo inteso come classi inferiori e massa della popolazione non può mai essere il responsabile immediato degli insuccessi politici e dell'esito deleterio di un movimento politico per la semplice ragione che in ogni ordinamento sociale e in ogni condizione sociale il popolo non è mai in questo senso l'animatore e il protagonista della vita politica. Il popolo sempre, perfino nello Stato più democratico, è esecutore, strumento nelle mani di una minoranza dirigente ed ispirante. Questa è una semplice, incrollabile e universale verità sociologica: agire può non la massa amorfa ma soltanto l'organizzazione, e ogni organizzazione è basata sulla subordinazione della maggioranza a una minoranza dirigente. Certo che dipende dalla situazione culturale, intellettuale e morale delle vaste masse popolari quale organizzazione politica, quali idee politiche e quali metodi d'azione risultino maggiormente influenti ed efficienti, ma il risultato politico generale che ne scaturisce è sempre determinato dall'*interazione* tra contenuto e grado della coscienza sociale delle masse da una parte e orientamento delle idee della minoranza dirigente dall'altra. Applicando questo assioma sociologico astratto alla realtà russa corrente, dobbiamo dire che nelle masse popolari per ragioni storiche si andò accumulando un notevole deposito di passioni ed istinti anarchici, antistatali e socialmente deleteri, ma all'inizio della rivoluzione in queste stesse masse erano vive come sempre anche grandi forze di natura patriottica, conservatrice, spiritualmente sana e nazionalmente unificante. Tutto l'evolversi della cosiddetta rivoluzione è consistito, per quanto riguarda le forze positive suaccennate, in un graduale estinguersi, polverizzarsi, ritirarsi in una specie di profondità politicamente inerte dell'anima popolare. Questo processo di emarginazione del bene da parte del male, della luce da parte delle tenebre, avvenne nell'anima popolare sotto l'influsso pianificato e tenace dell'intelligencija rivoluzionaria dirigente. Nonostante la quantità di materiale esplosivo ammassato nell'anima del popolo, ci vollero sei mesi di lavoro costante, febbrile fino al delirio, teso allo scatenamento degli istinti anarchici, perché il popolo perdesse definitivamente la coscienza morale e il buon senso civico e si consegnasse definitivamente a demagoghi privi di scrupoli della peggior specie. L'intelligencija socialistoide, debole di nervi e di testa, venne messa in disparte da questi demagoghi e adesso prima di incolpare il popolo per il proprio insuccesso essa deve ricordare tutta la propria attività diretta a distruggere la disciplina civica e statale del popolo, a calpestare nel fango la stessa idea patriottica, a scatenare nelle masse popolari gli istinti egoistici e l'odio classista all'insegna dei movimenti operaio e contadino; deve in genere ricordare tutto il bailamme di frasi e slogan irresponsabili che precedette al bailamme delle azioni dopo l'ottobre e in questo trovò la sua diretta e conseguente incarnazione. E se questi ex-ispiratori della rivoluzione adesso accusano il popolo di non aver saputo valutare il loro nobile atteggiamento «difensivo» dando la preferenza al subdolo «disfattismo», d'aver confuso il puro ideale del socialismo come lontano sogno luminoso con l'idea del saccheggio individuale, un osservatore imparziale anche qui non propenderà a ritenere il popolo senza peccato ma dovrà riconoscere che la colpa del popolo non è tanto grande e umanamente è del tutto comprensibile. La passione popolare nella sua dirittura, nel suo senso per il fondamento attivo-volitivo delle idee, non ha fatto che strappare agli slogan dell'intelligencija il leggero strato vagamente intellettualistico delle distinzioni tattiche moralmente inconsistenti. Quando l'atteggiamento «difensivo» si basa non sul vivo sentimento patriottico, non sull'idea organica della patria ma è unicamente un furbo approccio metodologico dell'internazionalismo antipatriottico, quando l'ideale del socialismo al cui servizio invitano le masse popolari si basa sull'idea deleteria dell'odio e dell'invidia di classe, si può forse rimproverare al popolo la sua incapacità di assimilare queste cristallizzazioni intimamente contraddittorie e radicalmente perverse della «ideologia» di un'intelligencija moralmente e intellettualmente avviluppata nella propria rete?

Basta con queste pretese dei vari gruppi e fazioni dell'intelligencija socialista di spiegare la sconvolgente catastrofe di un grande Stato affermando che il paese non ha avuto fiducia in lei e ha voluto curarsi non secondo le ricette della sua cucina politica ma le peggiori ricette di altri. L'azzannarsi e la resa dei conti tra le varie fazioni dei «bolscevichi» e «menscevichi», «social-rivoluzionari di sinistra e di destra» che può sembrare importante alla coscienza delirante di un popolo rovinato e che costa tante disgrazie e spargimento di sangue alla patria straziata è proprio il balbettamento e la convulsione *post mortem* dai quali dobbiamo anzitutto riaverci.

Tacciamo quanto siano superficiali e manchino di nocciolo della questione anche quelle numerose spiegazioni che attribuiscono tutta la colpa della rovina della patria a persone singole, all'incapacità, miopia o disonestà dei governanti e delle guide influenti della vita politica nei fatidici «giorni della libertà». Naturalmente molti furono gli errori e i delitti fatali evitando i quali si sarebbe potuto cambiare l'esito di tutto il movimento politico, e molti, troppi idoli ed eletti dell'opinione pubblica russa non si dimostrarono affatto all'altezza della situazione, non dimostrarono di saper associare alla necessaria lungimiranza politica la decisione morale e il senso della responsabilità morale. Ma già la moltitudine di questi errori e delitti nelle azioni e nelle omissioni dimostra che non li si può spiegare ricorrendo al caso. *Quos vult perdere, dementat.* Tutta questa lunga catena di singole azioni esiziali da cui risultò la graduale e poi repentina rovina dello Stato russo, l'inconsistenza della maggior parte dei governanti, la ferrea logica del costume per cui le persone migliori venivano eliminate dalle peggiori, la fatale cecità dell'opinione pubblica che sempre sosteneva il peggiore contro il migliore, sono tutti sintomi semplicemente esteriori di una malattia più generale, più radicata dell'organismo sociale. L'esserne consapevoli non sgrava della responsabilità le persone singole che per la loro posizione ed influenza si adoprarono di più e con maggiori risultati a diffondere nella vita dello Stato principi infettivi e corrompitori o non manifestarono sufficiente serietà ed energia nel lottare contro di essi. Questa consapevolezza estende la responsabilità anche a tutti gli altri, partecipi, ispiratori e preparatori, diretti e indiretti, di questa rovina e cerca di rilevare la sorgente del male nella sua forma più generale e perciò più profonda.

III.

Per definire la sorgente più profonda del male che ha rovinato la Russia dobbiamo risalire all'*idea socialista* che conquistò vasti settori dell'intelligencija russa e penetrò con impeto potente nelle masse popolari. In effetti la Russia ha compiuto un esperimento, di diffusione generale e applicazione pratica immediata del socialismo alla vita, tanto grandioso e terribile nei suoi risultati da rivelare probabilmente non solo a noi ma a tutta l'Europa tutto il male, tutto il marciume morale interiore di questo movimento. Sull'esempio del nostro destino incominciamo a comprendere che il socialismo in Occidente non esercitò un influsso deleterio anzi in certa misura contribuì a migliorare le forme di vita e a consolidarne i fondamenti morali solo perché veniva frenato all'esterno da potenti forze culturali conservatrici e anzi ne era permeato nell'intimo. Per dirla in breve, perché non era un socialismo puro nella sua essenza ma un socialismo completamente borghese, statale, non-socialista. Invece da noi, mancando tutte le barriere esterne ed interne e gli apporti contaminanti, data la nostra inclinazione a semplificare logicamente le idee e a metterne direttamente in luce la natura effettiva, il socialismo allo stato puro ebbe una lussureggiante fioritura e portò frutti velenosi in gran quantità. Nonostante tutti i tentativi correnti di attutire l'asprezza ideologica dell'attuale conflitto, bisogna riconoscere apertamente che proprio i nostri partiti socialisti più estremi esprimono con maggior chiarezza e consequenzialità l'essenza del socialismo, di quel socialismo rivoluzionario-ribelle che mostrò il suo vero volto negli anni Quaranta[3]. Infatti con la sua successiva penetrazione nelle vaste masse popolari e la trasformazione in un movimento partitico organizzato nella cornice dello Stato borghese europeo, il socialismo attutì e raddolcì gradatamente l'asprezza e la recisa espressività di questo suo volto. Già il cosiddetto «socialismo scientifico» conteneva una dicotomia inconciliabile tra la negazione distruttiva e ribelle dei nessi socio-culturali della società europea e l'approccio largamente tollerante, essenzialmente conservatore, scientifico-evoluzionistico nei riguardi di questi nessi; col successivo annacquarsi del socialismo in un pacifico movimento economico e politico per migliorare le sorti della classe operaia, l'essenza antinazionale, antistatale e puramente distruttrice del socialismo si mantenne unicamente nella vuota ideologia, priva di ogni significato effettivo. Esteriormente vincendo, il socialismo in Occidente venne disarmato e interiormente vinto dalla forza assimilatrice ed educatrice di un'unica cultura statale, morale e scientifica. Invece da noi, dove il socialismo vinse effettivamente tutte le opposizioni e divenne la mentalità politi-

[3] Del secolo XIX (*ndt*).

ca dominante dell'intelligencija e delle masse popolari, il suo trionfo portò inevitabilmente alla rovina dello Stato e dei nessi sociali e delle forze culturali sui quali lo Stato si appoggia.

Contro questa comprensione delle cause della nostra catastrofe non si può obiettare, nello spirito della spiegazione corrente di cui sopra, che le masse popolari russe essenzialmente non erano preparate ad accogliere il socialismo e non erano socialiste in ispirito. Naturalmente i nostri operai tendevano non al socialismo ma semplicemente a un'esistenza agiata, a un aumento illimitato dei loro guadagni e possibilmente a una diminuzione del lavoro; i nostri soldati si rifiutavano di combattere non per l'idea internazionalista ma semplicemente perché stanchi, lontani dall'idea del dovere verso lo Stato, preoccupati non della patria e dello Stato ma unicamente del loro villaggio lontano dal fronte e dove «il tedesco non ci arriva»; in particolare i contadini tanto inaspettatamente convertiti in «socialrivoluzionari» spartirono la terra non per fede nella giustizia del socialismo ma invasati da un'avida bramosia di possesso. Sono tutti fatti indiscutibili, ma una più profonda esplicazione dell'essenza psicologico-morale del socialismo toglie ogni valore a questo tentativo di spiegazione. Perché la menzogna interiore, la discrepanza tra la grandezza delle idee e la volgarità dei motivi reali che esse velano, tanto drasticamente e con tale rilievo caricaturale manifestatesi nell'attuale situazione, scaturiscono necessariamente dall'essenza stessa del socialismo. Il socialismo rivoluzionario che afferma la possibilità di istituire sulla terra la giustizia e la felicità con il mezzo meccanico del rivolgimento politico e della «dittatura» violenta, il socialismo basato sulla dottrina del primato degli interessi economici e sulla lotta di classe che vede nella sete di guadagno delle classi superiori l'unica fonte di tutti i mali e nella sete di guadagno, per sé identica, delle classi inferiori una forza sacra operante il bene e la giustizia, questo socialismo porta in sé la necessità immanente di un fariseismo sociale universale e santifica motivi bassamente interessati con il pathos morale della nobiltà d'animo e del disinteresse. Perciò anche qui non si può sminuire la portata del principio puramente ideale e transindividuale: a rovinarci non furono semplicemente le passioni basse, terrene, egoistiche delle masse popolari, perché in tutte le circostanze queste passioni sono insite nella maggioranza degli uomini eppure vengono arginate dalla controazione delle forze di natura religiosa, morale e socio-culturale; ci ha rovinato lo scatenamento di queste passioni con l'iniezione del veleno del socialismo, la loro artefatta esasperazione fino alla rabbia e all'ossessione fanatiche, l'artificiale atmosfera giuridico-morale che conferì loro libertà e impunità. Il male manifesto e nudo delle brame volgari non può mai diventare una potente forza storica; lo diviene solamente quando incomincia a sedurre gli uomini con una falsa apparenza di bene e di idea disinteressata.

Così non c'è dubbio che il socialismo rivoluzionario nella sua essenza pura, non temperato e neutralizzato da alcunché, fu per noi un veleno che, assorbito dall'organismo popolare incapace di secernere gli antidoti corrispondenti, portò a una malattia mortale e alla putrefazione cancrenosa del cervello e del cuore dello Stato russo. Una piena presa di coscienza di questo fatto è il momento essenziale e necessario di quella autoconoscenza penitente senza la quale non ci possiamo salvare. La natura distruttrice del socialismo dipende in ultima analisi dal suo materialismo, dal fatto che esso nega le uniche forze veramente costruttive della società cioè le forze organiche spirituali interiori dell'essere sociale. L'internazionalismo, la negazione e il vilipendio della forza spirituale organizzante della nazionalità e dello Stato nazionale, la negazione dell'idea stessa del diritto come principio di giustizia transclassista e transindividuale e di oggettività nei rapporti sociali, l'incomprensione della dipendenza del progresso materiale e morale dall'integrità spirituale interiore dell'uomo, dalla sua educazione culturale nella vita privata e pubblica, la concezione meccanica ed atomistica della società quale arena degli scontri puramente esteriori delle forze della divisione e dell'egoismo: ecco i principali motivi negativi di questo materialismo. Nella misura in cui è possibile contemplare con interesse scientifico lo spettacolo della rovina della propria patria, possiamo in Russia assistere al grandioso esperimento della concezione materialistica della storia ridotta all'assurdo. Infatti vi si dimostra con evidenza che il materialismo pratico, privo di forze autosufficienti d'ordine spirituale, è un fattore non di essere e di sviluppo della società ma soltanto di distruzione e disintegrazione della medesima.

Ma sotto un certo aspetto questa diagnosi della nostra malattia mortale è tuttavia insufficiente, non penetra abbastanza a fondo, non spiega perché il socialismo in Russia sia divenuto una seduzione trionfante e perché l'organismo popolare non abbia manifestato le dovute energie di autoconservazione per neutralizzare questo veleno e rigettarlo. Questo ci porta alla questione più ampia e profonda della debolezza generale dei principi spirituali chiamati a conservare e rafforzare la cultura sociale e l'unità statale della nazione in Russia.

IV.

Questa questione si pone anzitutto sul piano puramente politico. Perché in Russia si rivelarono tanto deboli tutti i partiti non socialisti cosiddetti «borghesi», cioè tutte le forze politiche dirette a rafforzare e conservare l'unità statale, l'ordine pubblico e la disciplina giuridico-morale? Prescindendo da tutta la varietà assolutamente effimera dei raggruppamenti politico-partitici, che da un punto di vista storico più profondo era casuale e insignificante, si può dire che in Russia esistevano da tempo due grossi partiti: il progressivo-liberale e il conservatore. Com'è noto, nel momento più cruciale della rovina dello Stato russo ambedue si rivelarono assolutamente impotenti.

Adesso attribuiscono all'inesperienza di governo l'impotenza del partito liberale che senza dubbio riuniva la maggioranza delle persone più colte, istruite e intelligenti. Senza voler analizzare dettagliatamente questa spiegazione, dobbiamo riconoscere che è chiaramente insufficiente: nei momenti di brusche svolte politiche la storia conosce non pochi esempi di un'eccellente attività statale svolta da elementi che fino allora non avevano esperienza di governo. Cromwell e i suoi colleghi non avevano certo più esperienza nel campo governativo dei nostri liberali.

La causa fondamentale e ultima della debolezza del nostro partito liberale sta in un momento puramente spirituale: gli mancava una *Weltanschauung sociale* autonoma e positiva e perciò era incapace di accendere quel *pathos* politico che costituisce la forza d'attrazione di ogni grosso partito politico. I nostri liberali e progressisti nella loro stragrande maggioranza sono in parte socialisti colti e istruiti nelle cose dello Stato, cioè assolvono la funzione dei socialisti moderati occidentali in un paese come la Russia che è quasi priva di tali elementi nelle masse popolari, in parte sono semisocialisti, cioè persone che vedono l'ideale in una metà del programma negativo del socialismo ma non sono d'accordo con una sua realizzazione totale. In ambedue i casi la difesa dei principi della statalità, del diritto e della cultura sociale risulta poco profondamente fondata e ha il significato di una tattica piuttosto che di un principio chiaro. Non è una teorizzazione filosofica dichiarare che la debolezza del liberalismo russo è la debolezza di ogni positivismo e agnosticismo di fronte al materialismo, oppure (ciò che è la stessa cosa) la debolezza di un nichilismo delicato e sensibile alla complessità della vita di fronte al nichilismo immediato, perfettamente cieco e perciò scatenato. Possiedono forza organizzatrice soltanto le idee positive, le idee che contengono una visione autonoma e accendono una fede nella loro validità autosufficiente ed originaria. Invece nel liberalismo russo la fede nel valore dei principi spirituali della nazione, dello Stato, del diritto e della libertà, resta inespressa dal punto di vista filosofico e priva d'ispirazione dal punto di vista religioso. E in genere da quanto tempo la coscienza sociale liberale russa ha scoperto il *valore positivo* delle idee della patria, dello Stato, dell'ordine? Per la maggioranza, questo è avvenuto alle soglie della guerra che con la sua minacciosità aprì gli occhi anche agli orbi e contrariamente a tutte le loro abituali credenze li costrinse semplicemente a sperimentare in maniera diretta il pericolo di disprezzare queste idee. Ma da questa sensazione immediata, grossolanamente empirica, del valore di questi principi a una comprensione razionale del loro significato la strada da percorrere è lunga e ancor più lunga quella che conduce a una visione spirituale del loro senso originario e fondamentale nella vita sociale. Ecco perché il liberalismo nella lotta con il deleterio nichilismo dei partiti socialisti poté immaginare di riuscire solamente con argomenti logici e con l'appello al buon senso e all'esperienza politica a *far cambiar convinzione* al suo avversario nel quale continuava a vedere piuttosto un alleato irragionevole, ma non poté accendere il fuoco dello sdegno religioso contro le sue azioni deleterie e raccogliere e rinfrancare l'esercito della viva opinione pubblica per sradicarlo effettivamente. Quella che adesso viene chiamata «l'inesperienza di governo» dell'intelligencija liberale russa è in realtà non una mancanza delle nozioni, cognizioni e abitudini tecniche corrispondenti (che essa aveva acquisito in notevole misura già negli autogoverni locali e nell'attività parlamentare) ma la mancanza di una viva *esperienza morale* riguardo a molti principi fondamentali positivi della vita statale. Fino agli ultimi giorni il nostro liberalismo fu permeato di motivi puramente negativi e si estraniò dall'attività statale positiva; il suo atteggiamento dominante era il macchinare in nome di principi morali astratti contro l'autorità e l'ordinamento governativo esistente, senza avere la viva coscienza delle difficoltà e responsabilità tragiche di ogni autorità. La dura sentenza di Dostoevskij è essenzialmente giusta: «Tutto il nostro partito liberale mancò la questione, non vi prese parte e non volle sfiorarla; soltanto negò e derise». Analogamente ai socialisti, i nostri liberali ritennero buoni tutti i governati e cattivi soltanto i governanti; non si resero conto, o si resero conto insufficientemente, del fatto che ogni autorità dipende dal livello spirituale e culturale della società e che quindi la società è responsabile della sua propria autorità; nutrirono soverchia fede nella possibilità di realizzare facilmente riforme meccaniche, esteriori, di natura puramente negativa, nella panacea della semplice liberazione del popolo dal giogo esteriore dell'autorità statale; compresero troppo poco la necessità e la difficoltà di una rieducazione organica della società a una nuova esistenza. Il loro realismo politico era stroncato dal loro sentimentalismo morale assolutamente irrealistico, dalla mancanza di sensibilità per le radici spirituali più profonde e perciò più importanti della realtà, per le forze interiori del bene e del male nella vita sociale, per il potere dei princìpi sotterranei organici della religione e degli antichi sentimenti ed usi storicoculturali vitali. Di nuovo tornano spontanee alla mente le parole di Dostoevskij: «Il realismo che si spinge solo fino alla punta del proprio naso è più pericoloso della più pazza fantasia perché è cieco».

Che le forze conservatrici della società russa si siano rivelate impotenti al momento della rivoluzione è, per così dire, nell'ordine delle cose e proviene dalla natura stessa della rivoluzione. Tuttavia gli strati conservatori, che per decenni o secoli rimasero al potere, da nessuna parte come da noi dimostrarono un pari grado d'impotenza e persero ogni influsso tanto immediatamente, facilmente e irreversibilmente. Quando rifletti su questo importantissimo problema della straordinaria impotenza del conservatorismo russo, avverti immediatamente, al di là delle sue varie condizioni e forme storiche e di costume, una certa causa spirituale originaria. Il conservatorismo russo si basava su una serie di antiche abitudini di sentimento e di fede, sul costume tradizionale, in una parola su forze d'inerzia storica, ma da tempo aveva perso le radici vive spirituali e morali del proprio essere e non sentiva la necessità di rinsaldarle nel paese, o perlomeno non capiva tutta la responsabilità e complessità di questo compito, tutta l'indispensabile organicità di approfondire queste radici nell'anima popolare. La Russia ha posseduto non pochi conservatori di pensiero e d'azione moralmente e intellettualmente profondi, spiritualmente dotati, basti pensare ai nostri slavofili. Ma essi rimasero unità inutili e impotenti, perché il conservatorismo dominante non volle impiegarli, li mise in disparte proprio perché immettevano idee vive che scuotevano la coscienza sociale. Il conservatorismo russo che ufficialmente si appoggiava, e astrattamente pensava di appoggiarsi, su una determinata fede religiosa e un'ideologia politico-nazionale, indebolì ed evirò se stesso con la sua miscredenza di fatto verso la forza viva della creatività spirituale. Il fatto più notevole e tragico dell'attuale vita politica russa è la parentela intima dell'impostazione morale del conservatore russo tipico con quella del rivoluzionario e manifesta una caratteristica molto profonda e generale della nostra anima nazionale: un'eguale incomprensione dei fondamenti spirituali organici della convivenza, un'eguale simpatia per le misure meccaniche della violenza esterna e delle punizioni recise, un'eguale simbiosi di odio per le persone vive e di idealizzazione romantica delle forme e partiti politici astratti. Se l'idealismo nobilmente sognatore dell'opinione pubblica progressista russa educò la violenza bestiale del rivoluzionarismo e risultò impotente di fronte al medesimo, il nobile idealismo ancor più spiritualmente profondo ed integro del vero conservatorismo generò solamente la violenza bestiale delle «centurie nere». Il dispotismo «squadrista» delle classi superiori e l'anarchismo «squadrista» delle classi inferiori rappresenta la medesima forza del male che logicamente si è manifestata in due forme diverse ma profondamente apparentate e ha reso impotenti in Russia sia il vero conservatorismo spirituale sia il vero liberalismo che con esso è indissolubilmente legato. Un unico spirito del male e della violenza, della miscredenza e del materialismo in queste sue due manifestazioni strappò le radici dell'anima popolare dal terreno che solo può nutrire ed assicurare la crescita dell'energia e della vita popolare – dallo strato sotterraneo della spiritualità creatrice – e con ciò fece inaridire lo spirito e il corpo del popolo, indebolì la sua unità interiore, lo rese impotente di fronte alla prima bufera che lo investì. Benché in questo momento la questione della futura forma di governo in Russia (se pur dovrà risorgere) non abbia maggior importanza di quella di un taglio di vestito per un morente nel caso che si rimetta in salute, non si sottolinea mai abbastanza il fatto che sostituire allo squadrismo politicamente rosso un eguale squadrismo di colore politico nero significherebbe non la guarigione del morente ma semplicemente un'altra forma della malattia mortale precedente, pur riconoscendo che è psicologicamente naturale una crudelissima reazione dopo quanto è avvenuto. È vero che la coscienza popolare ormai non dimenticherà più come il conservatorismo russo, nonostante tutto, abbia un tempo creato un grande Stato e il rivoluzionarismo russo lo abbia presto ammazzato. Ma non dimenticherà nemmeno che il veleno di questo rivoluzionarismo venne elaborato in seno al conservatorismo medesimo a causa della sua dissoluzione e che il conservatorismo putrefatto non solo non elaborò l'antidoto necessario ma addirittura tutti i suoi succhi andarono a potenziare questo veleno.

V.

La circostanza che la Russia non è rinata dopo la rivoluzione, come tutti sognavano, ma è invece perita nel corso della rivoluzione, la coscienza che l'inizio di questa rovina risale all'epoca del «vecchio regime», devono necessariamente modificare la nostra comprensione dominante delle condizioni e fonti della felicità e infelicità del popolo e del fiorire e perire dello Stato. Adesso bisogna inevitabilmente riconoscere che non le forme politiche dell'esistenza come tali determinano il bene e il male nella vita del popolo ma lo spirito morale vivo del popolo che le compenetra. Il genio di Puškin ha un tempo caratterizzato la Russia nelle amare parole: «Bisogna riconoscere che la nostra vita sociale è molto triste. Questa assenza di un'opinione pubblica, questa indifferenza per ogni dovere, per la giustizia e la verità, questo disprezzo cinico per il pensiero e la dignità umana fanno effettivamente disperare». Se il liberalismo superficiale ha sempre visto in queste parole la condanna di una determinata epoca, di un determinato ordinamento politico o di una determinata classe sociale, noi per amara esperienza ci siamo ora convinti del significato molto più profondo, transtemporale e transpolitico di queste parole. I soldati che fuggirono dal fronte e vendettero al nemico l'equipaggiamento e le munizioni dimostrarono in ogni caso un'indifferenza al dovere non minore di quella dei burocrati di Nicola I; la rivoluzione dimostrò un cinico disprezzo per il pensiero e la dignità umana non meno della reazione e nella Russia democratica l'opinione pubblica non si rivelò più forte di quanto non fosse nella Russia imperiale e classista. Non queste o quelle istituzioni e forme di governo e ordinamenti della vita sociale sono le cause ultime e definitive del benessere e della forza del paese o delle sue calamità e debolezze. Perciò questi o quei partiti politici, i loro programmi e metodi d'azione, sono soltanto sintomi e forme in cui si manifestano le forze che reggono il destino del popolo, piuttosto che creatori autonomi di detto destino. Il male che abbiamo scorto nella popolarità del socialismo rivoluzionario estremista, nella senilità spirituale e miopia del liberalismo russo, nell'assenza di un conservatorismo spiritualmente vivo e moralmente illuminato, adesso deve essere riportato alla sua fonte originaria.

Il destino del popolo è determinato da forze e fattori di due specie: dalla forza della dimensione collettiva e dei rapporti sociali, delle condizioni storiche generali e dei cambiamenti del costume popolare, e dalla forza delle credenze, delle idee e valutazioni morali radicate nella coscienza popolare. Nella sezione di un determinato momento dell'esistenza storica le forze di queste due specie si trovano in strettissima interazione e intercomunicazione e nessuna di esse può essere presa separatamente dalle altre. Ma a una certa profondità dell'anima popolare o del carattere popolare ambedue queste forze hanno un'unica radice in un certo sentimento vitale primordiale e configurazione morale-spirituale comune del popolo. Ai nostri scopi (l'autoconoscenza morale dello spirito nazionale) non è dunque necessario soffermarci sulle condizioni storiche, economiche, statali e internazionali concrete che hanno espresso, sostenuto e appoggiato questo spirito morale sul piano del costume collettivo e dell'esistenza esteriore storica. Basta penetrare, attraverso i momenti delle credenze e delle idee morali, sino all'essenza di questo sentimento vitale primordiale e trovarvi la fonte della nostra malattia nazionale.

E qui è essenziale rilevare anzitutto che il male emerso con tanto impeto e in forme così esasperate nel vortice dei torbidi di quest'anno e rilevato dagli osservatori più oculati già nei moti degli anni 1905-1906, s'era manifestato in forma meno vistosa, quasi cronica, già da lungo tempo, quasi per tutto il secolo XIX. Il nichilismo che in questi ultimi anni è scoppiato con forza tanto sconvolgente e tanto radicalmente ha fatto onore al suo nome trasformando la Russia in niente, quasi in un vuoto nome geografico, è cresciuto continuamente e s'è sviluppato durante tutto il secolo passato. Se durante la rivoluzione abbiamo assistito a una terrificante decadenza dell'opinione pubblica, a una decadenza spaventosamente veloce di tutto ciò che è migliore con l'innalzamento di ciò che è peggiore, un osservatore attento ravviserà in questo vortice solo l'estrema vertiginosa strettoia del gorgo spirituale che da tempo ci ha afferrati. Quasi durante tutto il secolo XIX nell'opinione pubblica si andò affermando non la migliore e più creativa ma la peggiore, la più volgare, primitiva e deleteria delle correnti intellettuali. I nostri slavofili furono certo spiritualmente più profondi e fecondi degli occidentalisti che li soppiantarono, e gli occidentalisti degli anni Quaranta furono più significativi, colti e spiritualmente ricchi dei radicali degli anni Sessanta. I grandi veggenti russi come Puškin, Tjutčev, Dostoevskij, K. Leont'ev e Vl. Solov'ëv soffocavano nell'atmosfera della volgare e piatta opinione pubblica che li circondava. In Russia, delle correnti occidentali ebbero sempre maggior successo quelle più terra-terra, appunto quelle negative e distruttrici. Positivismo, materialismo e socialismo sono i frutti principali della nostra comunione con l'Europa occidentale, perlomeno a cominciare dagli anni Quaranta, mentre l'anarchismo è in notevole misura una creazione diretta dello spirito russo. Invece fenomeni come il socialismo cristiano, la predicazione di Carlyle o di Ruskin, i moti nazionali e religiosi dell'Occidente, non ebbero da noi nessun eco sociale. L'intelligencija russa non valutò e non comprese le profonde intuizioni sociali-spirituali di Dostoevskij e non notò affatto il genio di Konstantin

Leont'ev, mentre invece la predicazione morale debole, tutta semplificante e livellatrice di Tolstoj esercitò un vivo influsso e in misura notevole preparò quei quadri di negatori dello Stato, della patria e della cultura, che sotto i nostri occhi hanno mandato in rovina la Russia. Quel seminarista che, come raccontano, al funerale di Nekrasov proclamò che Nekrasov era superiore a Puškin, predisse e preparò simbolicamente il fatto disastroso di quarant'anni dopo: Lenin preferito a Gučkov e Miljukov[4] (*toutes proportions gardées*). Non ha forse tutta l'intelligencija della Russia applaudito alla ribellione cinico-plebea dei vagabondi ed «ex-uomini» di Gor'kij, i quali vent'anni dopo il loro rumoroso successo in letteratura sono riusciti a usurpare il potere e a distruggere lo Stato russo? Ma forse l'indice più profondo e generale di questa inveterata e grave malattia morale dello spirito nazionale russo è la terrificante impotenza e umiliazione sociale della Chiesa russa, di quella Chiesa che non solo ha un tempo avuto grandi santi e dimostrato grande creatività spirituale ma con la sua forza morale ha anche favorito la riunificazione del popolo russo, lo ha salvato dal giogo tartaro e dalla disgregazione del Periodo dei Torbidi.

VI.

Proprio la comprensione della singolarità specifica di questa malattia morale, la consapevolezza che il popolo russo non è «povero di spirito» e privo di ricchezza creativa ma che nonostante la sua possente e ininterrotta creatività spirituale fino alla soglia dei nostri giorni ha solamente perso la capacità di sfruttare la propria ricchezza e nel suo essere sociale ha disperso al vento questa ricchezza e dato la preferenza al peggio e al male invece che al meglio e al bene, questa consapevolezza deve portare a una giusta e moralmente feconda diagnosi della malattia. La terribile catastrofe del nostro essere nazionale può facilmente generare nelle anime disperazione e sconforto; già si sentono le voci del dubbio le quali affermano che lo spirito del popolo russo s'è ormai definitivamente corrotto e d'ora in poi può soltanto servire da concime per altre culture più sane e forti. Questa poca fede non solo è prematura e moralmente inammissibile, visto che equivale a una rinuncia a lottare contro la malattia e ad acconsentire al suicidio nazionale, ma anche dal punto di vista puramente teorico rappresenta una spiegazione

[4] Nel primo gabinetto costituito in seguito alla rivoluzione democratica del febbraio 1917 Gučkov fu ministro della guerra e Miljukov degli esteri (*ndt*).

troppo sommaria e perciò superficiale. La vera natura della nostra malattia nazionale, di cui sperimentiamo una così terribile crisi, sta non nel fatto che l'organismo popolare abbia perso le proprie energie spirituali e la capacità di elaborare vivi succhi interiori per nutrire il corpo popolare e dargli salute interiore, unità e equilibrio, ma nel fatto che questi succhi non vengono impiegati, rimangono in uno stato potenziale-impotente: in altre parole è paralizzata l'energia che li diffondeva in tutto l'organismo e ne assicurava così il funzionamento normale ed intenso. Per quanto la nostra malattia sia profonda e grave, è soltanto un disordine funzionale e non un processo organico letale.

Come e perché è avvenuto che un popolo (inteso qui non in senso classista ma nazionale) chiamato popolo-teoforo, sia ora un popolo-nichilista che sacrilegamente calpesta tutto quanto ha di sacro? Come è avvenuto che un popolo, non senza ragione celebrato per la mitezza e purezza morale, si sia trasformato in un popolo-omicida, popolo di cupidigia manifesta e di ogni libertinaggio morale? È difficile stabilire perché ciò sia avvenuto, ma forse è possibile delineare come sia avvenuto. Nel nostro sentire nazionale s'era maturata da molto tempo una certa frattura radicale, una specie di dicotomia tra la fede e la vita. La coscienza religiosa russa gradatamente si allontanava dalla vita e svaniva, imparava e insegnava a sopportare e soffrire ma non a combattere e a creare la vita; tutte le migliori energie dello spirito russo venivano investite nella sofferenza, nella passività e nelle fantasticherie impotenti. Parallelamente tutta l'energia attiva e creativo-vitale della volontà nazionale divenne spiritualmente non illuminata e moralmente non frenata, si trasformò in una oscura ribellione di passioni e di argomentazioni razionalistiche sterilmente negative. Lo spirito religioso russo ha cessato ormai da tempo di rafforzare moralmente il popolo nella sua vita quotidiana di lavoro, di permeare di forze morali i suoi rapporti umani, economici e giuridici. Per questa ragione l'istinto sano e fondamentalmente realistico del popolo s'è staccato dalla radice spirituale della vita ed ha incominciato a trovar soddisfazione nella miscredenza, in una liberazione puramente negativa, cioè nello scatenamento del pensiero e del senso. Tutto il meglio, il nobile e lo spiritualmente profondo, è diventato fantasticheria e impotenza e tutto il forte e il praticamente efficiente è diventato oscuro e malvagio. L'impotenza sentimentale e sognatrice dell'intelligencija russa tendente al bene e l'energia distruttrice della corruzione morale dello squadrismo reazionario e rivoluzionario sono indici di questa dicotomia malata dello spirito nazionale russo, come pure la mansuetudine passiva e l'inerzia del buon contadino russo e insieme la sua attitudine al *pogrom* e al saccheggio quando è preda del suo tenebroso furore. L'idealismo russo in tutte le forme e sfere in cui si manifesta manca di serietà morale, di energia volitiva, di coraggioso senso di responsabilità per la vita, di comprensione della tragica difficoltà di realizzare gli ideali e della capacità di superare queste difficoltà. Viceversa all'energia del popolo russo manca una coscienza nobilitante e illuminante dei fondamenti spirituali della vita, una comprensione umile e sobria della portata limitata di tutti i cambiamenti esterni che si possono realizzare nella vita e del loro nesso necessario con il fondo interiore culturale-morale della vita popolare, con le radici organiche dell'anima popolare.

Questa comprensione della sorgente spirituale della nostra malattia indica se non la via almeno la meta e la direzione della rinascita necessaria e (ne siamo convinti) ancora possibile. Si potrebbe definire in maniera puramente etica questo compito come il suscitare un *coraggio* spiritualmente saggio e illuminato, non l'audacia dell'arbitrio e dell'apostasia puramente negative, ma un coraggio creativo fondato sull'umile coscienza della propria dipendenza dalle forze supreme e sul radicamento in esse. Per quanto riguarda la cultura personale, a noi manca lo spirito dell'attività religiosamente ispirata, lo spirito della vera cavalleria. Dal punto di vista filosofico-sociale questo ideale può essere compreso come una rinascita del sogno degli slavofili sullo sviluppo organico della cultura spirituale e sociale partendo dalle profonde radici storiche della concezione religioso-sociale popolare, del sogno che più tardi Dostoevskij definì con il termine di *terragno*[5]. È vero che già negli slavofili questo ideale era avvelenato e reso impotente da un fantasticare romantico, da un'incomprensione sentimentalistica della difficoltà e responsabilità di realizzarlo nelle condizioni quotidiane della realtà politica ed economica. Ma per sua essenza proprio in questo ideale è indicata la sola direzione sana e risanatrice del pensiero e della volontà politico-sociali. Tutta la nostra esistenza e pensiero devono essere permeati da uno spirito di vero e supremo realismo, di quel realismo che riconosce i fondamenti spirituali dell'essere sociale e perciò include in sé anche l'idealismo creativo invece di contrapporvisi. Per tale realismo non un'idea inventata, astratta e staccata dalla vita, sopravveniente dall'esterno e deformante la vita stessa, può costituire l'ideale sociale, ma unicamente la forza di vive aspirazioni che scaturisce organicamente dalla vita medesima e dal moto della coscienza popolare comune, una forza che è in grado di

[5] In russo «počvennik» (*ndt*).

creare il nuovo solo perché è saldata nel vecchio e con questo legata indissolubilmente. Nelle istituzioni, usanze e costumi carichi di passato storico questo realismo vede non un male che deve e può essere eliminato meccanicamente e meccanicamente sostituito con forme di vita nuove inventate dalla generazione corrente, ma la manifestazione e le orme del passato morale e spirituale del popolo che si possono cambiare ed evolvere solamente attraverso l'educazione e il perfezionamento interiore della volontà e del pensiero popolari. Questo realismo vede la strada per lo sviluppo della cultura non nella negazione e nel livellamento, non nella semplificazione e nella razionalizzazione, ma invece nella conservazione amorosamente delicata e preoccupata e nello sviluppo di tutta la complessità e pienezza organiche delle forme storiche dell'esistenza. Perciò esso pensa questo sviluppo unicamente nelle unità collettive della nazione, dello Stato e della Chiesa, storicamente concrete e organicamente crescenti dalla fede e dalla volontà popolari. Solo in queste forme immediate, non create artificialmente ma formatesi e cresciute storicamente, esso vede la manifestazione della vera volontà popolare, cioè la realizzazione del vero ideale della democrazia come fondazione interiore dei rapporti sociali e dell'ordinamento politico sullo spirito vivo, sulle necessità concrete e le aspirazioni ideali del popolo. Esso considera l'attività politica sia del singolo che di tutto il popolo non come una bravata arbitraria soggetta ai bisogni transeunti del momento e della generazione di turno ma come un umile servizio determinato dalla fede nel significato intranseunte della cultura nazionale e dall'obbligo di ciascuna generazione di conservare l'eredità degli antenati, di arricchirla e trasmetterla ai posteri.

La realizzazione di questo ideale di unità spirituale e organica creatività spirituale del popolo – l'ideale di una cultura sociale e politica religiosamente meditata e fondata nazionalmente e storicamente – presuppone certamente una svolta morale dal punto morto, una rinuncia alle abitudini malate inveterate e alle idee fisse dell'anima popolare sconvolta, a favore delle abitudini sane e necessarie di una vita normale, la scoperta di una certa verità dimenticata, evidente e semplice come ogni verità e insieme ricca di conseguenze complesse, efficaci e feconde. Se il nostro pensiero sociale, il nostro volere morale, saranno in grado di comprendere quanto è accaduto, se il castigo di Dio ci ha colpiti non per perderci ma per renderci migliori, deve maturare necessariamente nella nostra coscienza religioso-ecclesiale e statale-nazionale questa impostazione mentale risanatrice. Allora dalla strada del caos, della morte e della distruzione noi passeremo alla strada della creazione, dello sviluppo creativo e dell'autoaffermazione della vita.

Stampa e confezione
Ingraf srl, Milano
giugno 2017